自動運転事故の
責任は
誰に
あるのか

新技術をめぐる過失割合の検証

岡本満喜子 著

法律文化社

はしがき

　自動運転技術の発展はめざましく，10年前はまだ珍しかった自動ブレーキ等の機能は，今や販売される自動車のほぼ全てに搭載されるようになった。運転支援があることで追突等の事故が減少し，車の安全性が高まったとされる。また，全国で無人の自動運転バス・タクシーの運用も始まっている。自動運転は事故削減に加え労働力不足を補い，また交通弱者の移動手段としてますます重要性が高まっているといえる。

　一方で交通事故の問題は避けて通れない。海外では自動運転の車による死亡事故が起きており，国内でも10件を超える事故が報告されている。当事者双方に落ち度があって事故が起きた場合，基本的に両者の過失割合を考慮し負担すべき損害賠償額が決まる。過失割合は，もともと運転するのは人のみという前提で，判例等を参照し基準が作られてきた。しかし，運転支援車は人とシステムが言わば協働して安全運転を実現しており，無人の自動運転車に至っては人が運転していない。このように人の運転そして事故への関わりが急激に変化する中で，従来の基準をそのまま適用し賠償額を決めること，また人の運転を前提とした法を適用し紛争解決を図ることに，当事者ひいては社会の納得が得られるであろうか。交通事故の紛争解決は，法律専門家が策定した基準等によることが所与のものとされてきた。しかし，本来法やそれに基づく解決基準は，人相互間で生じる紛争を解決するために存在するのであり，解決を導くには当事者ひいては社会の構成員が解決のプロセスおよび結果について，納得を得られるものである必要があると思われる。自動運転車による事故の法的責任について様々な会議体で議論が行われているが，市民と法律専門家の感覚の乖離を明確にしないまま制度設計や責任のあり方の議論が進むと，制度自体が社会に受け入れられ難くなったり，自動運転という存在への忌避感につながるのではないかという危惧がある。

　本書はこのような問題意識に基づき，過失割合の基準による解決ひいては交

i

通事故の民事責任制度の姿を，法律の非専門家である一般人の視点で評価し，法による解決と一般人の責任の感覚にどのような齟齬があるのか，この違いを乗り越えて法の論理的一貫性を考慮しつつ，一般人の責任感覚を取り入れ納得が得られる解決を導くにはどのような取り組みが必要か検討することを目的としている。

　序章では本書の問題意識を簡潔に示し，第1章は自動運転のレベルの定義と自動運転を取り巻く法制度の概要，第2章では運転支援車の普及状況と事故削減効果，その一方で指摘される運転支援車ないし自動運転車の事故リスクについて述べる。第3章は，交通事故が発生したときの民事責任，主に不法行為責任，運行供用者責任，製造物責任に関する現在の制度を概説する。第4章は当事者が負うべき具体的な責任の大きさ，具体的には賠償額の決定に関わる要素に着目する。法的には過失割合の基準が大きな役割を果たすので，基準の構造と課題を述べる。心理学の分野では，自動運転車と従来の人が運転する車両に対する責任帰属の違いについて研究が行われており，主なものを紹介する。第5章では，自動運転の高度化に伴い従来の法制度に迫られる変化とその課題について，法律と心理学の観点から検討する。第6章から第10章は一般人の責任判断に関する質問紙調査の結果である。第6章では従来型車両，第7章では運転支援車が関与した事故について，多様な事故態様を対象に基準と一般人の責任感覚の相違を明らかにする。第8章では，第7章の中から特徴的な事例を取り上げ，一般人の過失割合の判断に影響を与える要素について，「責任」という言葉の多義性と，一般人が重視する道交法上の要素に着目して検討する。第9章では，より高度な自動運転車を対象に，同車が新たな危険を作出した場合，もらい事故の場合，従来型車両と同様の事故を発生させた場合を取り上げ，一般人の責任判断の特徴とそのような判断が行われる理由を明らかにしたい。第10章では，制度構築に関わる論点への一般人の感覚とその理由について調査した結果を述べる。終章では以上の調査結果を踏まえ，自動運転が高度化した交通社会で，市民の納得が得られる民事責任と紛争解決手段のあり方を検討する。

　なお，自動運転車の責任のあり方は，デジタル庁や警察庁等で議論が行われているが，本書は個別具体的な議論の内容や施策の適否を論じるものではない。また，裁判所等が示す過失割合の基準に関し，個別の数値を云々する趣旨では

ない。本書が，自動運転を取り巻く法制度のあり方を一般人いわば消費者目線で見たときに，人々の納得が得られる解決を導く仕組みとなっているかについて，市民を始め為政者，法律専門家，自動運転システムの開発提供者など幅広い人々が目を向けるきっかけとなれば幸いである。

　最後に，安部誠治名誉教授始め関西大学社会安全学部の教員・大学院生の方々，筑波大学伊藤誠教授，本書のきっかけとなる研究をご指導いただいた早稲田大学石田敏郎名誉教授，多くの議論をさせていただいた事故削減学際研究会のメンバーの方々に心より謝意を表したい。また，第7章の調査の一部は国土交通省・自動車事故対策機構の補助で行われた。記して感謝する。さらに，本書が形となるまでに大変ご尽力いただいた法律文化社の梶谷修氏及び畑光氏に，深く御礼を申し上げたい。

2024年8月

岡本満喜子

目　　次

はじめに

序　章　自動運転車による事故と紛争解決への「納得感」……… 1
　　　　　　─問題の所在─
　　第1節　自動運転への期待と事故のリスク …… 1
　　第2節　自動運転車等による事故の法的責任に関する課題の概要 …… 2

第1章　自動運転に関わる法制度の概要 ……………………………… 11
　　第1節　運転自動化レベルの定義 …… 11
　　第2節　自動運転車等を取り巻く法制度 …… 13

第2章　運転支援・自動運転による事故削減効果と新たなリスク
　　　　……………………………………………………………………… 23
　　第1節　運転支援機能の普及状況と普及促進に向けた取り組み …… 23
　　第2節　運転支援車による事故削減効果 …… 25
　　第3節　運転支援車・自動運転車による事故 …… 30
　　第4節　自動運転車等による事故削減効果の限界と新たな
　　　　　　事故リスクとは …… 35

第3章　交通事故に伴う民事責任─従来型車両について─ ………… 43
　　第1節　交通事故に伴う紛争の動向 …… 43
　　第2節　不法行為責任の概要 …… 44
　　第3節　運行供用者責任の位置づけと要件 …… 46
　　第4節　自賠責保険と任意保険 …… 50
　　第5節　製造物責任の位置づけと要件 …… 55
　　第6節　本章の結び …… 59

v

第4章　自動運転車等と過失相殺 ……………………………………… 65

第1節　自動運転時代の過失相殺 …… 65

第2節　基準に関する課題 …… 69

第3節　責任帰属に関する研究の概要 …… 73

第4節　自動運転車等に対する責任帰属 …… 76

第5節　自動運転の高度化と基準適用上の課題 …… 81

第5章　運転の自動化に伴う民事責任上の論点 …………………… 95

第1節　自動運転にまつわる法制度の現在と今後 …… 95

第2節　運行供用者責任と自動運転の高度化に伴う論点 …… 95

第3節　製造物責任と自動運転に関する論点 …… 100

第4節　運行供用者責任制度を維持する場合の課題 …… 103

第5節　新たな責任制度に関しこれまで示された案 …… 106

第6節　制度検討上の課題 …… 108

第6章　基準は従来型車両の紛争解決基準として機能しているか （調査1）………………………………………………… 115

第1節　調査の目的——従来型車両による事故の基準と一般人の感覚の
比較 …… 115

第2節　従来型車両による事故に対する一般人の感覚の調査方法 …… 115

第3節　各事例の回答と基準の比較——全体像 …… 117

第4節　前車の急ブレーキによる追突事故の回答と基準の比較 …… 117

第5節　右折車と直進車の事故の回答と基準の比較 …… 121

第6節　出会い頭事故の回答と基準の比較 …… 126

第7節　右折車と歩行者の事故 …… 130

第8節　直進車と歩行者の事故 …… 134

第9節　従来型車両による事故に対する一般人の判断の特徴 …… 138

目　　次

第7章　運転支援車による事故の過失割合（調査2，調査3）… 141

第1節　運転支援車と従来型車両の過失割合（調査2）…… 141
　　　　──第6章の事例との比較

第2節　運転者とメーカーの責任分担（調査3）…… 148

第3節　運転支援車の過失割合とメーカー・運転者の責任分担
　　　　のまとめ …… 159

第8章　運転支援車に対する責任判断の背景（調査4）…………… 165

第1節　基準と一般人の判断，運転支援車と従来型車両の責任判断に
　　　　違いが生じる理由とは …… 165

第2節　運転支援車に対する責任判断に影響する要素の調査方法
　　　　…… 167

第3節　高速道路上の急ブレーキによる追突事故の結果（事例4-1）
　　　　…… 169

第4節　右折車と直進車の事故の結果（事例4-2）…… 173

第5節　対歩行者事故の結果（事例4-3）…… 178

第6節　判断に差が生じた理由の検討 …… 182

第9章　より高度な自動運転車に対する責任判断（調査5）…… 191

第1節　本章のねらい──より高度な自動運転車に対する一般人の
　　　　責任判断とは …… 191

第2節　より高度な自動運転車に対する責任判断の調査方法
　　　　（調査5-1）…… 192

第3節　自動運転システムの不作動による歩行者との衝突
　　　　（事例5-1）…… 193

第4節　自動運転車の過敏な反応が事故の誘因となった事例
　　　　（右折車と直進車の事故：事例5-2）…… 196

第5節　自動運転車がプログラムどおりに作動し事故が起きた事例
　　　　（高速道路でMRMにより停止した車両に後続車が追突した事故：
　　　　事例5-3）…… 199

第6節　より高度な自動運転車の責任判断──事例検討のまとめ …… 202

第7節　自動運転車に対する認識（調査5-2）…… 202

第8節　調査5のまとめ：自動運転車と従来型車両の責任判断の背景 …… 208

第10章　自動運転車の責任のあり方と市民感覚 ……………………… 215

第1節　自動運転車と責任に関する意識調査の必要性 …… 215

第2節　第1次的および最終的な責任負担者の感覚（調査6）
　　　　…… 216

第3節　欠陥概念（調査7）…… 222
　　　　── 一般人は自動運転車に何を期待するのか

第4節　自動運転車を取り巻く責任制度への市民感覚 …… 229

終　章　今後の交通社会における民事責任の姿とは
………………………………………………………………………… 235

第1節　現行の法制度が維持される間に生じうる課題 …… 235

第2節　基準は現在の紛争解決の目安として機能しているか …… 236

第3節　自動運転の高度化と過失割合の基準 …… 242

第4節　一次的責任主体の市民感覚と求償の実効性 …… 248

第5節　納得の得られる紛争解決に向けて …… 250

索　　引 …… 265

序　章

自動運転車による事故と紛争解決への「納得感」
―問題の所在―

|||||||||||||||||||||||||||||||||||||||||||||||||||||||||||||||||||||||||||||||||||||||||||||||||||||||||||||||||||||

第1節　自動運転への期待と事故のリスク

　2013年6月に示された国家ビジョン「世界最先端IT国家創造宣言」は，IT技術を活用した世界一安全な社会の実現のため，自動運転技術の高度化等に取り組み，安全な道路交通社会を目指すとしている。[1]2014年には，戦略的イノベーション創造プログラム（SIP）[2]で自動走行システムが社会に不可欠な重要課題[3]として選定され，同年以降官民ITS構想・ロードマップ（ロードマップ）等でその実用化・普及に向けた国家戦略の方向性が示されるなど，自動運転は我が国の政策上重要な位置を占めている。

　ロードマップ2020によると，自動運転には交通事故の削減の他，交通弱者の移動手段や物流の担い手確保等，様々な期待が寄せられている。[4]また，自動運転技術は新車販売戦略上重要な要素となる（杉浦，2018，7頁）等自動車産業の発展に寄与することが期待されるとともに，新たな移動サービスの創出のような新産業の誕生・発展につながることが指摘される（佐藤他，2019，45-50頁）。加えて，新型コロナウイルス感染症（COVID-19）禍で宅配需要が拡大する中，自動運転によるコンタクトレス配送で感染リスクを低減させることも期待される（平岡他，2021，13頁）。このように，自動運転には様々な社会の問題解決と産業の活性化への期待が寄せられているが，本書では特に交通事故にまつわる問題に着目したい。

　自動運転車の開発・普及状態に関し，日本では2021年3月に一定条件下で自動運転を行う車両（レベル3）が発売され，[5]2023年には遠隔監視の自動運転による移動サービス（レベル4）の提供が始まった。[6]世界では2022年にアメリカ（朝日新聞，2022）や中国で，[7]無人の自動運転タクシーの運行が開始されている。

I

では，自動運転や運転支援技術の普及により交通事故という問題は克服できるのであろうか。海外では2016年以降に自動運転車等が関わる人身事故が少なくとも4件発生し，アメリカでは2023年に200件を超える事故が報告されている[8][9]。国内でも2019年以降10件以上の事故（物損含む）が発生している（中川，2022，25頁；日本モビリティ株式会社，2022[10]；NHK，2023[11]）。また，中川由賀は緊急自動車への対応等，自動運転の車両技術のみでは対応困難で，安全性確保が課題となる場面を具体的に指摘する（中川，2021，28-34頁）。さらに，運転支援車では機能の誤解に起因する事故が発生しており，国土交通省等がユーザーに対し機能を過信しないよう警鐘を鳴らすに至っている[12]。このように，運転の自動化が進んでも交通事故はなくらなず，むしろ自動運転ならではの事故リスクも見て取れる。このため，交通事故に伴う法的責任の問題は，なお生じうるといえる。

第2節　自動運転車等による事故の法的責任に関する課題の概要

（1）法的責任に関する問題の所在

　では，運転支援車・自動運転車（合わせて自動運転車等とする）が事故を起こしたとき，誰がどのような責任を負うのであろうか。交通事故が起こると民事責任，刑事責任，行政処分が問題となりうるが，本書は民事責任に焦点を当てる。そして，法律の非専門家（一般人）の責任判断，いわば紛争解決の「相場観」を明らかにした上で，自動化が進む交通社会において，市民感覚に沿った民事責任のあり方を検討することが目的である。

　自動運転車等による事故の民事責任について，国土交通省は当面，現在の制度を維持するとしている[13]。そこで，現在の制度の概要を述べつつ，本書の問題意識を簡潔に説明したい。

　事故等により損害が生じたとき，一般的に問題になるのが民法の不法行為（709条）である。不法行為責任は加害者の過失が要件となっており，訴訟では被害者が加害者に過失があったことを立証する必要があるが，この立証は困難なことも多く，また仮に被害者が勝訴しても加害者に資力がないと事実上支払が受けられないため，不法行為責任のみでは被害者の救済が不十分となるおそ

れがある（藤村他，2014，47-48頁）。

　そこで，自動車損害賠償保障法（自賠法）は運行供用者責任を定め，被害者の立証負担を軽減するとともに，損害金の支払を自動車損害賠償責任保険（自賠責保険）等の形で確保し，交通事故による被害者の救済を図っている。但し自賠法上，運行供用者責任の対象は人身損害に限られ，また自賠責保険で支払われる保険金額には限度があるため，自賠責保険だけで全ての損害を填補することは困難である。そこで，自賠責保険を超える部分や物損について補うのが任意保険である。このように多くの場合，被害者の損害は，加害者が契約する保険会社からの保険金支払という形で填補される。

　事故が車両の欠陥に起因する場合は自動車メーカー等の製造物責任が問題となり，加害者の契約する保険会社が被害者に全額賠償金を支払った場合，保険会社が自動車メーカー等に求償することになる。但し，この求償は現在ほぼ行われていない（木島，2005，109-110頁）。

　この制度を前提に，本書では主に次の2点について検討を行いたい。1点目は運転の自動化が進む中で，車側が負担すべき責任の大きさは現状のままでよいのか，2点目は現在の制度は基本的に加害者と被害者間の紛争解決を想定しているが，自動化の進展に伴い車やソフトウエア等メーカーの責任が重要になる中，どのような責任のあり方が世の中の納得を得やすいのかである。

　なお，自動運転車等の利用形態に関し，個人がレンタカーやサブスクリプションの形で利用する，あるいは事業者がバス・タクシー等交通サービスを提供する際に自動運転車等を用いるなど様々な形が想定される。ただ，本書では基本的に，調査対象者が自分事として責任問題をとらえやすいであろう「自分（個人）が自動運転車等を所有し，自ら運転あるいは搭乗中に事故を起こした」という場面を想定し検討を行った。

（2）自動運転車等が負担すべき責任の大きさ

　当事者が負担すべき責任の大きさは，具体的には過失相殺の問題として表れる。事故に際し加害者・被害者ともに過失があった場合，公平の観点から被害者の落ち度も考慮し損害賠償額が決定される（過失相殺：民法722条2項）。交通事故の過失相殺では，多数の紛争を迅速かつ公平に解決するため，裁判所等が

過失相殺率の認定基準（基準）を作成している（舟本，1969，253-254頁）。基準は法的拘束力をもたないが，紛争解決の場で「確固たる地位を占める存在」（藤村他，2014，306頁）であり，事実上基準に基づき紛争解決が行われている。

ただ，自動運転車等による事故についても，「人間ドライバー車両の事故の判例蓄積に基づく現行の」基準を適用し同じ解決をすべきかという課題が示された[14]。すなわち，同一の事故態様なら，当事者の一方または双方が自動運転車等の場合でも，従来と同じ基準の数値を適用して賠償額を決めるべきかという問題である。確かに，客観的に見て同じ事故が発生しているなら，自動運転か否かで適用される基準の数値を区別するべきでないとも考えられる。しかし，基準はもともと運転支援や自動運転機能のない車両（従来型車両）を前提に，人の運転上の落ち度の大きさを考慮して作成されている。高度な自動運転では人は運転に関与しないので落ち度はなく，主に問題となるのは自動車メーカー等の設計・製造上生じた機能の不具合という異質な内容である。また，後述のように，一般人は人の運転者と自動運転システムの責任について異なる感覚を有することが示されている。このため，両者の違いを全く考慮しないとすると，市民感覚から乖離した結論となる可能性もある。

ところで，法律専門家が行う紛争解決において，一般人の感覚をどこまで反映すべきであろうか。この点，法的な責任を決するには高度な訓練と経験を積んだ法律専門家の判断が必要（唐沢他，2018，ⅱ頁）である以上，専ら専門家の判断と感覚に基づき解決を図るべきとも考えられる。しかし，常松淳は，法律専門家特有の論理や概念を駆使して決定され強制される法的責任と，一般人の「日常的な道徳意識に基盤を置いた責任」とは「多くの点で隔たりがあり，このことが責任追及の過程で生じる不満の源にもなっている」（常松，2009，253頁）と指摘する。この点，近年，紛争解決の手続や判断に一般人の感覚を取り入れる動きもみられる。例えば，2009年に導入された裁判員裁判や検察審査会による強制起訴制度がこれに該当するであろう。最高裁判所は上記制度の導入に当たり，「国民が司法に参加することにより柔軟で社会常識に富んだ判断が確保され，これを通じて司法に対する幅広い国民の理解が得られることは，大きな意義がある」とする[15]。日本弁護士連合会も「司法に健全な社会常識を反映させる」ことの重要性を示しており[16]，このことが国民の司法への理解と信頼を深め

る上で重要とされる（唐沢, 2018, iii頁）。これらは刑事裁判に関する議論だが，民事の紛争解決においても法律家の判断と一般人の感覚の齟齬をなくし，市民感覚を反映した納得感のある解決を導くことの重要性に変わりはないと言える。

　では，自動運転車等の責任に対し，一般人はどのような感覚を有するのであろうか。主に心理学の分野で，自動運転車と人が運転する従来型車両が，同じ態様の事故を起こしたときの責任非難の比較が行われている。この中には自動運転車に対しより重い責任非難が帰属されるとする研究（Liu他, 2021, pp.1-15），逆に人（従来型車両）への責任帰属が大きいとする研究（Awad他, 2020, pp.134-143）があり明確な結論は出ていないが，いずれにせよ人と自動運転システムに対し異なる責任判断が行われることがうかがえる。本書では，まず基準を手がかりに，自動運転車等と従来型車両に対し，一般人が行う責任判断の違いを明らかにしたい。その上で一般人の責任判断，いわば自動運転車等に対する責任の感覚を，どのような形で基準をはじめとする法的な紛争解決に反映させられるか検討したい。

　なお，運転の自動化が進む中での基準の必要性についてふれておきたい。基準は多数の紛争を迅速公平に解決することに主眼を置くため（舟本, 1969, 254頁），運転の自動化が進んで事故が激減すれば，基準による定型的解決よりも事例ごとの事情を反映した個別具体的な解決が求められる可能性もある。ただ，当面は人が運転主体となる車両が主流であり，人がシステムに運転を完全に委ねる場面は相当限られると見込まれる。また，今より多くの自動運転車が公道を走行するになっても，人が運転に関わる車両との混在はなお続くであろう。人が運転に関与しない自動運転車のみで閉じた交通システムが構築されて事故が格段に減るなら，個別具体的解決で足りるかもしれないが，人が運転に関わる余地が残り続ける以上事故が直ちに激減するとは考えにくく，紛争も一定数起きるであろう。このため，基準により目安を示し，迅速な紛争解決を図る必要性はなお存在すると考える。

（3）市民感覚を反映した民事責任の検討

　現在の民事責任は，基本的に加害者・被害者間の紛争解決に主眼が置かれて

いる。しかし，運転自動化の進展に伴い自動車やソフトウエア等メーカーの責任が重要になる中，メーカーの責任をどのような形で紛争解決に反映することが世の中の納得を得やすいかが問題となりうる。

　自動運転が高度化すると，運転者（運行供用者）の過失は問題にならず，自動車の欠陥が原因の大半を占めるため，被害者に賠償した運行供用者は自動車メーカー等に求償できるケースが大半となる旨指摘される（藤田，2018，278頁）。この場合，藤田友敬は次の問題を指摘する。1つ目は被害者から運行供用者への請求，運行供用者から自動車メーカーへの求償の2つの手続が必要となることに伴う社会的費用の増大，2つ目は自動運転システムの欠陥の立証が困難であるが故に運行供用者の求償が認められず，結果的に運行供用者に責任が集中すること，同時に自動車メーカーが事実上責任を免れることで安全な車作りへのインセンティブが与えられないことである（同上，278-280頁）。

　この問題解決に向け，国土交通省は従来の運行供用者責任を維持しつつ，求償権行使の実効性確保に向けた仕組みの構築が必要としている[17]。そしてその仕組みとして，①事故原因の解析装置の設置等，②運行供用者の保険会社と自動車メーカーの協力体制の構築，③事故調査体制の整備をあげている。ただ，①の装置でデータが読み取れたとしても，データ解析の困難性や外部に委託するなら費用負担の問題が生じうる。②の協力体制には本来利害が対立する当事者間での協力の実効性や，得られた結論に対する社会からの信頼確保といった課題は残ると思われる。③に関し，国土交通省は「調査結果は，求償のための参考情報としても活用可能」とするが，後述するように責任追及が事故調査に与える萎縮的効果を考慮すると，情報活用のあり方は慎重に考える必要があると思われる。また，仮に求償が容易となっても欠陥の立証責任は運行供用者にある以上，藤田友敬のいう「自己のコントロールできないリスクを負担」させられる制度的な問題は残る。つまり，自動運転車のユーザー目線でみると，自分は運転に関与していないのに，システムの欠陥を立証できなければ事故について（自動車メーカーは責任を負わず）自分が賠償責任を負わされ，事故で等級が下がる保険商品を前提とすれば保険料負担も増加することになる。

　また，国土交通省は，自賠責保険に自動車メーカーも加入し出資する案や，新たにシステム供用者責任を創設する案も示しているが[18]，それぞれに課題も指

6

摘される。自動運転車等による法的責任に関しては，AI時代における自動運転車の社会的ルールの在り方サブワーキンググループ（サブＷＧ）等で議論が行われ，2024年5月に公表された報告書で一定の方向性が示された。このように，運転自動化時代を見すえた損害賠償制度のあり方に関し様々な角度から議論が行われているが，自動運転車等の責任に対する一般人の判断を踏まえ，市民感覚を反映した法制度のあり方という観点で検討した研究は多くはない。そこで，本書では一般人の責任感覚を踏まえ，どのような紛争解決のあり方が最も社会の納得を得られるのかを検討したい。

（1）　同宣言は2014年，2015年に改訂されている。高度情報通信ネットワーク社会推進戦略本部，2015，「世界最先端IT国家創造宣言」20-21頁。https://warp.ndl.go.jp/info:ndljp/pid/12187388/www.kantei.go.jp/jp/singi/it2/kettei/pdf/20150630/siryou2.pdf（2022.9.1閲覧）。

（2）　SIP（Cross-ministerial Strategic Innovation Promotion Program）：総合科学技術・イノベーション会議が，社会的に不可欠で日本の経済・産業競争力にとって重大な課題を選定し，分野横断的に予算配分し基礎研究から実用化・事業化まで見据えた研究開発等の取り組みを推進している（内閣府，SIP2021パンフレットより筆者要約）。

（3）　2018年（第2期）からは「自動運転」，2023年（第3期）からは「スマートモビリティプラットフォームの構築」として取り組みが行われている。

（4）　高度情報通信ネットワーク社会推進戦略本部・官民データ活用推進戦略会議，2020，「官民ITS構想・ロードマップ2020」https://cio.go.jp/sites/default/files/uploads/documents/its_roadmap_2020.pdf（2022.9.1閲覧）。

（5）　HONDA，2021，「Honda SENSING Elite 搭載 新型『LEGEND』を発売」https://www.honda.co.jp/news/2021/4210304-legend.html（2022.4.1閲覧）。

（6）　国土交通省，2023，「国内初！ 運転者を配置しないレベル4での自動運転移動サービスの開始について」https://www.mlit.go.jp/report/press/jidosha07_hh_000448.html（2023.9.9閲覧）

（7）　日本貿易振興機構，2022，「ビジネス短信『無人自動運転タクシー，重慶市・武漢市で運行開始（中国）』」https://www.jetro.go.jp/biznews/2022/08/3a11b8a3547f517f.html（2023.9.9閲覧）

（8）　NHTSA, 2023, "Standing general order on crash reporting". https://www.nhtsa.gov/laws-regulations/standing-general-order-crash-reporting（2024.1.14閲覧）。

（9）　カリフォルニア州交通当局は，無人の自動運転タクシーを運行するGMクルーズに対し，同社の無人タクシーが複数の事故を起こしたことを受け，2023年10月に運転手なしでの運転許可を停止した（NHK2023年10月25日付「米GMクルーズの完全自動運転タクシー運行許可を停止」https://www3.nhk.or.jp/news/html/20231025/k10014236411000.html（2023.11.29閲覧）。

（10）　日本モビリティ株式会社，2022，「福山市公道実証実験における物損事故に関するご

報告」https://drive.google.com/file/d/1lg3DWtJV8vScuf0E0RT9stwDI1VO0wmW/view（2022.9.1閲覧）。

(11)　NHK，2023年11月10日付，「『レベル4』自動運転事故　カメラが自転車を認識できず　福井」https://www3.nhk.or.jp/news/html/20231110/k10014254121000.html（2024.7.20閲覧）。

(12)　国土交通省，2017，「現在実用化されている『自動運転』機能は，完全な自動運転ではありません!!」https://www.mlit.go.jp/report/press/jidosha07_hh_000244.html（2022.9.1閲覧）。

(13)　高度情報通信ネットワーク社会推進戦略本部・官民データ活用推進戦略会議, 2018,「自動運転に係る制度整備大綱」18頁　https://www.mlit.go.jp/common/001260125.pdf（2022.9.1閲覧）。

(14)　株式会社テクノバ，2017，「自動走行の民事上の責任および社会受容性に関する研究」51頁　https://warp.da.ndl.go.jp/info:ndljp/pid/11062478/www.meti.go.jp/meti_lib/report/H28FY/000541.pdf（2024.4.27閲覧）。

(15)　最高裁判所，2000，「国民の司法参加に関する裁判所の意見（抜粋）」3頁　https://www.saibanin.courts.go.jp/vc-files/saibanin/file/24.pdf（2024.4.27閲覧）。

(16)　日本弁護士連合会，2004，「裁判員法の成立にあたっての会長声明」https://www.nichibenren.or.jp/document/statement/year/2004/2004_09.html（2024.4.27閲覧）。

(17)　国土交通省自動車局，2018，「自動運転における損害賠償責任に関する研究会報告書」7頁　https://www.mlit.go.jp/common/001226452.pdf（2022.9.2閲覧）。

(18)　前掲注（17）7-14頁。

参考文献

『朝日新聞』2022年4月1日付　ウェイモ，完全自動運転を開始

唐沢穣・松村良之・奥田太郎，2018，『責任と法意識の人間科学』勁草書房。

木島秀明，2005，「第3章　ITSと自動車損害賠償補償制度」山下友信編『高度道路交通システム（ITS）と法』有斐閣。

佐藤典仁・芳川雄麿，2019，「IoT先端技術の法律問題　第1回自動運転をめぐる法制度の現状と今後の方向性」『NBL』No.1157，45-50頁。

杉浦孝明，2018，「第Ⅰ部第1章　自動運転技術の現況」藤田友敬編『自動運転と法』有斐閣，3-17頁。

常松淳，2009，「責任と社会」勁草書房。

中川由賀，2021，「自動運転移動サービスの継続的な事業化に向けた法的課題」『CHUKYO LAWYER』Vol.34，23-43頁。

中川由賀，2022，「公道実証実験の事故事例分析を通じた今後の刑事実務的課題の検討」『CHUKYOLAWYER』Vol.36，23-40頁。

平岡敏洋・霜野慧亮・須田義大・小野晋太郎・内村孝彦・梅田学，2021，「ポスト感染症時代における自動運転技術の将来展望」『生産研究』73巻2号，93-99頁。

藤田友敬，2018，「第Ⅱ部第7章　自動運転をめぐる民事責任法制の将来像」藤田友敬編『自動運転と法』有斐閣，275-289頁。

藤村和夫・山野嘉朗，2014，『概説交通事故賠償法〔第3版〕』日本評論社。

舟本信光，1969，「交通事故訴訟における過失相殺適用の基準」鈴木忠一・三ヶ月章監修『実務民事訴訟講座3』日本評論社，253-290頁。

Awad, E., Levine, S., Kleiman-Weiner, M., Dsouza, S., Tenenbaum, J.B., 2020, "Drivers are blamed more than their automated cars when both make mistakes." *Nature Human Behaviour* Vol. 4, pp.134-143.

Liu, P., Du, Y., 2021, "Blame attribution asymmetry in human-automation cooperation" *Risk Analysis* Vol. 42, pp.1-15.

第1章

自動運転に関わる法制度の概要

第1節　運転自動化レベルの定義

　「自動運転」には，運転者（人）の運転を補助するものから，完全に人の関与が不要なものまで様々な段階がある。本書の運転自動化レベルの定義は，官民ITS構想・ロードマップ（ロードマップ）を始め各種会議体で採用されている米国自動車技術会（SAE）の定義（J3016 : 2016），およびその日本語訳であるJASO TP18004（自動車技術会規格会議，2018）に基づくこととする。JASO TP18004による定義の概要および「動的運転タスク(DDT)」や「限定領域(ODD)」の用語を表1-1に示す。

　本定義によると，自動化レベルはレベル0からレベル5に分けられる。レベル0は，安全確認や運転操作など全てを運転者が行う，従来型の車である。レベル1は一定の条件下でシステムが前後（縦方向）か左右（横方向）のどちらか，レベル2は縦・横両方の車両の制御を行うもので，衝突被害軽減ブレーキなど多くの技術が実用化されている。[1]レベル1及びレベル2の運転主体は人であり，システムは人の運転を支援する位置づけとなる。レベル3は，一定の条件下でシステムが車両の制御や安全確認等全て行うが，自動運転を続けることが困難となった場合はシステムが運転者に介入要求を出し，運転者が運転を交替することが予定されている。レベル4は一定の条件下で，自動運転を続けることが困難になった場合の対応を含め，システムが全ての車両制御等を行う。レベル5は，常にシステムが全ての安全確認や車両制御等を行う。レベル4及びレベル5の自動運転下では，車両の搭乗者が運転に関わることは必要とされない。

　本書では，レベル0を従来型車両，レベル1及びレベル2を運転支援，レベ

表1-1　運転自動化レベルの定義（概要）

JASO TP18004 のレベル・名称	定　義	①DDTの主体 ②DDT継続困難なときの対応	本書での呼び方
0・運転自動化なし	運転者が，全ての動的運転タスク（DDT）*1を実行する	①②すべて運転者	従来型
1・運転支援	システムが，動的運転タスクのうち縦方向か横方向いずれかの車両の制御を，限定領域（ODD）*2内で持続的に実行する	①運転者（但し，縦横いずれかの車両制御はシステムも加わる）②運転者	運転支援
2・部分運転自動化	システムが，動的運転タスクのうち縦・横両方の車両の制御を，限定領域内で持続的に実行する	①運転者（縦・横の車両制御はシステム）②運転者	
3・条件付き運転自動化	・システムが全ての動的運転タスクを，限定領域内で持続的に実行する ・作動の継続が困難な場合，システムが介入要求等を出し，運転者がこれに適切に応答することが期待される	①システム ②システムの作動継続が困難な場合は運転者	自動運転
4・高度運転自動化	システムが，全ての動的運転タスク，および作動継続が困難な場合への応答を，限定領域内で持続的に実行する	①②ともシステム（場面は限定的）	
5・完全運転自動化	システムが，全ての動的運転タスク，および作動継続が困難な場合への応答を，持続的かつ無制限に実行する	①②ともシステム（限定なし）	

*1　動的運転タスク（DDT：Dynamic Driving Task）：道路交通において，工程計画や経由地の選択などは除いた，車両を操作する際にリアルタイムで行う必要がある全ての操作上および戦術上の機能。以下のサブタスクを含むが，これらに制限されない。
　（1）ハンドル操作による横方向（左右）の車両の制御
　（2）加速および減速による縦方向（前後）の車両の制御
　（3）物および事象の検知，認識，分類，反応の準備による運転環境の監視
　（4）物および事象に対する反応の実行
　（5）運転計画
　（6）照明，信号および身ぶり手ぶりなどによる被視認性の向上
*2　限定領域（ODD：Operational Design Domain）：自動運転等のシステムまたは機能が作動するように設計されている特定の条件。条件には，道路面（例えば高速道路や自動車専用道路，構内道路限定等），環境（昼間，天候がよいときに限る等），地理的（山間部限定等），その他（速度制限，保安要員の乗車が必要等）が示されている。
（出典　自動車技術会規格会議，2018，5-6頁，14頁，19頁に基づき筆者作成）

ル3以上を自動運転とし，レベル1及びレベル2の運転支援を搭載した車両を運転支援車，レベル3以上の自動運転システムを搭載した車両を自動運転車，運転支援車と自動運転車を合わせて自動運転車等と記載する。

第1章　自動運転に関わる法制度の概要

自動運転車等の開発普及に伴い，これを受け入れるための法整備も進められている。そこで，次に自動運転を取り巻く法制度について述べる。

第2節　自動運転車等を取り巻く法制度

（1）ジュネーブ条約とウィーン条約

道路交通に関する条約には1949年に締結されたジュネーブ道路交通条約，1968年に締結されたウィーン道路交通条約があり，日本は前者のみ批准している。これらの条約は当初，車両内に常に運転者がいて，運転者が車両を制御しなければならないとされていた。その後，自動運転車開発の気運の高まりを受け，2014年にウィーン条約は運転者の存在を前提に，運転者のオーバーライド[2]（自動運転中，人が望むタイミングで人が運転を交替する）が可能等の条件を満たす場合はシステムによる運転を認めるよう条約が改正され施行された。一方，ジュネーブ条約は，2015年に同様の改正案は採択されたが施行されず，両条約で自[3]動運転への対応が異なる状態となった。この状態の解決を目指し，2018年9月に国連経済委員会（UN-ECE）の道路交通安全作業部会（WP.1）が「道路交通における高度・完全自動運転車の展開に係る道路交通安全グローバルフォーラム決議」を採択した。同決議は自動運転車の安全かつ世界的な展開に関しジュ[4]ネーブ条約およびウィーン条約の締結国を指導し，自動運転車の展開を促進するための勧告を行った。しかし，全てのレベルの自動運転が許容されるとする国と，レベル4及びレベル5は許容されないので改正が必要とする国があり，[5]統一した条約の解釈には至らなかった。

その後，ウィーン条約は自動運転を前提とした条文をおく等自動運転に適合する改正案が採択された。ただジュネーブ条約は改正されず，両者の乖離につ[6]いて懸念が示され，WP.1は自動運転に関する国際的な枠組み作りについて議論を進めていくとしている。[7]

（2）日本における自動運転実現に向けた道筋

1）官民ITS構想・ロードマップとデジタルを活用した交通社会の未来2022

ロードマップは，「自動運転の早期実現に向け官民が一体となって戦略を立

案し，それを実行していくことを目的に2014年に策定」されて以来，毎年改訂されてきた。[8]ロードマップ2021は自家用車の自動化や無人自動運転移動サービスの実現等に関し定められた目標の達成状況を評価し全体に計画どおり進捗しているとするが，本格的なレベル4の実現は概ね2025年以降と見込まれている。[9]2022年には従来のロードマップを発展的に継承した「デジタルを活用した交通社会の未来2022」が示され，[10]利用者目線で交通サービスを考えること，交通サービスの供給側は新たな媒体（ドローン，配車アプリ等）の出現を踏まえ，社会システム全体を横断的に視野に入れて全体最適を図る取り組みの必要性が示された。また，自動運転による地域交通を推進するため，地域限定型の無人自動運転移動サービスを2025年度目途に50か所程度，2027年度までに100か所以上で実現し，全国に展開・実装するという目標も示された。[11]

2）責任制度の見直しに向けた議論

従来の法制度は自動運転車等を想定していなかった。そこで，政府全体の方向性が「自動運転に係る制度整備大綱」[12]（大綱）という形で示された。大綱は，自動運転の導入初期（2020～2025年頃），公道で自動運転車等と従来型車両が混在し，前者の割合が少ない「過渡期」を前提に制度の方向性を示しており，それを踏まえ法改正が行われた。法改正の概要は（3）以降で述べる。また，大綱を受けて自動運転車の安全技術ガイドラインが定められた。[13]今後の法制度については，デジタル庁や警察庁等で議論が行われており，議論の行方が注目される。

（3）道路運送車両法の改正

1）道路運送車両法改正の概要

道路運送車両法（車両法）は，自動車の安全性の確保等を目的に，車両が備えるべき構造等の要件及び車両の点検・整備，検査，登録に関する制度を規定している。大綱を受け，レベル4までの自動運転車に関し，2019年に自動運行装置，点検整備，ソフトウエアのアップデートの許可制等について法改正が行われた。これを受け，道路運送車両の保安基準（保安基準）および道路運送車両の保安基準の細目を定める告示（告示）が改正され，国際基準に先駆けて自動運行装置の性能等が定められた。その後，2020年6月の自動運行装置に関す

る国際基準の成立を受けて同年12月に保安基準等が一部改正され，2023年1月にはレベル4の自動運転に対応するよう自動運行装置の保安基準等が改正された。

2）自動運行装置

車両法は，自動車の装置が保安基準に適合していなければ運行の用に供してはならないとするが，保安基準を満たすべき装置に「自動運行装置」が追加された。「自動運行装置」は，運行状況や周囲の状況を検知するためのセンサー，得られた情報を処理するためのコンピューターとプログラムを主たる構成要素とし，従来人が行っていた運転上の認知，予測，判断，操作の全部を代替する機能を有する装置（車両法第41条2項）である。自動運行装置に関し，レベル4に対応する保安基準は，ⅰ）自動運行装置の作動中（自動運転ができる条件〔走行環境条件〕下で走行中），他の交通の安全を妨げるおそれがなく，乗車人員の安全を確保できること，ⅱ）運転者または作動状態の監視者によって自動運行装置の作動開始，停止ができること，ⅲ）走行環境条件を満たさなくなる場合はその前に，自動運行装置が正常に作動しないおそれがある場合はそのときに車両を停止させられること，ⅳ）やむを得ない理由によりⅲ）の場合に車両を停止させられない場合，リスク最小化制御が作動し，当該制御により車両が安全に停止するものであること等の性能を求めている（告示第72条の2各号）[15]。また，サイバーセキュリティ確保の方策を講じること等も必要とされる（車両法第99条の3，自動車の特定改造等の許可に関する省令第4条）[16]。

さらに，現在のレベル3及びレベル4の自動運転車は無制限に安全な自動運転を行える技術水準にないと見込まれることから（佐藤，2019，5頁），その性能に応じて装置ごとに走行環境条件を国土交通大臣が付すこととされた（車両法第41条第2項）。加えて，事故原因の究明等に向けた情報の収集・活用のため，作動状態の確認に必要な情報を記録するための装置を備えることが必要とされる（同上）。

3）点検整備

車両法は，自動車が製造から廃棄まで保安基準を満たすことを担保するため，型式指定，ユーザー使用時の点検整備，検査，リコールの各過程で保安基準への適合性をチェックすることを定める。[17]

15

このうち，点検整備には日常点検[18]と定期点検がある。後者は専門知識が必要なので，一般にユーザーが自動車整備事業者に自動車を持ち込み，当該事業者により分解整備が行われている。分解整備を行う事業者は地方運輸局長の認証を受ける必要があるが，運転支援技術等に用いられる前方監視用カメラ等は分解整備の対象に含まれないため，上記装置の整備は認証を受けていない事業者でも実施でき，安全性担保の点で課題が指摘された（佐藤，2019，6頁）。また，自動運行装置も分解整備の対象とされていなかった。そこで，分解整備を「特定整備」に変更して自動運行装置の整備等を対象に追加し（同法第49条2項），当該整備等を行う自動車整備事業者は地方運輸局長の認証を受けることが必要になった（同法第78条）。また，自動車整備事業者が当該整備等を適切に行うには技術情報が必要であることから，自動車メーカー等は製造した自動車の型式に固有の技術情報を自動車整備事業者等に提供することが義務づけられた（同法第57条の2）。

4）特定改造（プログラムのアップデート）等の許可

自動運転車等は，販売後も自動車メーカー等が自動運行装置等に組み込まれたプログラムのアップデート等を行い，機能の追加や変更等を行うことが想定されるが，これが適切に行われないと自動運転車が保安基準に適合しなくなり，事故やハッキングのおそれが指摘される（佐藤，2019，8頁）。そこで，車両法は「特定改造等」の許可制度を新設し，自動車メーカー等が保安基準への適合性に影響するおそれがあるプログラムのアップデート等を行う場合は，予め国土交通大臣の許可を受ける必要があるとした（同法第99条の3）。

（4）道路交通法の改正

1）道路交通法改正の概要

道路交通法（道交法）は，道路交通の安全確保を目的に，車両等の通行方法，運転者の義務，運転免許，違反者への罰則等について定める。自動運転車の実用化を見据え，2019年にレベル3，2022年にレベル4の自動運転を想定し法改正が行われた。[19]

2）「運転」と「運転者の義務」（2019年改正）

2019年改正で，自動車の「運転」に自動運行装置（道交法は車両法の定義を引

第1章 自動運転に関わる法制度の概要

用する）を使用し，自動車を用いることも含まれることとなった（道交法第2条1項17号）。これによりレベル3の自動運転が法令上許容されるとともに，同車の運転者が「安全運転義務等の従来の運転者の義務を」「引き続き負う」（佐藤，2022, 57頁）ことが示された。

また，レベル3の自動運転中は，運転者が携帯電話やカーナビゲーションシステム（カーナビ）の画面を見ることが許容されるようになった（同法第71条の4の2第2項）。すなわち，運転者は運転中，携帯電話の使用やカーナビ等の画面を注視することは禁じられている（同法第71条5の5）。本改正により，運転者は使用条件を満たさない場合は自動運行装置を使用して運転してはならないが（同条第1項），ⅰ）自動車が整備不良車両に該当しない，ⅱ）自動運行装置が使用条件を満たしている，ⅲ）ⅰ）ⅱ）のいずれかを満たさなくなったときに運転者が直ちにそのことを認知し，自動車を確実に操作できる状態にある場合は，携帯電話禁止および画像注視禁止の規定が適用されない。さらに，道交法でも自動運転車の使用者は作動状態記録装置の設置が求められ（同法第63条の2の2），同装置を備えない自動車を運転した場合等について罰則がおかれた（同法第119条第2項第3号，第123条）。

3）「特定自動運行」の許可制度（2022年改正）

2022年の改正では，レベル4の自動運転が「特定自動運行」として定められた（同法第2条1項17の2）。具体的には，自動車の装置を操作する者がおらず，自動車が整備不良や使用条件を満たさない状態になったとき，運転者が運転を交替することなく，直ちに自動的に安全な方法で当該車両を停止させられる自動運行装置を用いて自動車を運行することとされる。

特定自動運行を行おうとする者は，都道府県公安委員会に特定自動運行に関する計画を提出し，許可を受ける必要がある（同法第75条の12第1項）。許可を受けた者（特定自動運行実施者）は運行計画に従って運行するとともに，特定自動運行主任者を選任し（同法第75条の19第2項），自動運転中は同人が遠隔監視を行うか車内に配置すること等が求められる（同法75条の20第1項）。「特定自動運行」は同法の「運転」から除外されたため，特定自動運行主任者は運転免許が必要とされない（佐藤，2022, 57頁）。一方，特定自動運行において定型的・一般的な交通ルールの遵守は自動運行装置が行うが，緊急自動車への対応等現

場での個別的対応や交通事故発生時の救護措置，警察への通報等（同法第72条）は自動運行装置のみでは対応できないので，特定自動運行主任者が上記の措置を講じるものとされた（同上，58頁）。なお，特定自動運行主任者を遠隔に配置する場合，事故発生時は現場措置業務実施者を現場に向かわせ，道路における危険防止に必要な措置を講じる必要がある（同法75条の23）。

特定自動運行は，旅客・貨物いずれの運送も可能である（同法第75条の12第2項）。また，許可基準に適合すれば個人が特定自動運行を行うことも排除されないが，限定地域での遠隔監視による無人自動運転移動サービスを念頭に置いて許可基準が定められているので，通常は事業者等の法人によって特定自動運行が行われると想定されている[21]。

（5）道路法等の改正

自動運転車の自己位置の特定に用いられる磁気マーカー[22]等は，従来法的な位置づけが明確でなかったが，2020年の道路法改正により自動運行補助施設（自動運行装置を備える自動車の自動的な運行を補助する施設）として道路の付属物と明確に位置づけられた（同法2条2項5号）。

また，自動運転技術の確実な機能維持を図るため，2024年10月から衝突被害軽減ブレーキ等の電子制御装置について車載式故障診断装置（OBD）を活用した電子的な検査（車検）が開始される[23]。

（6）自動運転に関わる法制度の概要と事故への懸念

以上みてきたように，自動運転は国家戦略上重要な取り組みと位置づけられ，社会的課題の解決と産業の活性化両面から期待が寄せられている。自動運転技術の開発普及に向けた道筋や目標が示されるとともに，制度面の整備も進められている。

第1章では，自動運転の実現に向けて行われた法改正を中心に述べた。車両法はレベル4の自動運転を視野に，自動運行装置が満たすべき保安基準を定めた。また，自動運行装置の特定整備は運輸局長の認証をうけた事業者が行い，当該事業者は自動車メーカーから技術情報の提供を受ける等により安全性の担保が図られている。道交法はレベル3の自動運転中の運転者の義務や，レベル

第1章　自動運転に関わる法制度の概要

4の自動運転の位置づけを明確にした。すなわち，レベル3では「運転者」の義務が課せられる一方，一定の条件下でスマートフォンの使用等が認められる。また，レベル4の自動運転は，限定地域で事業者が行う無人自動運転移動サービスを念頭に，「特定自動運行」という形で運行の条件等が定められた。レベル4の場合，一般的な交通ルールの遵守は自動運転システムの保安基準適合性審査によって担保し，自動運転システムのみで対応困難な事故対応等は，「特定自動運行」の許可制度によって担保する形がとられている⁽²⁴⁾とされる。このように法制度上，自動運転車等の受け入れ体制は整いつつあるといえる。

　さて，運転支援・自動運転技術には前述のように事故削減効果が期待され，特に運転支援車は近年急速に普及が進んでいる。では，実際に事故は減少しているのであろうか。そして，これら新たな技術の登場により，従来と異なる事故リスクは生じないのであろうか。第2章では，運転支援車の普及状況と近年の交通事故発生状況を述べた上で，自動運転車等の事故削減効果，および運転の自動化に伴う新たな事故リスクについて検討したい。

（1）　国土交通省，2020，「乗用車メーカーによる実用化ASV 技術の一覧」https://www.mlit.go.jp/jidosha/anzen/01asv/data/2020_03_tech.pdf（2022.9.2閲覧）。
（2）　ECE/TRANS/WP.1/145, 2014, "Report of the sixty-eighth session of the Working Party on Road Traffic Safety" https://unece.org/fileadmin/DAM/trans/doc/2014/wp1/ECE-TRANS-WP1-145e.pdf（2022.9.3閲覧）。
（3）　ECE/TRANS/WP.1/149/Add.1, 2015, "Report of the Seventieth session of the Working Party on Road Traffic Safety" https://drupal-mainstaging.unece.org/DAM/trans/doc/2015/wp1/ECE-TRANS-WP1-149-Aadd-1e.pdf（2022.9.3閲覧）。
（4）　ECE/TRANS/WP.1/165, 2018, "Report of the Global Forum for Road Traffic Safety on its seventy-seventh session" https://unece.org/fileadmin/DAM/trans/doc/2018/wp1/ECE-TRANS-WP1-165e.pdf（2022.9.3閲覧）。
（5）　ECE/TRANS/WP.1/167, 2019, "Report of the Global Forum for Road Traffic Safety on its seventy-eighth session" https://unece.org/DAM/trans/doc/2019/wp1/ECE-TRANS-WP1-167e.pdf（2022.9.3閲覧）。
（6）　ECE/TRANS/WP.1/173, 2020, "Report of the Global Forum for Road Traffic Safety on its eighty-first session" https://unece.org/sites/default/files/2021-01/ECE-TRANS-WP.1-173e.pdf（2022.9.3閲覧）。
（7）　前掲注（5）。
（8）　高度情報通信ネットワーク社会推進戦略本部・官民データ活用推進戦略会議，2021，「官民ITS 構想・ロードマップ」1頁　https://warp.ndl.go.jp/info:ndljp/pid/12187388/

www.kantei.go.jp/jp/singi/it2/kettei/pdf/20210615/roadmap.pdf（2022.9.3閲覧）。

（9）　同上　33頁。

（10）　デジタル社会推進会議幹事会，2022，「デジタルを活用した交通社会の未来2022」https://www.digital.go.jp/assets/contents/node/information/field_ref_resources/22791050-006d-48fd-914d-e374c240a0bd/1ae00570/20220802_news_mobility_outline_01.pdf（2023.12.2閲覧）。

（11）　令和5年12月26日閣議決定，2023，「デジタル田園都市国家構想総合戦略（2023改訂版）」52頁　https://www.cas.go.jp/jp/seisaku/digital_denen/pdf/20231226honbun.pdf（2024.1.16閲覧）。

（12）　高度情報通信ネットワーク社会推進戦略本部・官民データ活用推進戦略会議，2028，「自動運転にかかる制度整備大綱」https://www.mlit.go.jp/common/001260125.pdf（2023.12.2閲覧）。

（13）　国土交通省自動車局，2018，「自動運転車の安全技術ガイドライン」https://www.mlit.go.jp/common/001253665.pdf（2022.9.3閲覧）。

（14）　ECE/TRANS/WP.29/2020/81, 2020, "Proposal for a new UN Regulation on uniform provisions concerning the approval of vehicles with regards to Automated Lane Keeping System" https://documents-ddsny.un.org/doc/UNDOC/GEN/G20/087/82/PDF/G2008782.pdf?OpenElement（2022.9.3閲覧）。ここでいう自動運行装置は，高速道路等で渋滞時に60km/h以下で走行するときに作動する車線維持装置である。同基準は自動運転システムが作動中，合理的に予見可能かつ防止可能な衝突を起こさないこと（交通の安全を妨げるおそれがないことについて注意深く有能な運転者と同等以上のレベルであること）を求めている。なお，2022年6月のWP.29で上限速度を130km/hに引き上げ，乗用車等は車線変更機能も追加するとされた。

（15）　レベル3の場合，自動運行装置の作動中に走行環境条件を満たさなくなる場合は事前に十分な時間的余裕をもって（第72条の2第4号），自動運行装置が正常に作動しないおそれのある状態になったら直ちに（同条第6号），運転者に運転操作を促す警報を発し，運転者が運転操作をしないときはリスク最小化制御により車両が安全に停止するものであること（同条第7号）が必要とされる。

（16）　サイバーセキュリティの確保が求められるのは，自動運行装置を備える車両に限られない。

（17）　自動運転システムの安全性判断はシステムによる情報収集，分析，判断の適正性を判断する必要があり，この判断は完成品となった自動車の物理的検査で行うことは困難であるため，型式指定制度にシステム設計段階の安全性チェックを盛り込み，設計段階からの綿密な安全性確認を制度化すべきという指摘もある（緒方他，2018，113頁）。

（18）　現行制度では，日常点検により保安基準に適合する状態を維持するのはユーザーの役割とされる。しかし，高度な技術を伴う自動運転システム自体の安全性をユーザーが点検するのは困難なため，日常点検整備の内容も変わっていく可能性が指摘される（緒方他，2018，114頁）。

（19）　2022年改正では遠隔操作型小型車の規定もおかれた。遠隔操作型小型車とは，人や物を運ぶための原動機を用いた小型車で遠隔操作によって走行させるもののうち，車体の大きさや構造が歩行者の通行を妨げるおそれがなく，非常停止装置を備えたものであり，歩行者と同様の交通ルールが適用される（同法2条第3項第1号）。

（20）　なお，自賠法第2条4項等でも「運転者」という用語が用いられるが，本書では特に

断りのない限り「運転者」は自動車を運転する者という意味で用いる。

(21) 楠芳伸（警察庁交通局長）の発言（第208回国会衆議院内閣委員会会議録第19号）2022年4月15日11頁。https://www.shugiin.go.jp/internet/itdb_kaigiroku.nsf/html/kaigiroku/000220820220415019.htm（2023.12.4閲覧）。

(22) 車両側の磁気センサーで道路に敷設された磁気マーカーの磁力を読み取り，自車位置を計測する。

(23) 国土交通省，2020，「自動運転に対応した新たな検査手法を導入します!!」https://www.mlit.go.jp/report/press/jidosha09_hh_000255.html（2022.9.4閲覧）。

(24) 警察庁，2023，「特定自動運行に係る許可制度に関する解釈及び運用上の留意事項について（通達）警察庁丁交企発第55号」

参考文献

佐藤典仁，2019，「自動運転の実現に向けた道路運送車両法及び道路交通法の改正の概要」『NBL』No.1149，4-11頁。

佐藤典仁，2022，「道路交通法改正による実現する自動運転レベル4と電動キックボード等の新しいモビリティの法規制の現状と課題」『NBL』No.1223，56-62頁。

自動車技術会規格会議，2018，「自動車用運転自動化システムのレベル分類及び定義 JASO TP18004」『JASOテクニカルペーパ』。

緒方延泰・嶋寺基，2018，「第Ⅱ部第1章　自動運転をめぐる規制上の問題」藤田友敬編『自動運転と法』有斐閣，101-125頁。

第2章

運転支援・自動運転による事故削減効果と新たなリスク

第1節　運転支援機能の普及状況と普及促進に向けた取り組み

（1）運転支援技術の概要

　1991年から，当時の運輸省（現・国土交通省）がASV（先進安全自動車[1]）推進計画を開始し，約30年にわたりASV技術の開発・実用化・普及促進に向けた取り組みが行われている。現在，衝突被害軽減ブレーキ（前方の障害物との衝突を予測して警報を出し，衝突を避けられないと判断した場合は制御装置を制御する），レーンキープアシスト（車線維持支援制御装置：車線維持に必要なドライバーの操作力を軽減し，車線から逸脱しそうになった場合はドライバーに警告する），全車速ACC（全車速域定速走行・車間距離制御装置：中高速での走行時はドライバーがセットした車速で定速走行し，自車より遅い先行車がいた場合は車間距離を適切に維持する。低速走行時は先行車との車間距離を維持し，先行車が停止したら停止する。先行車への接近等を警告する），ペダル踏み間違い時加速抑制装置（誤ってアクセルを踏み込んだときに急発進や急加速を抑制する）等が実用化されている[2]。2020年に保安基準等が改正され，2021年11月以降に発売される国産新型車（乗用車）には，衝突被害軽減ブレーキの装着が義務づけられることとなった[3]。

（2）運転支援機能の普及状況

　国土交通省によると，2022年に日本国内向けに生産された乗用車に関し，衝突被害軽減ブレーキの装着率は対車両用が97.84％，対歩行者用（昼間）97.71％であり，車線逸脱の警報装置の装着率は97.76％，ペダル踏み間違い時加速抑制装置は91.80％に上る[4]。同省によると，2011年の衝突被害軽減ブレーキの装着率は1％程度（ペダル踏み間違い時加速抑制装置は統計自体なし）であったこと

23

から，ここ10年で急速に普及が進んだことがわかる。このように国内向け新車の9割以上に装着される運転支援機能がある一方，衝突被害軽減ブレーキの中でも対自転車（59.15%），交差点で機能するもの（21.74%）や，車線維持支援機能（53.88%）[5]のように普及途上の機能も存在する。

（3）運転支援機能の普及に向けた動き

1）安全運転サポート車の普及啓発

運転支援機能の普及に向けた取り組みには次のようなものがある。高齢運転者による交通事故が課題となっていることを受け，各省庁や自動車メーカーは，衝突被害軽減ブレーキ等を搭載した安全運転サポート車（サポカー）の試乗会の開催等を通じ，サポカー関連情報の一般への浸透を図っている。[6]

2）道路交通法改正による安全運転サポート車限定等条件付き免許の新設

高齢運転者による事故のリスクを低減する方策の1つに運転免許の自主返納があげられるが，免許返納により高齢者が移動手段を失い，日常生活に支障を来す可能性がある。そこで，「自主返納の中間的な位置づけ」として，2020年の道交法改正により，ドライバーが申請すると，運転免許に運転できる自動車の種類をサポカー等に限定する条件をつけることが可能となった。[7]

3）運転支援機能の性能認定制度

自動車メーカー各社が製造販売する運転支援機能は様々であるが，その違いが大きいとユーザーの選択が困難となり，普及を妨げるおそれがある。そこで，サポカーの普及啓発に向けた取り組みの一環として，2018年3月から国土交通省は自動車メーカー等の求めに応じ，衝突被害軽減ブレーキが一定の性能を有することを国が認定し，結果をウェブサイト等で公表する制度を創設した。[8]認定を受けると，自動車メーカーはその旨を衝突被害軽減ブレーキの普及啓発のための広報活動に活用できる。2020年4月からは，ペダル踏み間違い時加速抑制装置の性能認定も始まった。

4）保険料の引き下げ

2023年に自賠責保険の基準料率[9]が平均11.4%引き下げられた。[10]なお，運転支援機能の普及による交通事故の減少を主な背景として2020年，2021年にも引き下げが行われている。任意保険に関しても，同様の背景から自動車保険の参考

純率が平均3.9％引き下げられた。[11] 保険会社が参考純率をどのように用いるかは各会社の判断に委ねられるが，これを反映し保険料も変更される可能性がある。保険料の低額化は，運転支援車の購入に一定のインセンティブとなると思われる。

（4）運転支援機能の普及に関する今後の見通し

　種類によって普及途上のものもあるが，対車両・歩行者の衝突被害軽減ブレーキのように装着率が100％に近づいている運転支援機能もあり，今後も更に普及が進むと思われる。ただ，既存の車両には同機能のないものも相当数存在し，当面は同機能の有無や性能の面で多様な車両が公道上に混在することになる。では，運転支援機能の普及により交通事故の発生状況にどのような変化がみられるのであろうか。第2節では，現在の交通事故の発生状況と主な事故原因について概説した上で，自動運転車等の事故削減効果について検討する。

第2節　運転支援車による事故削減効果

（1）交通事故の発生状況―これまでの経緯と現状―

　初めに，現在までの交通事故発生状況についてふれておきたい。交通事故件数および死者数は1959年頃から急増し，1970年に死者数が約1万7000人に達した後，一旦減少したものの1979年頃から再び増加し，1988年から8年連続して死者数が1万人を超えた。[12] その背景に交通量の増加と運転技能が十分でない若年運転者の増加があげられており，運転者教育の充実や危険運転者への対策強化，交通安全施設の高度化等の対策がとられた。[13] 政府がASV推進計画を開始したのもこの頃である。[14] その後，死者数は減少したが，事故件数と負傷者数は増加を続け2004年にピークとなった。[15] 2004年以降はいずれも減少傾向となり，2022年の死者数は過去最少になったが，2023年には2678人と増加に転じ，年間36万人以上の負傷者が生じている。[16] 近年，交通事故の死者数が減少している要因として，2020年4月以降，新型コロナウイルス感染症（COVID-19）拡大防止のため緊急事態宣言が発令され，自動車の走行距離が大きく減少したことの影響が指摘されるが，[17] COVID-19が5類感染症に移行し人の行き来が回復する

ことで交通事故が再び増加することが懸念される。

(2) 多発する事故類型と人的要因
 1) 多発する事故類型
 (2) 1) では警察庁資料に基づき[18]、2022年に多発した事故類型について述べる。事故の当事者は人対車両が全体の12.33％、車両相互が83.63％、車両単独事故（路外逸脱等）が4.04％を占める。本書では、過失相殺が問題になり得る車両相互事故および人対車両事故に着目し検討する。

人対車両事故は横断中の事故が多く（図2-1・人対車両事故）、中でも歩行者が信号のある交差点で、横断歩道を横断中に車両と衝突する類型が最も多い。

車両相互事故では追突が最も多く、次いで出会い頭衝突、右折時の事故となる（図2-1・車両相互事故）。内訳を見ると、追突は一般単路上、次いで交差点付近を進行中の発生が多く、出会い頭衝突は信号機のない交差点、右折時の事故は信号のある交差点で多発している。

高速道路上の事故による死傷者数は2020年を境に増加傾向にあり、特に2022年の死者数は前年と比べ16人、負傷者数は1541人増加した。事故類型で見ると、高速道路上の事故は追突が特に多く全体の71.97％を占める。追突の対象は車線に停止している車両が最も多く、次いで走行車である。

運転支援機能があったとしても運転主体は人であり、また同機能のない車両も一定数道路上に存在する現状に鑑みると、事故の発生傾向は当面、現状に類似した形で推移すると思われる。そこで、運転支援車の責任判断を検討するに

図2-1 一般道における事故類型別の割合

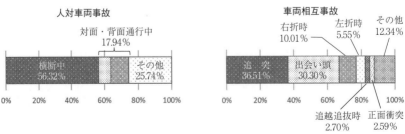

（出典 警察庁交通局資料に基づき筆者作成）

当たっては，これら多発する事故類型を中心に検討を進めることとする。

2）事故の人的要因

では，事故の原因は何であろうか。事故原因を構成する要因は人間，車両，交通環境があり，中でも人間の要因（人的要因）は事故の90％以上に関与しているとされる（Treat他，1979, pp. 7 - 8：松浦，2014, 151頁）。

交通事故総合分析センターは，人的要因を①発見の遅れ，②判断の誤り，③操作上の誤り等に分類する[19]。この定義によると，①発見の遅れは運転者が相手を事故まで発見できない，あるいはブレーキが間に合わない状態で発見したことで，ⅰ）前方不注意（内在的：居眠りや漫然運転等運転者の動作を伴わないもの，外在的：スマートフォンの操作や脇見等動作を伴うもの），ⅱ）安全不確認があるとされる。②判断の誤りは，運転者が危険を認識したが，まだ衝突しない等判断して必要な措置をとらず事故を発生させた場合，③操作の誤りは，運転者による車両等の操作が不適切であったために事故を発生させた場合とされる。

人的要因に関し，車が第一当事者（1当）[20]となった事故全体でみると，発見の遅れ77.68％，判断の誤り14.64％，操作の誤り7.67％で（交通事故総合分析センター，2023），発見の遅れが最も多い。多発する事故類型別に見ると，横断歩道横断中の歩行者との衝突事故は95.27％，出会い頭衝突は90.42％，右折車と直進車の衝突事故は87.80％が発見の遅れによるもので，全体傾向よりも多い。追突の原因も発見の遅れが最も多く（61.20％），判断の誤り（24.52％）と操作上の誤り（14.28％）という内訳になっている（同上）。

（3）運転支援車による事故削減効果

1）運転者のエラーに対応する運転支援とは

運転者は運転時に周囲の状況を認知し，予測・判断を行い操作するが，これら各段階でエラーが生じるので，システムが支援を行う[21]。

各段階の支援機能に関し，認知・予測段階では視覚支援を中心とした知覚機能の拡大（例，夜間の視認性向上のための配光可変型前照灯）と，潜在的危険の情報提供（例，後退時のバックカメラ）の支援があげられる[22]。

予測・判断の段階では運転者に警告し適切な操作等を促す機能（例，車線逸脱警報），操作段階では運転者の事故回避行動を支援する機能（例，衝突被害軽

減ブレーキ）と運転負荷を軽減する機能（例，ACC）等があげられている[23]。平岡敏洋が指摘するように，運転支援システムがブレーキ等の操作に直接介入することで，人では対応困難な状態に陥ったときに事故を回避ないし被害を軽減したり，認知機能が低下しつつある高齢者や運転技能が未熟な初心者運転者の運転を補助することで，事故削減に効果を発揮すると考えられる（平岡，2012，742-747頁）。

　全体に，運転支援機能により運転者の運転負担が軽減される分，運転者が状況認識[24]により多くの注意を配分できるようになると指摘される（篠原，2017，337-352頁）。手動運転に比べて，運転支援機能があることで運転への負担感が軽減し，また運転者が対象を早く発見する（McDowell他，2008，pp. 688-697）等状況認識が向上したことを示す研究もある（De Winter他，2014，pp. 196-217）。なお，事故多発者は交通他者の発見タイミングが遅いとされる（島崎他，2009，1-9頁）が，警告等によりこの遅れをカバーできれば，より効果的な事故削減が期待できると思われる。

2）運転支援機能により減少した事故

　では，実際の事故発生状況はどうであろうか。運転支援機能の装着により減少した事故として，追突事故があげられる。交通事故総合分析センターは，衝突被害軽減ブレーキを搭載した自家用車は非搭載車に比べ，対四輪の追突死傷事故率が52.9％減少したとする[25]。また，近藤直弥は2016～2018年に発生した事故を分析し，より高性能な衝突被害軽減ブレーキ搭載車の保有10万台当たりの追突死傷事故件数は，同機能のない車両に比べ，62.9％減少したとする[26]。衝突被害軽減ブレーキにより追突事故率を8割（碓井他，2017，383-389頁）ないし5割（より高度な支援機能を有する車では9割）減少させたとする報告もある[27]。加えて大型貨物自動車に関し国土交通省中部運輸局は，衝突被害軽減ブレーキを装着したトラックの追突事故発生率が非装着車両の1/3になったとする[28]。追突の人的要因は発見の遅れが最も多いが，その中では外在的前方不注意（53.5％）が最も多い（交通事故総合分析センター，2023）。そして，脇見等により注意が前方から逸れたときに，衝突被害軽減ブレーキの警告を受けることで運転者がブレーキを踏む反応が早くなり，当該類型の前方不注意が特に減少したとされる[29]。また，追突事故では被追突車両が前方へ押し出され，さらに前方に停車し

第2章　運転支援・自動運転による事故削減効果と新たなリスク

ている車両等に衝突して二次被害を発生させる多重追突事故が存在するが，衝突被害軽減ブレーキの作動により二次被害削減の可能性も示される（寺島他，2017，8-17頁）。

　さらに対歩行者事故に関し，近藤直弥は，衝突被害軽減ブレーキ搭載車の保有10万台当たりの死亡重傷事故件数が従来型車両に比べ24.2％減少し，特に歩行者が横断中の死亡重傷事故が減少したとする[30]。人対車両の死傷事故も，センサーの範囲内に歩行者がいれば，運転者の発見遅れを運転支援機能がカバーできているとされる[31]。

3）運転支援機能による事故削減効果の推定

　国土交通省は，事故パターンごとのミクロデータ[32]を用い，運転支援機能を搭載したことによる事故削減効果の推定解析を行っている[33]。同解析によると，人身事故全体では両当事者に運転支援があれば69.6％，1当のみに支援がある場合でも62.0％の事故削減が可能とされる。特に1当のみ機能搭載でも追突事故の94.4％，出会い頭事故（四輪相互）13.6％，右折時の事故72.7％，対歩行者事故100％が削減可能とされる[34]。加えて，衝突被害軽減ブレーキにより，生活道路における歩行者との出会い頭の衝突事故が減少する可能性を示す研究もある（謝他，2020，A63-70頁）。

（4）自動運転に期待される事故削減効果

　自動運転システムの開発普及により進路変更時，対向車衝突，自転車・歩行者との事故など10種類の衝突事故のうち9種類の回避が可能とされており（Gao他，2014，pp.1-11），2040年までに交通事故は80％減少するとの予想もある（Aibright他，2015，p.5）。国土交通省は，レベル5の自動運転が普及して両当事者が自動運転車であれば事故を89.5％削減でき，1当のみ同レベルの自動運転の場合でも88.2％の事故削減が可能とする[35]。

　また，自動運転システムが運転者の状態をモニタリングする機能がある場合，運転交替の可否だけでなく，運転者の覚醒状態や健康状態も合わせて監視することで，疲労が蓄積して居眠りに陥る前に警告を出す等安全運転のための注意喚起にも貢献しうることが指摘される（中川他，2016，103-108頁）。加えて，運転者が運転中に病気等で突然運転能力を失った場合でも，システムがMRM

（Minimum Risk Manoeuvre：リスクの最小化を図るための制御）により運転を代行し，安全に自動車を停止させることも可能となるとされる（大前，2018，178-184頁）。西田泰は交通事故総合分析センターの交通統計に基づき，2014～2018年の運転中の発作・急病による事故が1,231件発生していること，発作・急病による事故は加齢とともに上昇することを指摘する（西田，2007，12-16頁）。加えて，高齢運転者には認知症の影響も問題視されており，高速道路における逆走事故の当事者となった高齢者のうち37％に認知症（疑い含む）がみられたとされる[(36)]（呂，2015，20-28頁）。このように，自動化の進展により運転者の健康問題に起因する事故も回避可能となるであろう。

第3節　運転支援車・自動運転車による事故

（1）自動運転の高度化に伴う事故原因の変容

　従来の交通事故は，運転者の落ち度（人的要因）が主な原因であった。しかし，運転支援機能が備わると人の運転への関わり方が異なり，「落ち度」の内容も変化する可能性がある。また，自動化が進むとシステムの関与が大きくなり，事故原因として車両の要因が重要となってくる。そこで，本節では自動運転車等の責任を検討する前提として，自動運転車等が関与した事故の原因について整理しておきたい。ここでは，海外で発生した3件の死亡事故および国内で発生した事故[(37)]（中川，2022，25頁：日本モビリティ株式会社（注（53）参照）：自動運転車事故調査委員会，2023）を中心に，ドライバー要因，車両要因，両者の複合的要因について検討する。

（2）運転支援車による事故とその原因

1）運転者の依存と過信

　2016年5月に，アメリカで発生した死亡事故（運転支援車と左折〔日本の右折に相当する〕したトラックが衝突）で，NTSBは運転者の不注意に加え，自動化への過度の依存を原因にあげている[(38)]。また，2018年3月に同国で運転支援車が高速道路の中央分離帯に衝突し運転者が死亡した事故では，システムの警告に運転者が十分従わず，システムへの過信・依存が生じていた可能性が指摘される[(39)]。

第2章　運転支援・自動運転による事故削減効果と新たなリスク

人のシステムに対する過信や依存は，運転支援機能の課題として指摘されてきた（稲垣，2010，10-15頁）。過信とは，実際は信頼できない対象を不適切に高く信頼する心理状態で（Inagaki他，2013，pp.1-8），実際は運転支援機能が対処できない場面でも適切に対処するだろうとユーザーが思い込み，誤作動を発見しづらくなり，またユーザーがシステムの状態を監視しなくなって問題に適切に対処できなくなるとされる（Wickens他，2016，p.390）。さらに，運転者の覚醒状態の低下が生じやすいとされ（宇野他，2002，17-20頁），運転支援の制御が失われた場合に運転者の反応が遅延し，衝突の危険性が大きくなる（Young他，2017，pp.46-58；Shen他，2017，pp.149-155；大谷他，2016，961-966頁）ことが示される。加えて，過信状態で誤った情報提示等がされると運転者がパニックに陥り，誤った運転行動につながることが示されている（北島他，2018，74-90頁）。

依存は，システムに不適切に強く依存する心理状態のもとで，過信に基づき適切でない行動を選択することとされる（Inagaki他，2013，pp.1-8）。このことは，安全技術の導入によりリスクが低下したと運転者が認知すると，リスクを高める方向に行動が変化するリスク補償行動（ワイルド，2007，41-69頁）で説明可能とされる（篠原，2017，337-352頁）。ACCが装着されると，ないときより走行速度が速くなる（Hoedemaeker他，1998，pp.95-106），無信号交差点で交差道路から接近する車両の情報を提供すると，交差点進入前の左右の確認回数が減少する（増田他，2008，1-10頁）等の研究結果はこの表れといえる。

2）運転者の理解不足

2016年5月の死亡事故では，NTSBは運転者のシステムに対する理解不足も原因として指摘する。[40] 日本でも，2016年11月に「自動車販売店店員の誤った認識に基づく指示」により，試乗車の運転者がブレーキをかけずに走行した結果，衝突被害軽減ブレーキが作動せず試乗車が前方の車に追突し，2名が負傷する事故が発生した。[41] このような運転者の理解不足や誤解という課題が指摘される。自動車メーカーは，運転支援機能の作動条件や注意事項を取扱説明書等に記載しているが，Shimazaki他は衝突被害軽減ブレーキ作動中に運転者がハンドル操作等をすると同ブレーキが解除されることが知られていない等，一般人の理解が十分でない機能があることを示した（Shimazaki他，2018，pp.221-229）。また，国民生活センターは，2012年以降，消費者から衝突被害軽減ブレーキに想定外

の事象（予期しない作動等）が起きたとの相談が多数寄せられていること，運転
支援車利用時の注意事項について消費者の17%が「理解していない」と回答し
ていること等を受け，運転支援機能やその限界が消費者に浸透していない可能
性を指摘する。[42]

3）運転支援の効果の限界

　衝突被害軽減ブレーキにより追突事故が減少していることは第2節で述べた
が，高齢者に対する支援の効果は限定的とされる。[43]すなわち，同ブレーキの装
着により全年齢では追突死傷事故件数が37%減少したのに対し，75歳以上では
14.9%の減少，より高性能な衝突被害軽減ブレーキでも全年齢62.9%減に対し，
75歳以上は38.3%の減少に留まった[44][45]ことが示されている。高齢者の交通事故削
減に向け，運転支援機能に過度に期待することには課題が残る結果といえる。
また，国土交通省の効果測定によると，運転者の年齢を問わず双方が運転支援
車でもなお30.4%の事故は残り，2当のみに支援がある場合の事故削減率は
8.5%に止まる。[46]運転支援車の普及段階では，短期的かつ劇的な事故削減は困
難なようである。

　さらに，2021年8月に日本で発生したレベル2の巡回バスと歩行者の接触事
故では，バスが右折して運転者の操作により加速中，歩行者が方向を変えて進
行し，運転者が「SLOWDOWN」スイッチを押したが間に合わず接触した。
本件は，現場にいた交通誘導員や歩行者の挙動を含めた複合要因によるものと
されるが，運転者の歩行者の挙動に対する予測・判断の遅れも指摘される（自
動運転車事故調査委員会，2023，50頁）。運転支援があっても運転者本人，交通他者，
環境といった要因が相まって事故が生じる可能性が示されたと言える。

4）車両側の機能の限界及び不具合

　現在の運転支援は全ての交通場面で運転者を完全に支援するには至っておら
ず，物理的にセンサーが対象を検知できない等性能上の限界により事故を防げ
ない場合もある。例えば，直進時や右折時の対歩行者事故で，歩行者がセンサー
の視野の外から中に移動する等，システムが対象を検出できない事例では明確
な事故削減効果がみられない[47]ことが示されている。また，2016年5月のアメリ
カでの死亡事故[48]で，事故車両のメーカーは，システムが明るい空を背景にした
トレーラーの白い側面を検知せず，ブレーキが作動しなかったとしている。[49]

第2章　運転支援・自動運転による事故削減効果と新たなリスク

　加えて，従来型車両に関してではあるが，車両の欠陥が裁判上認定された事例[50]や自動車メーカーが欠陥を認めた事例[51]が存在し，運転支援車についても欠陥による事故の可能性を全く否定することはできないであろう。このように，運転支援の性能上の限界や欠陥が事故原因となる可能性はある。

（3）自動運転車による事故とその原因

1）自動運転システムの技術的問題に起因する事故

　2018年3月にアメリカで起きた自動運転の試験車両と歩行者の衝突死亡事故では，車のシステムは衝突の5.6秒前に自転車を押している歩行者を検出したが対象を正確に判断できず，歩行者の進行方向を予測できなかったとされる[52]。

　2019年8月には，日本で自動運転の実験車が走行中右に旋回し，追抜車両に接触する事故が発生した。原因として，システムが自車位置と進行方位を誤検知したことがあげられ，誤検知はシステムの「原理的に発生しうる」可能性が指摘された（中川, 2022, 28頁）。2018年3月のアメリカでの事故はオペレータの前方不注意も関わっているが，これらは主に自動運転システムの技術的な問題に起因する事故といえる。

2）運転時の人とシステムの協働に起因する事故

　レベル3及びレベル4の実証実験では，運転席に座った運転者ないしオペレータが安全確認を行うことがあるが，この運転者等の確認不足が事故原因となった事例がある。2022年3月に日本で発生した自動運転車（レベル3相当）と右車線走行中の車両との接触事故は，運転者の「右側の状況の安全確認がおろそかになっ」たことが原因とされる[53]。また，2018年3月のアメリカでの死亡事故で，オペレータは衝突の1秒前まで視線をセンターコンソールの底に向けており結果的にブレーキが間に合わなかった[54]。これらの事例は，安全性を補完する運転者等の不注意も事故に関与しており，人とシステムの協働が本来期待された形で機能しなかった事例といえる。

　また，自動運転でもレベル3ではシステムから介入要求があったとき，レベル4は限定領域から外れたときは運転者（人）が運転を引き継ぐ必要があるが，運転交替後の人の落ち度により事故が生じうる。2020年8月に日本で発生した自動運転バスと歩道柵支柱との接触事故は，手動運転移行後の運転者の「車幅

感覚の判断ミス」が原因で生じたとされる[55]。

3）運転交替に伴うリスク

ここで，従来なかった運転者の「運転交替」に関わるリスクについて触れておきたい。レベル3で作動継続が困難な場合はシステムが介入要求を出し，運転者が運転を交替する。しかし，介入要求から運転者の運転交替には時間的余裕を要する。交替に必要な時間は，Eriksson他のレビューによると1.14秒〜15秒，実験では最大25.75秒必要であり，調査対象者によってばらつきが大きい（Eriksson他，2017，pp.689-705）。また，運転者が制御を開始してハンドル操作が安定するのに35〜40秒かかる（Merat他，2014，pp.274-282）とする研究もある。

さらに，自動運転中，運転者は運転以外の作業ができるが，運転交替に必要な時間は同作業をしている方が長くなる（Eriksson他，2017，pp.689-705；Shen他，2017，pp.149-155）。この理由として，運転者が同作業のため注意を手元に向けていた場合，介入要求により視線は前方に向いても，頭の中では同作業で得られた情報の記憶，推論，意思決定を行っているため，注意は前方の交通場面に十分戻っていないことが指摘される（篠原他，2005，318-326頁）。加えて，自動運転中は運転者が運転に関与しないため覚醒水準が低下し（阿部他，2018，422-427頁），居眠りや低覚醒状態に陥る可能性が指摘され（本間他，2016，537-542頁），このことも運転者の適切な運転交替を困難にする可能性がある。

このため，レベル3の場合，運転交替に必要な時間の確保や運転復帰への支援が課題とされる（篠原，2017，346-347頁）。運転交替に関する警告の出し方やタイミングが不適切であれば主に車両の要因，警告は適切に出たが人が運転を適切に引き継げないのであれば人的要因の問題となり得る（中川，2019，11-21頁）。

4）システムの挙動の背後にある人的要因

事故の直接原因は自動運転車の挙動だが，背後に人的要因が関わる事例もある。2022年3月に発生した右側走行車との接触事故では，システムは正常に作動していたが，白線（車線境界線）がない区間での安全検証の基準が十分でなく，右側の白線寄りの位置でシステムが走行軌道を作成したことが1つの原因とされる[56]。自動運転のシステムを構築する上での人的あるいは手順作成に関わる要因といえよう。

2020年7月の接触事故（左折時に後輪が縁石に接触）の原因は，運転開始時に

第2章　運転支援・自動運転による事故削減効果と新たなリスク

ハンドルの設定が正しく行われなかったこととされる（中川，2022，25頁）。同年12月の接触事故（自動運転バスが直進中，右に急旋回しガードレールと接触）の原因は，事業者が自動運転システムを設定する際，2つの機器の再起動が必要なところ1つの再起動を行っていなかった[57]とされる。これらの事故は，自動運転開始前の機器の設定に人的なエラーがあった事例といえる。

5）自動運転車による事故削減効果の限界

国土交通省の効果推定では，両当事者がレベル5の自動運転車でも10.5%，1当のみ自動運転なら11.8%の事故が残り，2当のみ自動運転だと89.3%の事故が削減できないと推定される[58]。また，自動運転車であっても事故の相手方が二輪車，自転車，歩行者で直前の飛び出し等があると対処できず，完全に事故を回避することは不可能とされている[59]。

第4節　自動運転車等による事故削減効果の限界と新たな事故リスクとは

本章では，交通事故の発生状況と人的要因の傾向に触れた上で，運転自動化による事故削減効果とその限界について述べた。自動化により，追突事故をはじめ事故は削減されつつある。ただ，運転支援車の機能面に着目すると，同機能は常に運転者を完全に支援できるわけではなく，性能の限界はある。また，運転支援システムの欠陥や故障といった不具合のため，作動条件下で異常な作動をする可能性も否定できない（異常な作動は，すべきでない挙動をする場合〔誤作動〕と，作動すべきところで作動しない場合〔不作動〕がありうる）。不具合の原因は，大別すると自動車等メーカーでの設計・製造段階の欠陥によるものと，ユーザーの点検整備等不適切な取り扱いによるものが考えられる。一方，運転者の要因に着目すると，運転者が運転支援機能を十分理解していなかったり，過信・依存することで起こる事故もありうる。

加えて，より高度な自動運転が実現しても事故は起こりうる。自動運転車の場合，直接的には車両の要因で事故が起こりうるが，その背後に人的要因が存在しうる。異常な作動が起きる主な原因として，これまで検討したことをまとめると①自動車等メーカー側の設計・製造上の欠陥，②システム構築上の問題（安全検証が不十分等），③走行前に機器の設定を行う時の誤り，④ユーザーの点

35

検整備の問題があげられるであろう。また，システムが正常に機能しても，⑤運転交替後の人のエラーや，⑥監視者の不注意による事故は起こりうる。加えて，⑦路上駐車の追越，緊急自動車や手信号の判断等車両側の技術では対応困難な場面が指摘されており（中川，2021，23-43頁），対応できなくなった自動運転車が立ち往生する等して事故の危険を生じさせる場面も想定される。さらに，⑧レベル３の場合，システムからの介入要求に人が適切に対応できないことも起こりうる。

　このように，事故のリスクは自動化が進んでも従来とは形を変えて存在し続けるため，これを踏まえて事故発生時の責任を明確にしておく必要がある。自動運転車の法的責任のあり方には消費者の多くが不安を感じていることが指摘されており（宮木，2018，39頁），今後自動運転が社会に受け入れられるために十分な検討が必要な課題といえる。そこで，自動運転車等が関わる事故の法的責任，特に民事責任を検討する前提として，第３章では交通事故にまつわる現在の法制度について述べる。

（1）　ASV（Advanced Safety Vehicle）：先進技術を利用してドライバーの安全運転を支援するシステムを搭載した自動車（国土交通省，自動車総合安全情報，車両・交通システムの先進テクノロジー「ASVとは」より）。

（2）　国土交通省自動車局先進安全自動車推進検討会，2021，「先進安全自動車（ASV）推進計画 報告書―第６期ASV推進計画における活動成果について―」https://www.mlit.go.jp/jidosha/anzen/01asv/report06/file/asv6_houkokusho_shiryohen.pdf（2023.12.4閲覧）。

（3）　国土交通省，2020，「乗用車等の衝突被害軽減ブレーキに関する国際基準を導入し，新車を対象とした義務付けを行います。」https://www.mlit.go.jp/report/press/content/001326168.pdf（2023.12.8閲覧）。なお，ペダル踏み間違い時加速抑制装置も義務化が予定されている。

（4）　国土交通省自動車交通局，2022，「自動車総合安全情報　ASV推進計画関連資料　ASV技術普及台数調査」https://www.mlit.go.jp/jidosha/anzen/01asv/data/r4hukyuudaisu_kokusan.pdf（2024.4.29閲覧）。

（5）　前掲注（4）。

（6）　経済産業省，2023，「『サポカー』お知らせ」https://www.safety-supportcar.go.jp/news/（2023.12.4閲覧）。

（7）　合わせて，75歳以上のドライバーが免許の更新をする際に認知機能検査を受け，その結果に応じ高齢者講習を受けることになっているが，一定の違反歴のあるドライバーは運転技能検査（実車試験）の対象とし，運転技能が不十分と判断されると免許の更新を

第 2 章　運転支援・自動運転による事故削減効果と新たなリスク

認めない制度等も導入された。

（8）　国土交通省，2019，「乗用車の衝突被害軽減ブレーキ認定結果を初めて公表します！」https://www.mlit.go.jp/report/press/jidosha07_hh_000301.html（2022.8.25閲覧）。

（9）　損害保険料算出機構は，自賠責保険の基準料率を算出している。基準料率は，料率算出団体（同機構）が算出する保険料率を指す。自賠責保険について，同機構の会員である保険会社は基準料率を使用している（損害保険料算出機構，「自賠責保険基準料率」https://www.giroj.or.jp/ratemaking/cali/（2023.12.4閲覧）。

（10）　損害保険料算出機構，2023，「【自賠責保険】基準料率届出のご案内」https://www.giroj.or.jp/ratemaking/cali/pdf/202301_announcement.pdf（2023.12.4閲覧）。

（11）　自動車保険の保険料率は自動車1台あたりの保険料をいい，純保険料率（事故が発生したときに，保険会社が支払う保険金に充てられる部分）と，付加保険料率（保険会社が保険事業を行うために必要な経費などに充てられる部分）に分けられるが，参考純率とは，料率算出団体が算出する純保険料率を指す（損害保険料算出機構，2021，「自動車保険参考純率　届出内容の一部修正について」https://www.giroj.or.jp/ratemaking/automobile/202109_announcement.html。2022.8.25閲覧）。なお，2024年は平均5.7％引き上げるとされた。

（12）　警察庁，2024，「令和5年中の交通死亡事故の発生状況及び道路交通法違反取締り状況等について」2頁，https://www.e-stat.go.jp/stat-search/files?page=1&layout=datalist&toukei=00130002&tstat=000001027458&cycle=7&year=20230&month=0（2024.4.29閲覧）

（13）　警察庁交通局，2018，「平成29年における交通死亡事故の特徴等について」https://www.npa.go.jp/toukei/koutuu48/H29siboubunnseki.pdf（2019.7.29閲覧）。

（14）　国土交通省，「自動車総合安全情報・先進安全自動車　ASV推進計画とは」https://www.mlit.go.jp/jidosha/anzen/01asv/#plan（2021.10.11閲覧）。

（15）　前掲注（12）。

（16）　同上。

（17）　内閣府，「令和3年版交通安全白書」28頁。https://www8.cao.go.jp/koutu/taisaku/r03kou_haku/index_zenbun_pdf.html（2021.10.11閲覧）。

（18）　警察庁交通局，2023，「令和4年中の交通事故の発生状況」https://www.e-stat.go.jp/stat-search/files?page=1&layout=datalist&toukei=00130002&tstat=000001027457&cycle=7&year=20220&month=0（2023.12.4閲覧）。

（19）　交通事故総合分析センター，「交通事故統計用語解説集」。https://www.itarda.or.jp/service/term（2021.10.12閲覧）。

（20）　第一当事者とは，最初に交通事故に関与した車両等の運転者または歩行者のうち当該交通事故における過失が重い者をいい，また過失が同程度の場合には人身損傷程度が軽い者をいう（警察庁「用語の解説」より）。その相手方が第2当事者（2当）とされる。

（21）　国土交通省自動車局先進安全自動車推進検討会，2020，「先進安全自動車（ASV）推進計画報告書―第6期ASV推進計画における活動成果について―本編第2章」13頁https://www.mlit.go.jp/jidosha/anzen/01asv/report06/file/asv6_houkokusho_honpen.pdf（2023.12.5閲覧）。

（22）　前掲注（21）14頁。

（23）　同上。

（24）　状況認識とは，絶えず変化する状況の中で適切な行動をとるための判断や意思決定を，

どのような情報や知識を手がかりとして行っているのかという視点からパフォーマンス，特に意思決定を説明するための構成概念とされる（高橋，2011，250頁）。

(25) 交通事故総合分析センター，2018,「衝突被害軽減ブレーキ（AEB装着）の対四輪車追突事故低減効果の分析結果」https://www.npa.go.jp/koutsuu/kikaku/koureiunten/menkyoseido-bunkakai/3/kakusyu-siryou/4.pdf（2022.8.26閲覧）。

(26) 近藤直弥，2019,「衝突被害軽減ブレーキ（AEB）の世代別効果分析　交通事故総合分析センター第22回研究発表会」https://www.itarda.or.jp/presentation/22/show_lecture_file.pdf?lecture_id=125&type=file_jp（2022.8.26閲覧）。

(27) トヨタ自動車，2017「トヨタ自動車，安全支援技術Toyota Safety Sense, ICSの事故低減効果を公表　両技術をあわせ約9割の追突事故低減」https://global.toyota/jp/detail/18294147/（2022.8.26閲覧）。

(28) 国土交通省中部運輸局，2016,「衝突被害軽減ブレーキ装着者の追突事故発生率が1／3！」http://www.mlit.go.jp/common/001130313.pdf（2022.8.26閲覧）。

(29) 前掲注（26）6頁。

(30) 同上　8頁。

(31) 同上　9頁。

(32) 茨城県つくば市並びにその周辺地域で発生し交通事故総合分析センターで調査したミクロ事故例データ。前掲注（21）39頁。

(33) 前掲注（21）124-131頁。

(34) 同上　125頁。但し，本解析は運転支援機能の作動率が100％という理想的な条件の基で行われており，実際は環境条件や交通流の条件等の影響で作動率が下がることに留意する必要がある（同131頁）。

(35) 同上　129頁。

(36) 逆走事故の当事者のうち68％が高齢者である（呂，2015）。

(37) なお，特に自動運転車は「自動運転」であるが故に脚光を浴びて軽微な事故でも報道の対象となっているにすぎず，実際の事故は稀な事象のようにも思える。しかし，走行距離当たりの事故率は従来型車両より自動運転車の方が高いことが指摘されており（Favaro他，2017，pp.1-20；Banerjee他，2018，pp.586-597），自動運転車による事故の責任を検討する必要性は高いと思われる。

(38) 本事故車両の自動化レベルは，レベル2で，ドライバーが周囲への注視を行うべきレベルとされる。本件事故までにオートパイロットが起動していた37分間のうち，ドライバーがハンドルを握ったのは7回，計25秒にすぎず，最長で約6分間，ドライバーの手がハンドル上で検出されなかった。NTSB, 2017, "Collision Between a Car Operating With Automated Vehicle Control Systems and a Tractor-Semitrailer Truck Near Williston, Florida May 7, 2016." Accident Report NTSB/HAR-17/02 PB2017-102600. 9 12, 2017. p.35, p.41. https://www.ntsb.gov/investigations/AccidentReports/Reports/HAR1702.pdf（2022.8.29閲覧）。

(39) NTSB, 2020, "Highway Accident Report Collision Between a Sport Utility Vehicle Operating With Partial Driving Automation and a Crash Attenuator Mountain View, California March 23, 2018", https://www.ntsb.gov/investigations/AccidentReports/Reports/HAR2001.pdf（2024.4.29閲覧）。

(40) 前掲注（38）41頁。

(41) 国土交通省自動車局，2017,「現在実用化されている『自動運転』機能は，完全な自

動運転ではありません!!」。https://www1.mlit.go.jp:8088/common/001181606.pdf（2022.8.29閲覧）。

(42) 国民生活センター，2018,「先進安全自動車に関する消費者の使用実態」http://www.kokusen.go.jp/pdf/n-20180118_1.pdf（2022.9.7閲覧）。

(43) 第1世代の衝突被害軽減ブレーキで，人は感知せず，主に自車速度が5〜30km/hで作動することが前提とされている。

(44) 木下義彦，2019,「衝突被害軽減ブレーキ（AEB）の追突事故低減効果補足分析　交通事故総合分析センター第22回研究発表会」。https://www.itarda.or.jp/presentation/22/show_lecture_file.pdf?lecture_id=124&type=file_jp（2022.9.7閲覧）。

(45) 前掲注（26）7頁。

(46) 前掲注（21）129頁。

(47) 前掲注（26）9頁。

(48) 前掲注（38）。

(49) Tesla, 2016, "A tragic Loss" https://www.tesla.com/jp/blog/tragic-loss（2024.4.29閲覧）。

(50) 例えば東京地裁平成28年9月28日判決・判例タイムズ1440号213頁。東京地裁令和2年3月10日判決・LEX/DB文献番号25567183。

(51) 横浜地裁平成18年4月18日判決・判例時報1937号123頁。

(52) NTSB, 2019, "Collision Between Vehicle Controlled by Developmental Automated Driving System and Pedestrian Tempe, Arizona March 18, 2018." Accident Report NTSB/HAR-19/03 PB2019-101402. 11 19, 2019. https://www.ntsb.gov/investigations/AccidentReports/Reports/HAR1903.pdf（2022.8.29閲覧）。なお，試験走行を行っていたウーバーテクノロジーズは，他社製の自動運転中の緊急ブレーキが作動しないように設定しており，この点では人的要因が関わっているとも考えられる。

(53) 日本モビリティ株式会社，2022,「福山市公道実証実験における物損事故に関するご報告」https://drive.google.com/file/d/1lg3DWtJV8vScuf0E0RT9stwDI1VO0wmW/view（2022.8.30閲覧）。

(54) 前掲注（52）42頁。

(55) 産業技術総合研究所，2020,「中型自動運転バスによる実証実験（大津市：京阪バス）における歩道柵の支柱との接触事案の原因調査結果と対策について」https://www.aist.go.jp/aist_j/news/announce/au20200911.html（2022.8.30閲覧）。

(56) 前掲注（53）2頁。

(57) 産業技術総合研究所, 2020,「中型自動運転バスによる実証実験（日立市）におけるガードレールとの接触事案の原因調査結果と対策について」https://www.aist.go.jp/aist_j/news/announce/au20201225.html（2023.12.6閲覧）。

(58) 前掲注（21）127頁。

(59) 同上　131頁。

参考文献

阿部晃大・涼古谷・伊東敏夫，2018,「自動運転時のドライバ覚醒維持を目的とした各種タスク効果の脳波解析による比較」『自動車技術会論文集』Vol. 49 No. 2。

稲垣敏之，2010,「運転支援システムへの過信と依存」『電子情報通信学会技術研究報告SSS安全性』110（242）。

碓井茂夫・野村直樹・熊谷光・関根浩史，2017，「運転支援システム"アイサイト"の事故低減への取組み」『日本AEM学会誌』Vol. 25 No. 4。

宇野宏・内田信行・野口昌弘，2002，「運転支援機能がドライバの覚醒水準に与える影響に関する検討」『自動車技術会学術講演会前刷集』No. 114-02。

大谷亮・江上嘉典・佐藤健治・三井一志・阿部正明，2016，「自動運転状況下におけるドライバへの情報伝達方法」『自動車技術会論文集』47巻4号。

大前学，2018，「高齢化社会における自動運転車の役割」『日本老年医学界雑誌』55巻2号。

北島洋樹・曽我重司・黒田学，2018，「自動車運転支援とパニック的行動の関連についての実験的研究」『労働科学』94巻3号，74-90頁。

交通事故総合分析センター，2023，「人的要因別・事故類型別事故件数（1当）—車両表番31DZ101」。

謝振宇・星野一輝・山本俊雄・小嶋文・久保田尚，2020，「歩行者・自転車事故の個別的事故分析に基づく自動運転の事故軽減効果計測手法等の研究開発」『交通工学論文集』第6巻第4号（特集号A）。

自動運転車事故調査委員会，2023，「自動運転車事故調査報告書〔調査対象事故〕パラリンピック選手村内中型バスの接触事故〔東京都中央区〕」。

篠原一光，2017，「現在の自動車交通の諸問題解決に向けた心理学的研究の貢献」『心理学評論』Vol. 60 No. 4。

篠原一光・三浦利章，2005，「車載情報機器からの情報取得後の視覚探索における持続的注意転導効果」『IATSS Review』Vol. 30 No. 3。

島崎敢・石田敏郎，2009，「事故反復者のハザード発見とリスク知覚の時系列分析」『応用心理学研究』34巻1号。

高橋誠，2011，「第2部　展開と実践　第11章　複雑な人間—機械系における状況認識と安全・注意」原田悦子・篠原一光編『現在の認知心理学4　注意と安全』北大路書房。

寺島孝明・大賀涼・加藤憲史郎・田久保宣晃，2017，「追突事故における被追突車両の押し出しとポストクラッシュブレーキによる二次被害削減効果の検証」『日本交通科学学会誌』第17巻第2号。

中川剛・河内泰司・二ツ山幸樹・西井克昌，2016，「自動運転における体調管理」『DENSO TECHNICAL REVIEW』Vol. 21。

中川由賀，2019，「自動運転レベル3及び4における運転者の道路交通法上の義務と交通事故時の刑事責任」『CHUKYO LAWYER』Vol. 30。

中川由賀，2021，「自動運転移動サービスの継続的な事業化に向けた法的課題」『CHUKYO LAWYER』Vol. 34。

中川由賀，2022，「公道実証実験の事故事例分析を通じた今後の刑事実務的課題の検討」『CHUKYO LAWTER』Vol. 36。

西田泰，2007，「交通事故統計からみた運転中の発作・急病」『日本交通科学協議会誌』Vol. 7 No. 1。

平岡敏洋，2012，「ドライバに安全運転を促す運転支援システム」『計測と制御』第51巻第8号。

本間亮平・若林貴志・小高賢二，2016，「高度自動運転における権限委譲方法の基礎的検討」『自動車技術会論文集』Vol. 47 No. 2。

増田貴之・芳賀繁・國分三輝，2008，「運転支援がリスク補償行動に及ぼす影響：情報提供方略の検討」『交通心理学研究』Vol. 24 No. 1。

松浦常夫，2014，『統計データが語る交通事故防止のヒント』東京法令出版。

宮木由貴子，2018，「自動走行に対する社会・消費者の期待と懸念」『NBL』No. 1125。

呂彩子，2015，「自動車運転中の急病死」『IATSS Review』Vol. 40 No. 1。

ワイルド，G. J. S.／芳賀繁訳，2007，『交通事故はなぜなくならないか―リスク行動の心理学』新曜社。

Aibright, J.A., Bell, S.J., Nyce. C., 2015, "Automobile insurance in the era of autonomous vehicles." *Survey results June* 2015.

Banerjee, S.S., Jha, S., Cyriac, J., Kalbarczyk, Z.T., Iyer, R.K., 2018, "Hands off the wheel in aoutonomous vehicles?" *2018 48th annual IEEE/IFIP International Conference on Dendable Systems and Networks.*

De Winter, J.C.F., Happee, R., Martens, M.H., Stanton, N.A., 2014, "Effect of adaptive cruise control and highly automated driving on workload and situation awareness: A review of the empirical evidence." *Traffic Psychology and Behaviour* Vol. 27.

Eriksson, A., Stanton, N.A., 2017, "Takeover Time in Highly Automated Vehicles: Noncritical Transitions to and From Manual Control." *Human Factors* Vol. 59.

Favaro, M.F., Nader, N., Eurich, S.O., Tripp, M., 2017, "Examining accident reports involvimg autonomous vehicles in California." *PLOS ONE* https://www.doi.org/10.1371/journal.pone.0184952.

Gao, P., Hensley, R., Zielke, A., 2014 "A road map to the future for the auto industry." *Mackinsey Quaeterly.*

Hoedemaeker, M., Brookhuis, K.A., 1998, "Behavioural adaptation to driving with an adaptive cruise control（ACC)." *Transportation Research Part F: Traffic Psychology and Behaviour* Vol. 1.

Inagaki, T., Itoh, M., 2013 "Human's Overtrust in and Overreliance on Advanced Driver Assistance Systems: A Theoretical Framework." *International Journal of Vehicular Technology.*

McDowell, K., Nunez, P., Hutchins, S., Metcaife, J.S., 2008, "Secure Mobility and the Autonomous Driver." *IEEE Transactions on Robotics* Vol. 24 Issue 3.

Merat, N., Jamson, A.H., Lai, F.C.H., Daly, M., Carsten., O.M.J., 2014, "Transition to manual: Driver behaviour when resuming control from a highly automated vehicle." *Transportation Research Part* F 27.

Shen, S., Neyens, D.M., 2017, "Assessing drivers' response during automated driver support system failures with non-driving tasks." *Journal of Safety Research* Vol. 61.

Shimazaki, K., Ito, T., Ishida, T., 2018, "The public's understanding of the functionality and limitations of automatic braking in Japan." *IATSS Research* Vol. 42.

Treat, J.R., Tnmbas, N.S., McDonald, S.T., Shinar, D., Hume, R.D., Mayer, R.E., Stansifer, R.L., Castellan, N.J., 1979, "Tri-level study of the causes of traffic accidents Executive Summry DOTHS-034-3-535" *Washinton, DC: U.S. Department of Transportation.*

Wickens, C.D., Hollands, J.G., Banbury, S., Parasuraman, R.P., 2016, *Engineering psychology and human performance 4th edition.* Routledge.

Young, M.S., Stanton, N.A., 2017, "Back to the future: Brake reaction times for manual and automated viecles." *Ergonomics* Vol. 50.

第3章

交通事故に伴う民事責任
―従来型車両について―

‖‖

第1節　交通事故に伴う紛争の動向

　近年，交通事故件数は減少傾向にあるが，紛争は増加している。最高裁判所によると，簡易裁判所における交通事故の損害賠償請求訴訟は，2000年に約2,000件だったのが2012年は約1万4000件に増加し，訴訟代理人として弁護士が選任される割合も増加している。[1] その背景に，弁護士保険の販売数増加があげられている。弁護士保険は，損害保険の契約者（被保険者）が事故に遭い弁護士に法律相談や交渉等の依頼をした場合，その費用が保険金として支払われる保険で，自動車保険の特約として販売されることが多く，同保険の販売数の増加に伴い弁護士の紹介件数も増加している。[2] これにより法的解決の金銭的コストが低減され市民の法的サービスへのアクセスが容易になると同時に，これまで埋もれていた紛争が顕在化して紛争の複雑化・多様化を招き，対立が先鋭化する可能性も指摘される。[3] 特に交通事故訴訟は損害額が高額になるケースも多く，紛争が激化しやすい分野である。今後，運転の自動化に伴い，車両価格が高騰し損害が高額化したり，従来現れなかった論点が生じる等により，紛争がより激しさを増す可能性がある。第4章と第5章で自動運転の高度化に伴う法的責任の変容について検討するが，第3章はその前提として，従来型車両が事故を起こしたときの民事責任の概要についてふれておきたい。交通事故が起きた場合，加害者と被害者の間では主に不法行為責任と運行供用者責任，車両等の欠陥が事故に関与した場合は自動車等メーカーの製造物責任が問題となる。また，交通事故による損害に関しては多くの場合自動車保険が付されており，保険が紛争解決上「大切な機能を果たしている」（大谷他，2016，175頁）。そこで，本章では，不法行為，運行供用者責任と自動車保険，製造物責任の概

43

要を述べる。

第2節　不法行為責任の概要

（1）不法行為の要件と位置づけ

　交通事故に限らず，人の行為により何らかの損害が生じた場合，一般的に問題になるのが民法の不法行為責任である。不法行為責任は，加害者の①故意または過失に基づく行為，②他人の権利または法律上保護される利益の侵害，③損害の発生，④加害行為と損害の間の因果関係が要件となる（民法709条）。

　訴訟では被害者が①〜④の要件全てが満たされることを立証しなければならない（藤村他，2014，29頁）。交通事故で人の死傷あるいは物的損害が発生した場合，②権利等の侵害と③損害発生の立証は困難ではないとされる（同上）が，①故意または過失，④因果関係の立証の困難性が指摘される（同上，31頁）。このうち，過失とは，結果（他人に対する違法な侵害）の「発生することを知るべきであるのにもかかわらず不注意のためにそれを知り得ず，またその結果の発生を避けることができなかった状態」とされ（同上，30頁），現在では「結果予見義務を含む，あるいはこれを前提とする結果回避義務違反」と解されている（同上，57頁）。ただ，本章第3節（1）で述べるように運転者の信号無視は過失となりうるが，運転者がこれを否定し，証拠がなければ過失の有無の立証は困難である（同30頁）。

　そこで，被害者救済の観点から，特別法として自動車損害賠償保障法（自賠法）による運行供用者責任や，製造物責任等の制度がおかれている。[4] このため，窪田充見は，不法行為が主な問題になるのは物的損害で，「かつ，事故について製造物責任が問題にならない場合などに限定される」とする（窪田，2020，21頁）。ただ民事訴訟では，どのような請求をどのような事実関係で基礎づけて争うのか等の決定は被害者に委ねられるので（笠井他，2010，10頁），被害者が一般の不法行為に基づき損害賠償請求を行うことはありうる（窪田，2020，21頁）。また，加害者に一般の不法行為が成立することを前提に，同人の勤務先会社等に使用者責任（民法715条）を追及することもある（同上）ため，不法行為も責任追及の一手段として看過できない役割を果たしている。

第3章　交通事故に伴う民事責任

（2）損害額の算定

　（1）③の損害は，人身損害と物的損害（物損）に分けられる。人身損害には財産的損害と非財産損害（慰謝料）があり，財産的損害は積極損害（治療費，付添費用，通院交通費等）と消極損害（休業損害，後遺障害・死亡による逸失利益，弁護士費用等）がある（藤村他，2014，186頁）。物損は，車両の修理費，代車費用等があるが，原則として慰謝料は発生しない（能見他，2019，252頁）。なお，交通事故訴訟の迅速かつ公平な処理の必要性から，損害は費用項目が類型化され，基準が示されている[5]。ただ，損害額の算定は後述する過失相殺と並び，大多数の事件で「実質的な争点」となっている（舟本，1969，254頁）。

（3）過失相殺

　過失相殺は，「損害の発生，拡大に被害者の関与があるときは，その関与の内容（過失）を斟酌して，加害者と被害者との間で損害の公平な分担をはかるための制度」である（藤村他，2014，303頁）。近年，裁判で認定される損害額が高額化しており，被害者が死亡した事例で約2億2300万円（過失相殺前の認定損害額は約5億円）[6]，重い後遺障害を負った事例で約3億3000万円[7]の請求が認容された。物損では約1億3000万円（過失相殺前の認定損害額は約2億6000万円）の支払を命じた判決がある[8]。仮に損害額が5億円の事例で過失割合が1割違えば5000万円の違いが生じ，加害者・被害者いずれにとっても大きな影響を生じる。このため，過失相殺は従来から最も激しく争われる論点となっている（舟本，1969b，254頁）。

　交通事故の過失相殺には事故態様ごとに基準が設けられているが，基準は人の落ち度を前提とする。しかし，運転支援機能により人の運転への関わりも変化し，また自動運転車という人が運転に関与しない車両も登場してきた。この変化の中で，過失相殺のあり方を再検討する必要があると思われる。つまり，当事者が従来型車両であれ自動運転車等であれ，外形的に見れば発生した事象に変わりはない一方，人の心理として，人は人間の運転者と自動運転システムを異なる存在ととらえ，異なる責任非難を行うことがわかってきた。そうだとすると，一般人は自動運転車等の事故に関し人による事故とは異なる評価軸での紛争解決を求めるようになり，従来の基準そのままの解決では社会の納得を

45

得られず，ひいては司法への不信や自動運転への忌避感を強めるのではないか
という危惧がある。そこで，第4章では過失相殺率の基準の作成過程と，心理
学の分野で解明されつつある自動運転車への責任帰属について述べる。

第3節　運行供用者責任の位置づけと要件

（1）運行供用者責任の位置づけ

　本章第2節（1）で述べたように，被害者が不法行為の①から④の要件を全
て立証するのは困難な場合がある。例えば，車が歩行者に衝突し，それにより
けがをした歩行者が運転者に不法行為に基づき損害賠償を請求する場合，歩行
者が運転者の過失を基礎づける事実，例えば信号無視について証拠を収集し立
証する必要がある。立証とは，「一点の疑義も許されない自然科学的証明では
ないが，」事実や因果関係の存在を裁判官が是認しうる高度の蓋然性を証明す
る必要があり，「その判定は，通常人が疑いを差し挟まない程度に」真実との
確信を持ち得ることが必要とされる。証拠としてドライブレコーダーや監視カ
メラの映像，目撃者の証言等がありうる。しかし，そのような情報が得られず，
運転者が「信号は青だった」と主張する場合，真偽不明（「裁判所が相当な蓋然
性をもって心証を形成するにいたらず，当該事実の存否が明らかとならない場合。」〔笠
井他，2010，714頁〕）となり，この場合は当該事実の証明はなされなかった，つ
まりその事実はなかったものとして扱われ，その事実を基礎とする法律効果（損
害賠償請求権の発生等）も生じない（同上）。立証責任を負う当事者は，このよう
な形で敗訴のリスクを負うことになる。しかし，この原則を貫くと敗訴リスク
を被害者側が負い，重大な損害が生じても請求が認められない上，仮に被害者
が裁判で勝訴しても加害者に資力がないと事実上支払を受けられないという問
題が起こる（藤村他，2014，47-48頁）。

　そこで，交通事故による被害者救済を確実に行い，被害者の保護を図るため
に自賠法が制定された（同上，48頁）。自賠法は，被害者の立証負担を軽減し損
害賠償の根拠となる運行供用者責任（自賠法3条）を定めている。合わせて，
加害者の資力がなく被害者に賠償を支払えない場合に備え，損害金の支払を自
動車損害賠償責任保険・自動車損害賠償責任共済（自賠責保険。同法5条）とい

う形で確保している。

（2）運行供用者責任の要件
1）運行供用者責任とは

運行供用者責任は，①運行供用者が，②自動車の運行によって，③他人の生命または身体を害した場合に損害賠償責任を負う（自賠法3条本文）。被害者が運行供用者責任を追及するときは，加害者が自動車の運行供用者であることを主張・立証すればよいことになり，この「立証は極めて容易であるから，被害者の負担は格段に軽減され」，「交通事故による人身損害に関しては，責任の存否が争われることは例外的なケースとな」った（北河他，2017，3頁）。

但し，運行供用者が，④自己及び運転者が自動車の運行に関し注意を怠らなかったこと，⑤被害者または運転者以外の第三者に故意又は過失があったこと，⑥自動車に構造上の欠陥又は機能の障害がなかったことの全てを証明したときは免責される（自賠法3条但書）。ただ④～⑥の立証は容易でなく，運行供用者責任は「事実上無過失責任に近い」とされる（藤村他，2014，49頁）。なお，運行供用者責任の対象は「他人」に生じた人身損害に限られるため，自損事故や物的損害は対象とならず，原則どおり不法行為責任により解決が図られることになる。

2）運行供用者とは

運行供用者は「自己のために自動車を運行の用に供する者」で，事故を起こした車両に関し自動車の使用についての支配権を有し（運行支配），かつその使用により享受する利益（運行利益）が自己に帰属する者をいう。[10]自分の車を運転する所有者が典型例である。所有者でなくても実際に車を運転していた者（レンタカー利用者，車の借受人，代行運転者，無断運転者，泥棒運転者等）は，一般的に運行供用者となる（北河他，2017，27頁）。一方，所有者以外の他人が運転中に事故が起きた場合，所有者が運行供用者となるかが問題となる（同上）。自動運転における運行供用者は誰かという問題は，他人の運転と所有者の運行供用者性の問題とパラレルにとらえられることがあるため，この点に関する従来の議論を整理しておきたい。

まず，運転する他人が所有者の了解を得ていた場合である。レンタカー利用

者が事故を起こしたときのレンタカー事業者，無償の借受人が事故を起こしたときの貸主は，返還約束があるので運行支配は継続しており，また運行利益もあるとして，一般に運行供用者となるとされる（同上）。車の所有者が飲酒して運転代行を依頼し，代行業者が運転中に事故を起こした場合に関し，所有者と代行業者の関係からみて所有者の運行支配は間接的，補助的なものにとどまるとされる[11]が，車外の歩行者等との関係では運行支配を失っておらず，運行供用者となる可能性があるとされている（同上，35頁）。なお，タクシーが事故を起こした場合，タクシー運営会社は運行供用者に該当する（藤田，2018，135頁）が，乗客は該当しないとされる（窪田，2020，22-23頁）。

　次に，所有者等に無断で他人が運転した場合について述べる。所有者の親族が車を無断私用運転中に起こした事故に関し，最高裁昭和50年判決は，車の所有者及び家業の責任者は自動車の運行を「指示・制禦をなしうべき地位」にあることを理由に，運行供用者に該当するとした[12]。本事例は所有者等による車両の管理や使用状態，生活状況を総合的に判断しているが，所有者は親族が運転すること自体は認識があった事例である。一方，所有者に誰が運転するかの認識がなくても運行供用者性を認めた判例もある。最高裁平成20年判決は，親所有の車を子が運転して知人とバーに行き，子が泥酔し寝込んだため，子を車に乗せて知人が運転中に事故を起こした事例で，所有者は他人（知人）の運転を「容認」しており，客観的外形的に見て運行供用者に当たるとした[13]。さらに，名古屋地裁平成30年判決は，窃盗犯人による運転で保有者が運転を容認していない場合でも，車の「駐車場所，駐車時間，車両の管理状況，泥棒運転の経緯・態様，盗用場所と事故との時間的・場所的近接性等を総合考慮して保有者において車両の運転を客観的に容認していたと評価されてもやむを得ない事情がある場合」は，保有者が運行供用者にあたる可能性を示した[14]。このように，運行支配の概念は「規範的」にとらえられ（北河他，2017，23頁），「希薄化」していることが指摘される（藤村他，2014，119頁）。

　一方，直接の契約の相手方とは異なる者に車両の運転が委ねられた事例では，所有者は運転者に直接・間接に指揮監督を及ぼす関係になかったとして運行支配が否定されている[15]。

3）自動車の運行によって

自賠法の「自動車」は，車両法第2条2項に定められた自動車等をいう（同法第2条1項）。運行「によって」（運行起因性）とは，自動車の運行と他人の人的損害との間に相当因果関係があることで（藤村他，2014，109-110頁），走行中の自動車が被害者に直接接触して負傷・死亡させる場合が一般的である。ただ，直接の接触がなくても車両が「被害者の予測を裏切るような常軌を逸した」動きをしたため，被害者が車両との接触を避ける方法を見失い転倒負傷するなど「衝突にも比すべき事態」によって傷害が生じた場合は，運行と被害者の受傷との間に相当因果関係があるとされる。[17][18]

4）「他人」の生命または身体を害した

運行供用者責任は，被害者が自賠法3条の「他人」に該当することが要件となる。「他人」とは，運行供用者及び運転者を除くそれ以外の者[19]をいう。ここでいう運転者とは，他人のために自動車の運転又は運転の補助に従事する者で，運転補助者も含まれる（同法第2条4項）。

5）自己及び運転者が自動車の運行に関し注意を怠らなかったこと

以下に述べる5）6）7）は運行供用者の免責要件である。5）は運行供用者及び実際に運転していた運転者ともに過失がないことである（北河他，2017，62頁）。運行供用者の注意義務として，①運転への注意義務（道交法等上の注意義務を遵守すること，運転時に適切に安全確認や操作を行い事故を防ぐこと），②点検整備義務（日常の車両の点検整備を適切に行うこと），③運転者の選任監督義務（運行供用者以外に運転する者がいる場合，運行供用者が当該運転者の選任・監督に関する注意義務を怠らなかったこと，必要に応じ安全上の指示を出すこと等）がある（藤村他，2014，49頁；北河他，2017，62-63頁）。

6）被害者または運転者以外の第三者に故意又は過失があったこと

被害者の故意は，自殺や保険金詐取目的で事故を起こした場合が挙げられている（藤村他，2014，49頁）。免責が認められない場合で被害者に過失があるときは，過失相殺の問題となる（同上，49-50頁）。

7）自動車に構造上の欠陥または機能の障害がなかったこと

構造上の欠陥・機能の障害は，所有者等の日常の整備不良による欠陥・障害だけでなく，自動車メーカーの出荷段階から欠陥が存在する場合も含まれる（北

河他，2017，63頁）。つまり，所有者等が相当の注意を払って日常の整備・点検を行い，そこで欠陥・障害を発見できなかったとしても，運転当時の「工学技術の水準上不可避のものでない限り」免責されない。[20] これは運行供用者に酷な結論にもみえるが，運行供用者は被害者へ賠償後，自動車の製造業者や整備業者に求償でき，これらの事業者は比較的支払能力があること，この求償は被害者が直接製造業者等に損害賠償を請求するより容易であることから，この解決法が被害者保護と自動車交通の健全な発達に資するとされている。[21]

第4節　自賠責保険と任意保険

（1）自賠責保険と任意保険の概要

　保険があることで，被害者は加害者の資力を問わず確実に保険金という形で損害の填補を受けうる。また，加害者は保険料を支払うことで高額な賠償金の支払いに備えられる。このため，保険は紛争解決上重要な役割を果たしている。

　保険には，自賠責保険と任意保険がある。自賠責保険は契約の義務づけや，過失相殺等の点で被害者保護に厚い一方，填補される範囲が限定的である。これに対し，任意保険の担保する範囲は広いが，通常の過失相殺が行われる。このため，死亡事故で1億円の損害が発生した場合，3000万円は自賠責保険から，それを越える部分は任意保険から支払われるというように，自賠責保険の上限額を超える部分や同保険が提供しない担保範囲を任意保険がカバーするという，「2階建ての構造」になっている（廿利他，2020，157頁）。これらの保険のあり方は自動運転車をめぐる法的責任と深く関わるため，それぞれの基本的な仕組みについて述べる。

（2）自賠責保険

　自賠責保険契約は，民間の損害保険会社等（保険会社）と保険契約者の間で締結され，具体的な内容は自賠責保険約款で定められる（藤村他，2014，399-400頁）。自賠責保険契約は次のような形となる。保険契約者（典型的には自動車の所有者だがこれに限られない）が保険者（損害保険会社等で責任保険の引き受けを行う者）に保険料を支払い，事故が起きた場合，被保険者は被害者に対して支

払った損害賠償額の限度で保険会社に保険金の請求ができる。被害者は，保険金額の限度で直接保険会社に損害賠償の支払を請求することもできる。

自賠責保険の被保険者(損害保険契約により填補することとされる損害を受ける者)は，自動車の保有者と運転者（自賠法第2条4項）である（同法第11条1項）。保有者は「自動車の所有者その他自動車を使用する権利を有する者で，自己のために自動車を運行の用に供する者」とされ（同法第2条3項），「運行供用者のうち正当な権限に基づいて自動車を使用する権利を有する者」のみが同保険の被保険者となる（北河他，2017，17頁）。

自賠責保険は，次の点で被害者救済に資する。まず，自賠責保険は加入が義務づけられる（同法第5条）。また，交通事故の過失相殺には事故態様ごとに基準（例，東京地裁民事交通訴訟研究会，2014）が定められているが，自賠責で支払われる保険金額を決定するときは被害者に有利な減額割合が適用される（重過失減額）[22]。また保険者が保険金の支払を免責される範囲が任意保険より狭い[23]。一方で，自賠責保険には次の限定がある。同保険で担保されるのは人身損害に限られる。また，自賠責保険で支払われる保険金額は被害者死亡の場合で3000万円，常時介護を要する後遺障害には4000万円等の限度がある（自賠法施行令〔自賠令〕別表第1，別表第2）。

（3）政府保障事業

ひき逃げ等加害者が不明で自動車の保有者が明らかでないときや，加害者が無保険，あるいは自動車の窃盗犯人が事故を起こし保有者に運行供用者責任が認められないとき等は，自賠責保険による保護を受けられない[25]（藤村他，2014，17頁）。そこで，このような場合に政府が自動車の運行による人身損害について損害を填補することとされた（政府保障事業・自賠法第71条）。支払われる限度額は自賠責保険と同じである（自賠令第20条2項，別表第1，別表第2）。なお，政府保障事業では，本来加害者が支払うべき損害賠償を政府が立て替え払いすることになるので，被害者に支払った金額の限度で被害者に代わって（代位して）加害者に求償できる（自賠法第76条1項）。

（4）任意保険

　1）任意保険の概要

　任意保険は保険契約者が保険会社と自動車保険契約を締結する。任意保険契約の基本的な内容は普通保険約款で定められ，特約でそれを補足・修正する形が取られる（藤村他, 2014, 440頁）。約款に関しては損害保険料率算出機構が「自動車保険標準約款」を作成・公表しており，「損害保険会社はこれを参考にして独自の約款を作成している」（同上, 435頁）。任意の自動車保険の内容は損害保険会社によって様々であり，毎年改定が行われている（同上, 446頁）。なお，任意保険は強制ではないが，自家用の普通乗用車の約83%[26]に付されており，広く普及しているといえる。ここでは自動車保険標準約款をもとに，一般的な任意保険の内容を概説する。

　2）他人に生じた損害を填補する保険

　他人に生じた損害を填補するものに，対人賠償保険と対物賠償保険がある。

　対人賠償保険は，「①保険証券記載の自動車（被保険自動車）の所有，使用または管理に起因して他人の生命または身体を害した結果，②被保険者が法律上の損害賠償を負担することによって損害を被り」，③その「損害の額が，自賠責保険によって支払われる金額を超過した」場合に保険金が支払われる（甘利他, 2017, 178頁）。支払われる額は一般に「自賠責保険のような上限がなく」，また「自動車の運行によ」る事故が要件である自賠責保険に比べ，「自動車の所有・使用・管理に起因」する事故が対象である点で，自賠責より対人賠償保険の方が填補される損害の範囲が広い（同上）。

　対物賠償責任保険は，被保険自動車の所有，使用もしくは管理に起因して，「他人の財物を滅失・破損または汚損したため，被保険者が損害賠償責任を負担することによって被る損害を填補する保険であ」り，休車損害や代車料も補償の対象となる（藤村他, 2014, 454頁）。物損でも高額の損害賠償責任を負担することがあるので，保険金額は無制限とする契約が多いとされる（同上, 455頁）。

　3）自分に生じた損害を填補する保険

　自分に生じた損害を填補する保険には，人身傷害保険，車両保険がある。

　人身傷害保険は，「被保険者が被保険自動車や他車両に搭乗中，あるいは歩行中に」，「急激かつ偶然な外来の事故（原因事故）により身体に傷害（ガス中毒

第3章　交通事故に伴う民事責任

を含む）を被ること」によって，被保険者等が被る損害に対し保険金を給付する保険である（藤村他，2014，458頁）。原因事故は自動車の運行によるものに限られず，運行中の落下物との衝突や火災等が含まれている（同上）。被保険者の範囲が広く，被保険者本人に加え，その父母，配偶者等も要件を満たせば給付が行われる（甘利他，2017，187頁）。また，被保険者が死傷した場合，「被保険者に100％の過失があった場合であっても」，過失相殺率を考慮することなく保険会社の定めた基準に従って保険金が支払われる（同上）。さらに，事故の「相手方に賠償責任がある場合，被保険者が相手方に対して有している損害賠償請求権を保険会社が代位取得する」ので，被保険者は相手方と過失相殺を含む交渉をする必要がなくなる（藤村他，2014，434頁）。人身傷害保険を中心とした保険商品は1998年に販売された（同上）後急速に普及したとされる（甘利他，2017，177頁）。なお，自損事故保険（単独事故や加害者に落ち度のない事故が保険金支払いの対象），無保険者傷害保険（相手方が無保険の場合やひき逃げ等が対象）は，人身傷害保険が付されていない場合に意味をもつとされる（藤村他，2014，474-475頁）が，人身傷害保険の普及率は約8割であり，その場面は限定的といえる。[27]

　車両保険は，交通事故，落下物・飛来物，火災，自然災害等偶然の事故によって被保険自動車に生じた物損及び盗難による損害を填補する保険である（藤村他，2014，470頁）。

4）保険の特約

　特約は，「普通保険約款に定められた補償内容を補足したり変更したりするもので，保険会社の個性が反映される部分」とされる（藤村他，2014，479頁）。法律相談や弁護士費用の補償等を加えたり，逆に補償範囲を狭くして保険料を低減する等の形で基本的な保険契約が変更されることもあるとされる（同上，478-483頁）。

（5）保険会社の請求権代位

　保険会社（保険者）は，保険給付を行ったとき，保険事故（保険の対象となる事故）による損害が生じたことにより被保険者が取得する債権について，被保険者に代位する（保険法25条）。大谷孝一他が示す例を参考に事例を示すと被保険者Aが車両Bについて車両保険に入り，車両Bが第三者Cの過失により損傷を

53

受けた場合，Aは保険金とCへの損害賠償の両方を請求できるが，両方から満額の支払を受けると同一の損害に対して損害額以上に給付を受け，利得を得ることになり適切でない（大谷他，2016，68-69頁）。一方，Aが保険金を受領したからといってCの賠償責任を減額することも適当でなく，また，A・C間で先に賠償問題を確定させ，不足額につき保険金を支払うとすると保険金支払いに時間がかかる（同上）。「こうした状況を調整する制度が請求権代位である」（同上）。

　対人賠償保険のように，加害者が被害者のために賠償責任保険をつける場合（サードパーティ型保険），加害者の保険会社は被害者との間で過失相殺を含む交渉を行い，保険金を支払う（大谷他，2016，188-192頁）。このとき，加害者以外にも事故の原因者が存在し共同して不法行為を行った場合，加害者と原因者が連帯して損害賠償責任を負う[28]（池田，2018，267-268頁）。このため，損害全部を賠償した加害者の保険会社は，原因者等に対し，応分の負担を求めるため求償権を行使することになる（同上）。車両の欠陥が事故に関与している場合，自動車メーカーがここでいう原因者として求償の対象となり得る。

　人身傷害保険のように被害者が自らの損害の填補のために自分で保険をつける場合（ファーストパーティ型保険），加害者との過失相殺は関係なく被害者（被保険者）に生じた損害を保険会社が支払い，その限度で「被保険者以外の責任負担者に対して応分の負担を求め」て求償することになる（同上，267頁）。求償の相手は，多くの場合事故の一方当事者（加害者）だが，車両の欠陥等の理由で自動車メーカーも損害賠償責任を負う場合は，当該自動車メーカーも求償先になりうる（同上，268-269頁）。

　ただ，現状，保険会社から自動車メーカーへの求償はほぼ行われていない（佐野，2018，205頁）。その理由として，佐野誠は①従来は運転者に「原因があるケースがほとんどであり，メーカー側が責任を負うべきであるような事案が少なかった」，②自動車の欠陥や因果関係の立証が困難である，③保険会社が求償コスト等を勘案して求償を行わないことが多い等の理由を挙げている（同上）。

第3章　交通事故に伴う民事責任

第5節　製造物責任の位置づけと要件

（1）製造物責任の位置づけ

　現代社会では，高度な科学技術を用いた製品が大量に製造販売され，広く市民の生活に浸透しているが，製品に欠陥があり事故が起きると広範囲に深刻な被害が生じうる（藤村他，2017，183頁）。この場合，一般的に適用されるのは不法行為責任で，被害者は加害者の過失を問うことになる。ただ，過失責任主義が前提とするのは「市民間において社会生活上日常的に生じる不法行為であり，その背後には紛争当事者が互いに加害者，被害者のどちらの立場にも立たされる可能性があるという立場の互換性がある」（消費者庁，2018，3頁）。しかし，高度な科学技術を用いた製品による事故の場合，製造者である企業のみが加害者となり，被害者となる労働者や住民との間の関係が対等ではなく，立場の互換性が存在しないケースが増加した（同上，3-4頁）。また，被害者が加害者の過失を立証することも困難となり，不法行為責任の原則を貫くと被害者救済が図れなくなるという問題が生じた（同上，4頁）。そこで，製品の欠陥により損害を被った被害者の保護を目的に，1995年7月製造物責任法が施行された。同責任では，製品の欠陥が製造業者等の過失に代わる帰責事由とされている（同上，6頁）。製造業者の過失という主観的要件よりも，製造物の欠陥という客観的要件の方が被害者にとって一般に立証が容易であり，被害者救済が図られているとされる（木ノ元，2009，14頁）。

（2）製造物責任の要件

1）製造業者等

　製造業者とは，「当該製造物を業として製造，加工，輸入した者」（製造物責任法第2条3項1号）である。自動車メーカーや部品メーカーはこれに該当する。また，自ら製造等を行っていなくても製造業者として製品に氏名等の表示を行った者や製造業者と誤認させるような表示を行った者，製造等の形態からみて実質的な製造業者と認められる者も製造業者として責任を負う（同項2号3号）。

55

2）製造物

製造物とは「製造又は加工された動産」（同法第2条）であり，動産とは不動産以外の全ての有体物⁽²⁹⁾をいう（消費者庁，2018，49頁）。自動車を含め広く製品一般が製造物に該当しうる。一方，無体物は製造物ではないので，物理的な意味で形のないソフトウエア，プログラムは本来製造物責任法の適用対象とならない（同上，49頁）。但し，「ソフトウェアの不具合が原因で，ソフトウェアを組み込んだ製造物による事故が発生した場合，ソフトウェアの不具合が当該製造物自体の欠陥と解される」ため，「その欠陥と損害の間に因果関係が認められるときには，当該製造物の製造業者に本法に基づく損害賠償責任が生ずる」とされる（同上，50頁）。

3）欠陥

欠陥とは，当該製造物が「通常有すべき安全性を欠いていること」（同法第2条2項）である。類型として，製造上の欠陥（「製造物が設計・仕様どおりにつくられず安全性を欠く場合」），設計上の欠陥（「設計段階で十分に安全性に配慮しなかったために，製造物が安全性に欠ける結果となった場合」），指示・警告上の欠陥（有用だが危険性が取り除けない製造物について，その危険性が現実化することによる事故を消費者側で防止・回避するために必要な情報を製造者が与えなかった場合）があるとされる（同上，58-59頁）。

欠陥は，製造物の特性や通常予見される使用形態，製造業者等が製造物を引き渡した時期等「諸般の事情を総合的に考慮して判断される概念」とされる（同上，60頁）。このうち，製造上の欠陥は，製品の設計や仕様と照合し，そのとおりに製造されているかが判断基準となる（標準逸脱基準）ので，判断は比較的容易とされる（朝見，1986，188頁）。

設計上の欠陥や指示・警告上の欠陥では，「製造者の安全性に関する選択の適否という規範的な評価」が重要とされる（消費者庁，2018，59頁）。これらの欠陥判断を基礎づける有力な考え方として，消費者期待基準（「消費者が期待する安全性を備えているかどうかを基準として欠陥を判定する」〔土庫，2018，85頁〕），危険効用基準（「製品の危険と効用を比較衡量し，効用よりも危険の方がより大きい場合には，製品に欠陥があるとする」〔同上，89頁〕）があるとされる（同上，84頁）。

欠陥の判断時期は，製品の「出荷時点ないし製品を流通に置いた時点が一般

的」とされる（窪田，2022，270頁）。

（3）損害賠償を請求するときの立証責任

　被害者が，製造業者に対し製造物責任に基づく損害賠償請求をするときは，被害者が欠陥，損害の発生，欠陥と損害との間の因果関係の立証責任を負う（消費者庁，2018，101頁）。

　なお，製造物責任法の制定過程では，欠陥等一部の要件について推定規定を設けたり，立証責任を被告（製造業者）側に分配すべき等の議論もあったが，[30]このような規定はおかれなかった（同上，34頁）。その理由として，製品の類型は様々で，製品の特性や事故態様も多様であるにもかかわらず，法律の規定で一般に欠陥等の存在を推定することは，「本来責任のないところに責任を創り出してしまうおそれがあること」，被害者の立証の負担は，「個々の事案の内容に則し事実上の推定の活用」[31]により軽減が可能で，「現在の裁判実務でも同様の処理がなされていること」等があげられる（同上，102-103頁）。

（4）判例で示された欠陥の立証の程度

　では，被害者側は，どの程度「欠陥」を立証する必要があるのであろうか。被害者が，欠陥の原因や事故に至る機序の全てを詳細に立証しなければならないとすると，製造物責任の追及が困難になる可能性がある。一般的には，事故や「損害発生の原因となりうる程度に，常識的に製品の欠陥を特定することが必要であり，かつ，それで足りる」とされる[32]（升田，2014，122-123頁）。

　電化製品に関する判例で，携帯電話が加熱し熱傷を負った被害者が，製造会社に製造物責任等に基づき損害賠償を求めた事件で，仙台高裁平成22年判決は，携帯電話を通常の用法に従って使用中に熱傷が生じたことを被害者が立証すれば欠陥が認められ，これに加えて具体的な欠陥を特定し欠陥の原因や科学的機序まで立証する必要はないとして，欠陥を認めた。[33]また，製造物責任法制定前の事例だが，業務用冷凍庫の発火に関する東京地裁平成11年判決も，被害者が当該冷凍庫を本来の使用目的に従って使用してしていたのに発火しているので，当該冷凍庫が流通に置かれた時点で欠陥が存在していたものと推認すべきとしている。[34]これらの判例は，事故当時のユーザーの使用態様が製品本来の使

用方法に沿ったものであれば，メーカーが流通に置いた時点で欠陥があったことを「事実上推定できるという論理」をとっている（友近，2021，80頁参照）。

　では，自動車も本来の使用方法に沿って使用していれば，欠陥が事実上推定されるのであろうか。自動車の欠陥が争点となった判例をみると，事故原因は運転者の運転ミスとして欠陥を否定する判例が多く，欠陥が肯定されたのは製造者側が欠陥を認めていた事例[35]，リコールが問題となっていた事例[38]等数少ない[39]（藤村他，2017，223頁）。

　自動車の欠陥につき被害者が証明すべき内容を示した判決として，製造物責任法制定前の事例であるが次のものがある。被害者は，運転中に車両の左前が沈み込み操舵不能になる異常事態が生じ，道路脇の障害物に衝突等し負傷したとして自動車メーカーに損害賠償を求めた。大津地裁平成8年判決は，被害者が立証すべき欠陥の内容は「当該自動車の合理的な使用期間中に，通常の使用方法で使用していたにもかかわらず」，異常が発生したことの主張・立証で足り，欠陥を否定する製造業者側が，「異常」が当該自動車の製造上，設計上の問題に起因しないことの具体的な事実等を反証すべきとした[40]。本判決は，被害者が「製造上，設計上（略）の危険を生じさせる具体的な原因まで主張・立証するのは困難を極める作業」としており，被害者の立証負担に一応配慮しているようである。一方で，同判決は車体の異常を否定し，被害者の請求を認めなかった。異常の検討過程では，左前が沈む事象が生じた客観的証拠の有無や部品の損傷等が生じた時期を詳細に検討しており，事実上異常の立証に関し被害者に相当程度の技術的な立証が求められたといえる。また，運転中，ハンドルに異常が生じガードレールに衝突したとして，被害者が自動車の輸入業者等に損害賠償を求めた事例で，東京地裁平成18年判決はハンドルに異常が発生したことは認めつつ，原告が主張する推定原因では本件事故の原因が合理的に説明できないとして請求を認めなかった[41]。自動車に関しては運転者の運転方法が事故に大きく関わることから，通常の運転を行っていて事故が起きたことのみで欠陥は推定されず，判例は一定程度，被害者に技術的要因の立証を求めていることがうかがえる。この点に関し，自動車に関し「本来の使用目的に従った使用方法」に該当するには，通常の態様で運転していたことに加え，運転者に運転上及び点検整備上の過失がないことの立証が必要とされる可能性が高いという指

摘もある（友近，2021，80頁）。

（5）製造業者等の免責

　製造物に欠陥があっても，製造業者等が「当該製造物を，製造業者等が引き渡したときにおける科学または技術に関する知見によっては，当該製造物に欠陥があることを認識することができなかったこと」を証明したときは，損害賠償責任を免れる（製造物責任法第4条1号。開発危険の抗弁）。製造業者等に開発当時の科学技術ではわからなかった欠陥まで責任を負わせると，技術・製品開発に萎縮的効果をもたらし，結果的に消費者も科学技術の恩恵を受けられなくなる不利益を被ることによる（消費者庁，2018，114頁）。「科学または技術に関する知見」は，欠陥判断にあたり，他に影響を及ぼしうる程度に確立された，「客観的に社会に存在する知識の総体」であり入手可能な最高水準の知識まで含まれ（同上，115頁），個別の製造業者の知識等は考慮されない。[42]　なお，開発危険の抗弁は製造業者側に立証責任がある。ただ，これまで製造者等の開発危険の抗弁を認めた判例は見当たらない。[43]

（6）運行供用者責任の「欠陥」と製造物責任の「欠陥」

　自動車の欠陥が事故に関与している場合，運行供用者責任と製造物責任が問題となりうるが，両責任の要件のうち，運行供用者責任の欠陥と製造物責任法の欠陥は同じものかという問題提起が行われている（窪田，2020，24頁）。この点，窪田充見は「明確な結論は得られていない」としつつ，「『通常有すべき安全性』の有無が欠陥の判断基準となる枠組みは，両者において基本的に相違はない」とする（窪田，2018，176頁）。両制度における欠陥のとらえ方は，自動運転の高度化に伴い論点として顕在化する可能性があるため，第5章で検討したい。

第6節　本章の結び

　第3章では，交通事故に伴う民事責任の概要を述べた。ただ，現在の法制度は基本的に自動化されていない従来型車両を前提としているため，自動運転の高度化に伴い新たな問題が生じうる。制度全般に関わる課題は，第5章で述べ

る。第4章では，損害賠償額を決定する上で重要な争点となる過失相殺について検討する。交通事故の過失相殺率には，事故態様ごとに裁判所等が定めた基準が存在する。ただ，当該基準は従来型車両を前提に作成されたものである。この基準は，自動化が進む車両が当事者となったときも紛争解決基準として機能しうるのか，すなわち一般人の納得が得られる紛争解決が導けるのか，自動運転システムに対する責任帰属に関わる心理学の知見も踏まえて検討したい。

（1）　最高裁判所，2013,「裁判の迅速化に係る検証に関する報告書第5回　2法的紛争一般の 動 向 」42頁 https://dl.ndl.go.jp/view/download/digidepo_11096300_po_20524009. pdf?contentNo=9&alternativeNo=（2022.9.17閲覧）。

（2）　前掲注（1）42-43頁。

（3）　前掲注（1）47-48頁。

（4）　自賠法や製造物責任法は民法の特別法であり，これらの制度で民法を修正しないところは一般法である民法の規定による（北河他，2017，64頁）。

（5）　一般的な基準として，自動車損害賠償責任保険の保険金等及び自動車損害賠償責任共済の共済金等の支払基準（平成13年12月21日金融庁・国土交通省告示第1号，平成22年改正金融庁・国土交通省告示第1号），通称「赤い本」（日弁連交通事故相談センター東京支部，2019），同「青本」（日弁連交通事故相談センター，2018）がある。同様に，慰謝料も被害者に生じた被害の程度や被害者の立場（一家の支柱，配偶者等）によって基準額が定められている。

（6）　横浜地裁平成23年11月1日判決・LEX/DB 文献番号25547990。

（7）　札幌地裁平成28年3月30日判決・自動車保険ジャーナル1991号1頁。

（8）　神戸地裁平成6年7月19日判決・交通事故民事裁判例集27巻4号992頁。

（9）　最高裁平成12年7月18日判決・判例時報1724号29頁。

（10）　最高裁昭和43年9月24日判決・判例時報539号40頁。

（11）　最高裁平成9年10月31日判決・判例時報1623号80頁。

（12）　車の所有者の妹が，家業に用いられていた車を私用で運転中に事故を起こし，所有者である兄と，その父親の運行供用者責任が争われた事例で，一家が同居して事業を営み当該車両は営業のために使用されていたこと，事業を含む社会生活全般につき父親が一家の責任者として行動していた場合，所有者（兄）と父親は車の運行について「指示・制禦をなしうべき地位」にあるとして運行供用者性を認めた（最高裁昭和45年7月16日判決・判例時報600号89頁）。

（13）　所有者（親）にとって，子が親所有の車を運転してバーに行き，飲酒後に知人に同車の運転を委ねることは容認の範囲内にあった。また，子は電車等がない時間帯に泥酔しており，知人がキーを使用して同車を運転することを容認していた。そうすると，所有者は知人の存在を認識していなかったとしても，本件運行は所有者の容認の範囲内にあったと判示した（最高裁平成20年9月12日判決・判例時報2021号38頁）。つまり，所有者と子の2段階の容認により，客観的外形的にみて運行供用者に当たるとされた（北河他，2017，31頁）。

第 3 章　交通事故に伴う民事責任

(14)　名古屋地裁平成30年6月6日判決・LEX/DB 文献番号25562194。なお，本判決は窃取から事故発生まで長時間経過していること等を理由に，結論として運行供用者性は否定された。

(15)　所有者から車両の架装を請け負った事業者が，運送業者に車両の陸送を請け負わせ，運送業者の従業員が当該車両を運転中に事故を起こした事例で，所有者は運送業者やその従業員に対し直接・間接に指揮監督を及ぼす関係になかったとして，指示・制御すべき立場が否定された。最高裁昭和47年10月5日判決・最高裁判所民事判例集26巻8号1367頁。

(16)　自賠法3条は一般の不法行為責任を修正したものなので，不法行為と同様に，自動車の運行と他人の人的損害との間に因果関係があることが必要であり，この因果関係の意味は民法416条を準用して相当因果関係を指すとされる（藤村他，2017，67頁）。相当因果関係とは，①加害行為と被害者の損害の間に原因と結果の関係があること（事実的因果関係）だけでなく，②その事実的因果関係が法的に相当な（加害者に賠償の負担を負わせるにふさわしい）ものでなければならないという考え方である（能見他，2019，4頁）。

(17)　最高裁昭和47年5月30日判決・判例時報668号48頁。

(18)　京都地裁平成25年4月23日判決・自動車保険ジャーナル1902号70頁。

(19)　最高裁昭和42年9月29日判決・判例時報497号41頁。

(20)　東京地裁昭和42年9月27日判決・下級裁判所民事裁判例集18巻9・10号941頁。

(21)　東京高裁昭和48年5月30日判決・判例時報707号59頁。

(22)　自賠責支払基準では，被害者に死亡または後遺障害が発生した場合，被害者の過失相殺率が7割未満の場合は減額なし，7割以上8割未満の場合は2割減額といった形で減額割合が定められている（自動車損害賠償責任保険の保険金等及び自動車損害賠償責任共済の共済金等の支払基準〔平成13年金融庁国土交通省告示第1号〕第6減額　1重大な過失による減額）。

(23)　免責されるのは，保険契約者・被保険者の悪意による損害（自賠責法14条。例えば保険契約者が意図的に被害者をひいて傷害を負わせた場合），同じ車両に複数の自賠責保険契約が結ばれているときの，最初の契約以外（重複契約。同法82条の3）の場合に限られる。

(24)　損害保険では保険者が支払うべき最高限度額（保険金額）が定められ，これを超えた損害が生じても保険金が支払われるのは保険金額の範囲内となる。

(25)　窃盗犯人は運行供用者として責任を負うが，自賠責保険の被保険者ではないように，運行供用者の範囲と保有者（自賠責保険の被保険者）の範囲は異なる（北河他，2017，17頁）。

(26)　損害保険料率算出機構，2022，「2021年度自動車保険の概況」118-119頁　https://www.giroj.or.jp/publication/outline_j/j_2021.pdf#view=fitV （2022.9.13閲覧）。

(27)　前掲注（26）119頁。

(28)　不真正連帯債務となる。

(29)　有体物とは，空間の一部を占める有形的存在（分子が存在する物質）とされる（消費者庁，2018，49頁）。

(30)　法律上の推定（法律上の事実推定）に関し，例えば，時効取得（民法162条）は当事者が一定の期間継続して不動産を占有することが要件である。しかし，当事者が一定期間の起算時と満了時に占有していたことを立証すれば，法律の定めにより占有の継続が

推定され（同法186条2項），これを争う相手方が占有の不継続を立証する必要がある。このように「推定則が法律で定められている場合」が法律上の推定である（笠井他，2010，718頁）。仮に製造物責任法に「被害者が通常の用法に従って製品を使用しているときに損害が発生したら，製品に欠陥があると推定する」という条文があるとすると，被害者は「通常の用法に従った使用」と「そのときの損害発生」という事実を証明すれば法律上欠陥の存在が推定され，製造業者が欠陥の不存在の立証責任を負うことになる。

(31)　原則，裁判官は事実認定を行う際，証拠資料の信頼性等を自由に評価できる（自由心証主義）が，その心証は「合理的な経験則・論理則に基づいて形成されるべき」とされる（同上，711頁）。事実上の推定は推定則が法律に規定されないが，経験則によって合理的に事実の存在が推定される場合である（同上，718頁）。この場合，立証責任が法律上転換されるわけではなく（同上，719頁），法律効果の発生原因たる事実（例えば欠陥）について裁判所の心証形成が必要であるが，別の事実（筆者注；日用品を通常の用法に従って使用中に損害発生）という事実があれば，蓋然性の高い経験則が適用されて欠陥が事実上推定され，相手方はこれに反証（「本証で形成された確信を揺るがせて真偽不明（ノンリケット）のレベルに弱める」）する必要がある（笠井他，2010，713頁）。

(32)　なお，使用状況，使用環境は被害者側が「具体的かつ正確に証明することが必要」とされる（升田，2014，122-123頁）。

(33)　仙台高裁平成22年4月22日判決・判例時報2086号42頁。

(34)　東京地裁平成11年8月31日判決・判例時報1687号39頁。

(35)　例えば，運転中ハンドルが効かなくなり崖下に転落したとして運転者らが自動車製造者に対し損害賠償を求めた事例で，判決は積雪によるスリップが原因として欠陥を認めなかった（広島地裁平成13年12月19日判決・LEX/DB 文献番号28071705）。上り坂の途中に停車したところ車両が後退を始め，止めようとした運転者が車体とドアに挟まれて死亡した事例で，運転者側はパーキングロック等の欠陥を主張したが，運転者の操作ミスが原因として欠陥は否定された（東京地裁平成21年10月21日判決・判例時報2069号67頁）。

(36)　札幌地裁平成14年11月22日判決・判例時報1824号90頁）。

(37)　横浜地裁平成18年4月18日判決・判例時報1937号123頁）。

(38)　東京地裁平成28年9月28日判決・判例タイムズ1440号213頁。

(39)　車両自体の不具合ではなく，特定の安全装置が装備されていなかったことが設計上の欠陥として争われた事例（高松地裁平成22年8月18日判決・判例タイムズ1363号197頁）や，カーナビゲーションシステムの指示と事故との因果関係が争われた事例（福島地裁平成30年12月4日判決・判例時報2411号78頁）があるが，いずれも運転者の運転ミスが原因とされ，製造者の責任は否定されている。

(40)　大津地裁平成8年2月9日判決・判例時報1590号127頁。なお，同様の判断の枠組みで欠陥を認めた判例に東京地裁令和2年3月10日判決・LEX/DB文献番号25567183がある。

(41)　東京地裁平成18年10月27日判決・判例秘書L06134334。

(42)　東京地裁平成14年12月13日・判例時報1805号14頁。

(43)　例えば健康食品による呼吸機能障害に関する名古屋地裁平成19年11月30日判決・判例時報2001号69頁等。

第3章　交通事故に伴う民事責任

参考文献

朝見行弘，1986，「製造物責任理論における欠陥概念」『私法』1986巻48号。

甘利公人・福田弥夫・遠山聡，2020，『ポイントレクチャー保険法第3版』有斐閣。

池田裕輔，2018，「第Ⅱ部第6章　自動運転と保険」藤田友敬編『自動運転と法』有斐閣，249-274頁。

大谷孝一・中出哲・平澤敦，2016，『初めて学ぶ損害保険』有斐閣ブックス。

笠井正俊・越山和広，2010，『新・コンメンタール民事訴訟法』日本評論社。

北河隆之・中西茂・小賀野晶一・八島宏平，2017，『逐条解説自動車損害賠償保障法［第2版］』弘文堂。

木ノ元直樹，2009，『PL法（製造物責任法）の知識とQ&A』法学書院。

窪田充見，2018，「第Ⅱ部第3章　自動運転と販売店・メーカーの責任」藤田友敬編『自動運転と法』有斐閣，159-195頁。

窪田充見，2020，「自動運転に関する現状と課題—民事責任の観点から」『法律のひろば』73巻2号。

窪田充見，2022，『不法行為法（第2版）』有斐閣。

佐野誠，2018，「第Ⅱ部第4章　多当事者間の責任の負担のあり方」藤田友敬編『自動運転と法』有斐閣，197-222頁。

消費者庁，2018，『逐条解説製造物責任法（第2版）』商事法務。

東京地裁民事交通訴訟研究会，2014，「民事交通訴訟における過失相殺率の認定基準全訂5版」『別冊判例タイムズ38』。

土庫澄子，2018，『逐条講義　製造物責任法（第2版）』勁草書房。

友近直寛，2021，『自動運転・運転支援と交通事故賠償責任』，新日本法規。

能見善久・加藤新太郎，2019，『論点体系判例民法8　不法行為Ⅰ』第一法規。

藤田友敬，2018，「第Ⅱ部第2章　自動運転と運行供用者の責任」藤田友敬編『自動運転と法』有斐閣，127-158頁。

藤村和夫・伊藤文夫・高野真人・森富義明，2017，『実務　交通事故訴訟体系　第2巻責任と保険』ぎょうせい。

藤村和夫・山野嘉朗，2014，『概説交通事故賠償法（第3版）』日本評論社。

舟本信光，1969，「交通事故訴訟における過失相殺適用の基準」鈴木忠一・三ヶ月章監修『実務民事訴訟講座3』日本評論社，253-290頁。

升田純，2014，『最新PL関係判例と実務（第3版）』民事法研究会。

第4章

自動運転車等と過失相殺

‖‖

第1節　自動運転時代の過失相殺

　民法は「被害者に過失があったときは，裁判所はこれを考慮して，損害賠償
の額を定めることができる」（過失相殺。民法722条2項）と定めている。過失相
殺は，「損害の発生・拡大に被害者の関与があるときは，その関与の内容（過失）
を斟酌して，加害者と被害者との間で損害の公平な分担をはかるための制度」[1]
である（藤村他，2014，303頁）。過失相殺は，交通事故の訴訟で最も激しく争わ
れる論点とされる（舟本，1969a，254頁）。そこで，多数の紛争を公平かつ迅速
に解決するため，過失相殺率の基準化が行われた。以下，基準の作成経緯と現
在の基準の概要を述べる。その上で，運転の自動化時代を迎える中で生じうる
課題について，法律と心理学の見地から検討していきたい。

（1）過失相殺の基準化の必要性

　元々，過失相殺は各々の紛争における個別事情を柔軟に取り入れ，損害額の
微妙な調整機能を果たすため，基準化になじまないとされていた（舟本，
1969b，184頁）。しかし，1950年頃から交通事故が急増したのに伴い，膨大な民
事上の紛争を迅速かつ廉価に解決する必要性が高まった（舟本，1969a，253-254
頁）。紛争解決手段の大多数を占める訴訟外の示談や任意保険の査定では，過
失相殺が紛争解決の決定的要因となっていた（倉田他，1969，3頁）ところ，過
失相殺の基準が客観化されれば裁判所の判断が予測できるため，訴訟外でも速
やかで公平な紛争解決が可能となる（舟本，1969a，254頁）ことが期待された。
また当時，認められる死亡慰謝料額が東京と大阪で異なる等の差があり，公平
と法的安定の観点から地域差をなくす必要性も示されていた（倉田他，1972，33

頁）。加えて被害者救済の観点からも基準化が求められた。すなわち，自賠法
3条は過失の立証責任を転換することで被害者救済を図っているが，損害賠償
額の高額化に伴い過失相殺が訴訟上重要な争点となったため，判断基準がない
と被害者は過失の詳細な主張・立証の負担を免れず，裁判所の審理が複雑化・
長期化し，自賠法の意義が薄められるおそれが指摘された（舟本，1967，37頁）。
このような背景のもと，過失相殺の基準化が試みられるようになった。

　現在，過失相殺の基準は，『別冊判例タイムズ基準全訂5版』（東京地裁民事
交通訴訟研究会，2014），通称「赤い本」（日弁連交通事故相談センター東京支部，
2019），同「青本」（日弁連交通事故相談センター，2018）などで示されている。こ
れらは法的拘束力をもたないが，紛争解決の場の判断基準として「確固たる地
位を占める存在となっている」（藤村他，2014，306頁）。本書では別冊判例タイ
ムズ基準を対象に，現在の基準と基準作成に当たり考慮された要素について述
べる。

（2）現在の基準

1）基準の定め方

　別冊判例タイムズ基準全訂5版（以下，「基準」とする）は，338個の事故態様
について過失相殺率（被害者の過失を考慮した損害賠償額の減額率〔藤村他，2017a，
287頁〕）を示している（東京地裁民事交通訴訟研究会，2014）。基準は，事故態様
ごとに基本の過失相殺率とこれに対する修正要素の内容および修正する数値を
示している。そして両者の組み合わせにより，特定の事故について具体的な過
失相殺率を算出できるようにしている（同上，43頁）。例えば，四輪相互の事故で，
ともに青信号で交差点に入った直進車Aと右折車Bの事例は，**表4-1**のように
表されている。四輪車同士の事故の場合，過失相殺率と過失割合（対等の立場
にある加害者と被害者の過失を対比し，割合で示したもの〔藤村他，2017a，68-69頁〕）
は同一となる。

　一方当事者が歩行者，単車，自転車の場合は，同人らが被害者となることを
前提に，弱者保護などを考慮に入れた過失相殺率を示している（東京地裁民事
交通訴訟研究会，2014，44頁[(2)]）。歩行者・四輪車とも赤信号で交差点に進入し，両
者が衝突した事例は**表4-2**のように要素が示されている。なお，基準で示さ

第4章　自動運転車等と過失相殺

表4-1　青信号で交差点に進入した右折車と直進車の過失割合

基本の 過失相殺率	直進車A：右折車B	A20：B80
修正要素	B既右折，A道交法50条違反の交差点進入 Aに15km/h以上の速度違反，その他著しい 過失	（Aに加算） ＋10
	Aに30km/h以上の速度違反，その他重過失	＋20
	B徐行なし，直近右折，合図なし，その他著 しい過失・重過失	（Aから減算） －10
	B早回り右折，大回り右折	－ 5

（出典　東京地裁民事交通訴訟研究会，2014，228頁に基づき筆者作成）

表4-2　歩行者・四輪車とも赤信号で交差点に進入した事例の過失相殺率

基本の 過失相殺率	歩行者	20
修正要素	夜間，幹線道路，直前直後横断佇立・後退	（20に加算）　＋ 5
	住宅街・商店街等，児童・高齢者，集団横断 歩車道の区別なし	（20から減算）　－ 5
	幼児・身体障害者等，四輪の著しい過失	－10
	四輪の重過失	－20

（出典　東京地裁民事交通訴訟研究会，2014，68頁に基づき筆者作成）

れるのは過失相殺率だが，裁判例では「自動車対歩行者の事故でも，自動車と歩行者のそれぞれの過失相殺率を百分率で認定した上，歩行者に対してその割合で過失相殺をしている事例が多い」とされ，対歩行者事故でも事実上両当事者の過失を対比する相対説の発想（過失割合）で過失相殺が行われている実態も指摘される（藤村他，2017a，289頁）。このため，厳密に言えば過失相殺率と過失割合の意味合いは異なるものの，両者の違いは実務上「それほど強く意識されてはいなかった」こと（同上，9頁），一般に過失割合の用語が浸透していると考えられることから，本書では過失割合の用語を用いることとする。

2）基準の作成過程および考慮された要素

基準は，数回の改訂を経て現在の形（全訂5版）になっている。1975年に出版された基準（初版）は「想定される事故態様ごとに，交通法規全体からの位置づけと全裁判官の経験的直観的判断による数値を出し合って」試案を作成し，

「それと現実の判決例の解決とを対比して再検討」を行った上で作成された[3]（浜崎他, 1975, 21頁）。つまり，基準は法令の体系から理論的に導かれたというより，様々な考慮要素を取り入れ「公平の観点からの着地点を見い出す形で策定され」，「複数の裁判官の感覚にも依拠して」作られたといえる（藤村他, 2017b, 670頁）。基準（初版）では道交法の規定する優先関係，要保護者修正，優者の危険負担，実際の運転慣行等が考慮され[4]（浜崎他, 1975, 23頁），その後の版にも引き継がれている。

　ここで基準作成上考慮された要素について触れておきたい。

　①基準の基本となるのは，道交法上の優先関係である（浜崎他, 1981, 351頁）。道交法上の優先関係は，強い優先，弱い優先に分けられ，強い優先とは相手方に一時停止などの一般的義務が定められている場合，弱い優先とは法規上抽象的に「通行を妨げてはならない」と相手方に命じられていることが，具体的状況に応じ自分の方に優先権を生じさせる場合をいうとされる[5]（倉田他, 1969, 4頁）。そして，優先権の有無・程度から基礎づけられる定型的過失割合を，具体的な事故場面での結果予見可能性ないし回避義務懈怠の有無・程度により修正する（同上, 5頁）という「二段構えの取り扱い」が行われている（浜崎他, 1981, 351頁）。これは，修正要素を重視しすぎると，「詳細な事故態様の把握が要求され，類型化による過失相殺の基準化を否定することにつなが」る上，「運転経験の有無程度によって，かなり恣意的な判断の入り込む余地が大」きくなるため，「手続きの経済と正確性との妥協として」，優先権の有無・程度が基本となることとされた（同上）。

　②要保護者修正に関し，被害者に事理弁識能力[6]がある場合は過失相殺が行われるが，児童・高齢者など社会的にみて特に保護すべき場合はその能力に応じて過失割合を減算する（例，表4-2）。なお，被害者に事理弁識能力がない場合，監督者等の過失が考慮される場合がある（被害者側の過失。藤村他, 2014, 309-317頁）。

　③優者の危険負担は，主に車両相互事故における大型トラックを念頭に議論された。大型車は事故時の被害の拡大範囲が大きいので，運転上の注意義務を加重し，小型車より大きな責任を負担させるべきかという議論である（浜崎他, 1975, 55頁）。この点，過失の程度が同じでも，車両の大きさと結果の大小との

間に因果関係があれば，結果に対しより大きな寄与をした大型車に大きな責任を肯定する見解がある一方，同一の道路条件で同じ交通ルールに服して道路を利用している以上，大型車の責任を加重する理由はないという見解もあった（同上）。初版基準は結論を留保しつつ，大型車故に事故発生の危険性（結果の大小は関係ない）が高いと思われる類型では，注意義務加重の要素と考えて大型車を＋５％程度の修正要素とした（同上）。現在の基準も大型車修正を否定しておらず，「大型車であることが事故発生の危険性を高くしたと考えられる事故類型」では大型車に＋５程度の修正をしている（東京地裁民事交通訴訟研究会，2014，46頁）。

④歩行者対四輪の事故では自賠責保険の実務も考慮される（同上，60頁）。自賠責では被害者が重過失（７割以上）の場合のみ減額が行われるが，裁判等で認められる損害額が自賠責保険の支払金額を下回ることがないよう考慮し，基準が策定された（藤村他，2017b，670頁）。

第２節　基準に関する課題

（１）課題①：基準の検証の必要性

１）基準と一般人の判断の違い

前述のように，基準は紛争解決の判断基準として実務に受け入れられている一方，次の課題が指摘できる。大別すると，①現在の基準の数値や運用自体が，法律専門家以外の一般人にとって，その紛争解決の感覚と乖離のない，納得できる解決を導けているか，②自動運転の高度化を迎える中で，現在の基準は紛争解決の拠り所として今後も受け入れられるのかという点があげられよう。

まず，課題①に関し，藤村他（2017b）は「批判と検証の必要性」（670頁）という課題をあげる。基準は作成当時の裁判官の感覚に基づいて作成されたものである以上，「常にその時代の法規や社会情勢，公平感に照らし，内容の妥当性の検証や研究・批判がなされることが必要」である（同上）。しかし，そのような研究活動は数少なく，むしろ基準の「正当性・妥当性が当然のこととされて」いる旨指摘する（同上，670-671頁）。

実際，交通事故の紛争解決に関し，基準と一般人の感覚を比較した文献は多

くない。例えば，岡本他（2006）は従来型車両による交通事故事例11例を用い，過失割合に関する基準と大学生の回答を比較した。その結果，両当事者に道交法上優先とされる要素（優先要素）と非優先とされる要素（非優先要素）両方がある事例では，基準と回答に１割を超える差がみられた。これに対し，いずれか一方の当事者に非優先要素のみがある事例は，基準と回答に大きな差はみられないという特徴を示した（岡本他，2006，25-35頁）。両当事者に優先・非優先両方の要素がある事例とは，例えば歩行者（赤信号で横断開始）と車両（青信号で進入）の事故である。当事者の立場は歩行者が優先，車が非優先要素となるが，信号は歩行者が非優先（赤），車は優先要素（青）となる。基準は歩行者の信号違反を重視し，歩行者の過失割合を70とする（東京地裁民事交通訴訟研究会，2014，70頁）。これに対し，大学生の回答平均値は車両50：歩行者50に近い数値を示したとされる。他方，一方の当事者に非優先要素のみがある事例，例えば右折車と直進車の衝突で対面信号が双方とも黄色のように，信号は対等で，右折車が優先関係で劣ることだけを考慮すればよい事例では，基準と大学生の回答に大きな差はみられないとされる。この理由として岡本他（2006, 32-33頁）は，両当事者に両方の要素があると，大学生は優先関係の評価が困難となることをあげる。すなわち，基準は歩行者優先という一般論より信号関係を重視し，交通弱者といえども信号違反があれば過失割合を大きくする等，法令に基づきメリハリをつけた基準の設定を行っているのに対し，大学生は信号関係と歩行者優先という要素を同等に扱って50：50に近い判断をした。このような判断の違いが影響し，基準と差が生じたとする。また，同研究では大学生は免許の有無という個別事情が判断に影響を与えた可能性も示唆されている。

2）判断に違いが生じる背景

では，裁判官と一般人の責任判断に差が生じる背景には，どのようなことが考えられるであろうか。

日本では2009年に裁判員制度が導入され，特定の種類の犯罪について，国民の中から選ばれた裁判員が，裁判官と有罪・無罪や量刑の判断について評議し評決を行うようになった。制度施行後，量刑の判断が変化し，性犯罪や傷害致死等は刑期が重い方向へ，現住建造物等放火は執行猶予に付される率が増加する等軽い方向へ変化したとされる（若林，2016，32頁）。刑事事件の量刑判断で

はあるが，裁判員制度の導入により法律専門家と一般人の感覚の違いが浮き彫りになったといえる。

裁判官等の法律専門家と非専門家（一般人）の判断の違いについて，松村良之は次のように指摘する。法律専門家は法的で分析的な判断と総合的・法外的判断を融合して行っており，一般人の判断方法を基礎としつつも法律の枠組みを用いてより精緻に判断を行っている（松村，2018，180頁）。具体的には，法律専門家は「責任」というと法的責任を想起し，まずは事故に直接関わった行為者の個人責任を検討する（同上）。個人の法的責任，すなわち法の枠組みを用いて責任を判断するときは，概ね次のような判断の流れが想定されるという。例えば，行為者の不法行為責任が問題になる場合，法律専門家は行為者について責任を発生させる要件（故意または過失，因果関係，損害の発生）を分けて考え，各要件に該当する具体的事実（過失ならスピード違反や信号無視等）が存在するか判断し，その存否に関する判断の組み合わせから結論を出す（伊藤，2002，13頁）。つまり，法律専門家は判断に当たり，法令違反等過失を基礎づける事実の存否をより精緻にみているということもできよう。

一方，非専門家は総合的で直観的な判断を行い，誰に責任があるか特定して考えないという意味で判断は拡散的であることが指摘される（松村，2018，169頁，180頁）。このため，非専門家は直接の行為者以外の関係者もそれぞれに結果を回避できたはずなので道徳的に悪いと評価し，一般に関係者全員に厳しい責任を課す傾向があるとされる（同上，180頁）。また非専門家の判断は，有責責任（さしあたり非難を受ける対象であること〔奥田他，2018，287頁〕）と負担責任（規範違反の結果として発生する負担・不利益を負うこと〔同上〕）が分化していないあいまいな責任をイメージし，それに基づいて責任を判断するとされる（松村，2018，180頁）。

このような責任判断の違いに基づいて岡本他（2006）の結果をみると，大学生は過失を基礎づける事実自体を精緻にみていないか，みていたとしても重み付けの評価を法律専門家ほど精緻には行っていない可能性がある。

3）基準の「硬直化」

藤村他（2017b）は，基準の「硬直化」（672-673頁）という問題を指摘する。これは基準運用上の問題である。すなわち，紛争解決に当たり，本来は事故の

事実関係や適用法規をまず確認すべきところ，事故事例と似た類型を基準の中に探し，「当該基準を無理矢理当てはめて結論を出そう」とする態度である（同上，673頁）。特に修正要素が問題となる場面では，適用した結果の妥当性等を検討せず形式的に基準を当てはめて数値を算出し，その結果をそのまま紛争解決の場で主張するという課題が指摘されている（同上）。今後，紛争解決において自動運転という新しい要素が加わると予想され，結果の妥当性に関しより精緻な検討が求められる中，基準の運用面に対する見直しも急務と考えられる。

（2）課題②：自動運転車等への基準の適用

　次に，課題②として，現在の基準は自動運転車等を想定していないため，自動運転の高度化を迎える中で，基準は紛争解決の拠り所として今後も受け入れられるのかが問題となるであろう。自動運転車等の責任に関する一般人の感覚は第7章以降で検討することとし，ここでは法的な観点から基準の見直しの可能性について検討したい。

　まず，基準は特定の法体系から理論的に導かれたというより，裁判官の感覚を集約して作られたものであることが指摘され（藤村他，2017b，670頁），法改正や交通実態等，社会情勢の変化を取り入れて修正が行われてきた。そうであれば，自動運転車の普及という社会の変化に応じ修正を加えること自体は，理論的に大きな問題が生じるとは考えにくい。

　では，自動運転の高度化は，基準にどのような修正を迫るのであろうか。この点，自動化が進んでも，信号遵守等の交通ルールが直ちに劇的に変化するとは考えにくく，道交法の定めが紛争解決の基本であることは変わらないであろう。また，要保護者修正や，自賠責制度が維持される限り自賠責を考慮した解決も求められるであろう。

　一方，優者の危険負担は検討が必要となる可能性がある。基準は，大型車であることが事故発生の危険性を高くする場合は，大型車により慎重に走行する注意義務が課せられるとして過失割合を加算する[7]。これとパラレルにとらえるなら，「自動運転であること」が事故発生の危険性を高めるなら，過失割合を加算することもありうるように思われる。

　では必ずしも危険を高める場面でなくても，自動運転車等について過失割合

第4章　自動運転車等と過失相殺

を修正すべきであろうか。優者危険負担は主に大型車について検討されてきたものの，舟本信光は公平の観点から，車両の物理的危険の大小だけではなく，車両相互の事故では，増減速や制動などの性能の優れた車は「その危険回避能力の優れている程度」に応じ，「その差だけ多くの責任を負担するのが当然」とする（舟本，1965，35頁）。もし自動運転車等の危険回避能力等が従来より類型的に優れるなら，この観点から基準を見直す必要があるのかもしれない。

　以上，過失相殺およびその基準について法的な観点から検討してきたが，一般人は交通事故をめぐる紛争解決，特に責任の判断にどのような感覚を抱いているのであろうか。この点は，主に心理学の分野で研究が進められてきた。第3節では責任帰属に関する従来の研究と，自動運転車を対象とした責任判断の特徴を示す研究を紹介する。

第3節　責任帰属に関する研究の概要

（1）責任帰属のモデル

　自動運転車等に対する責任帰属の研究は，人に対する責任帰属を基礎として行われている。そこで，人に対する責任帰属に関する研究について概要を述べる。

　責任帰属は，心理学では帰属理論の重要部分をなすもの[8]として多くの研究が行われている。心理学の分野でいう「責任」は法的な意味とは異なり，「一般人が法的な概念について持っている，素人なりの意識，あるいは理解の様式」という形で扱われている（唐沢他，2018，i 頁）が，法律分野との関連について「責任帰属研究は法学的な観点からも重要な領域で」，「法学と心理学のインターフェースの研究として大きな意味を持つ」とされる（松村，2018，154頁）。

　ハイダーは，人の責任判断が次の枠組みで行われることを示した。すなわち行為の結果について，個人の力が原因とされるほど個人に責任が帰属され，環境が原因とされるほど個人は免責される。また結果が意図的にひきおこされたときの方が，意図的でないときより責任を問われる（ハイダー，1990，101-125頁，140頁）。このような「因果性を主軸に置いたハイダーの理論枠組み」は，その後の研究でも基本的枠組みとなったとされる（膳場他，2018，5頁）。

73

その後，心理学における責任の概念は，原因，因果関係，道義的非難，法的・社会的制裁の大きさなど多義的であり，そのために混乱が生じていると指摘されるようになった（萩原他，1977，26頁）。その結果，責任概念が整理され，因果性のルール等に基づいて論理的に責任が判断される流れを想定した，責任判断の包括的モデルが作られるようになったとされる（膳場他，2018，7頁）。

　その一例であるShulz他（1991）のモデルは以下のように示される。責任判断ではまず「因果関係」の判断が行われる。因果関係は主に必要条件（条件関係：その行為がなければ結果がなかった。例，船長の「救命用の浮き輪を用意しない」という省略行為がなければ，溺れた乗客を助けられたという関係がある場合），十分条件（行動が一定の基準からみて害があるといえる。例，船に浮き輪を用意するのが一般的だったのに，船長が用意しなかった）の有無で判断される（Shulz他，1991，pp. 258-259）[9]。因果関係があると，次に責任の検討が行われる。責任は行為者が①結果を意図していたときが最も大きく，②無謀な行為，③過失による行為，④偶発的な場合の順に小さくなる（同上，p. 261）。干渉要因（結果が予見できない，外部からの強制，被害を悪化させる他の要因）があると，行為者の責任は小さくなる（同上，pp. 261-262）。責任がある場合，非難の判断が行われる。非難は，生じた害の大きさ（得られた利益より害が大きいか否か）と，害を与えたことを正当化する理由（自己防衛，怒りにまかせての復讐，より大きな害を防ぐための行動）があるかで決定される（同上，pp. 262-263）。その上で，行為者等からの補償の程度や謝罪・行為者への社会的な制裁等の有無を考慮し，罰の大きさが決まる（同上，p. 264）。

（2）責任判断のバイアス：交通事故に関する研究を中心として

1）出来事等への感情的反応

　Shulz他（1991）のモデルは，責任の帰属について論理的な判断過程を示そうとするモデルであるが，責任判断は必ずしも論理的に行われるわけではなく，様々な要素の影響を受けることが指摘される（膳場他，2018，18頁）。まず責任判断は，出来事や登場人物の特徴に対する感情的な反応に影響され，否定的な感情（怒りや嫌悪感）を喚起した対象者に多くの責任を帰属するとされる（Alicke他，1994，pp. 281-308；村山他，2015，426-436頁他）。アメリカの陪審員の判断に関する研究でも同様に，陪審員の判断は不快な行為（犯罪）に対する感情的反

応に影響されやすいことが指摘される（Bright他，2006，pp.183-202；Weninger，1994，p.39）。このような背景から，一般に陪審員の量刑の方が裁判官より被告人に厳しく，また判断のばらつきが大きいとされる（同上，p.37）。

2）事例の個別事情

一般人の責任判断は，対象者の魅力，年齢[10]，被害の大小（萩原他，1977，3-39頁），事件の物語としての構築しやすさ（浅井，2013，137-146頁）等の個別事情に影響を受けやすいという特徴がみられる。被害の大小に関し，Walsterは事故に至る事実関係は同じでも，被害が大きいほど行為者（加害者）の責任は大きく評価されるとした（Walster，1966，pp.73-79）。Walsterによると，結果が重大なほど，自分に行為者と同じ不幸な出来事が起こるのを避けたいという損害回避のバイアスが生じ，行為者に責任を帰そうとする（防衛的帰属）。

ただこの傾向は常にみられるわけではなく，行為者の行為と事故との関連性が明確な場合に限られるとする研究（Phares他，1972，pp.392-406）や，判断者の立場で異なり，観察者の立場で判断するとWalsterと同様だが，行為者の立場で判断すると逆の結果を示す研究（Harvey他，1975，pp.22-28）もある。さらにはWalsterの傾向を否定する研究（Chaikin他，1973，pp.268-275），責任判断には，結果の重大性より走行速度やブレーキのような運転者が制御可能な要素が影響したことの方が大きな関わりをもつとする研究もある（Arkkelin他，1979，pp.110-115）。

3）個人的関連性

Walsterとは逆に，Shaverは事故の状況が判断者にとって関連が深く（状況的関連性），当事者と判断者の個人的関連性が高い場合，結果が重大なほど当事者の責任は軽く判断されるとした（Shaver，1970，pp.101-113）。判断者が将来同種の事故を起こした場合に自分への非難を回避したいという，非難回避のバイアスによるとされる（同上）。山下昇は，事故や違反を経験している群（事故違反群。状況的関連性が高い）は，無事故群より事故を起こした運転者の責任等を低く判断したことを示した（山下，1996，129-138頁）。事故違反群は交通場面の危険性を少なく，予見可能性を低く評価しており，事故経験が当事者意識と非難を回避したい意識を高めたことから（非難回避のバイアス），Shaver（1970，pp.101-113）と同様の結果が示されたとする。

一方で，山下昇は，運転免許保有者の方が，事故当事者である運転者に大きな責任を課す傾向を示した（山下，1996，131頁）。免許保有者は交通場面の危険性及び危険の予見性を高く評価し，このことがより大きな，責任評価につながったとされる（同上，138頁）。また，萩原他（1977）も同様の結果を示し，その理由を調査対象者と運転者との類似性の高さのためとする（萩原他，1977，33頁）。個人的関連性が高いと行為者の責任が重く評価されることは他の研究でも示されている（山田，2001，328-372頁）。Shaver（1970）の研究に沿って考えるなら，免許保有者は運転者と個人的関連性が高く，それ故に責任は軽く判断されそうだが，逆の結論となっている。この点に関し，諸井克英は免許保持者が運転行動に関してもつ情報の影響や安全意識の高さ，日本人特有の謙虚さ等の解釈が可能としている（諸井，1988，40頁）。

4）個人の価値観，社会情勢等

個人の価値観も帰属の判断に影響を与えるとされる。例えば，人は因果応報の世界に住んでいると信じようとする（公正世界観）とされる（Lerner，1980，pp. 11-15）。このため，人（判断者）は被害者に落ち度がなくても，その人格的価値を低く評価し，問題のある人（被害者）が不幸な事態に遭遇するのは当然という形で，判断者の公正世界観を維持しようとするという（同上）。また，道徳観と責任判断の関連も示されており，人を傷つけることに対し敏感であるほど，加害者の罪を認定しやすいとされる（村山他，2015，426-436頁）。これ以外にも，陪審員（一般人）の判断は，社会的背景（判決の目的が更正から懲罰に移行し，適切とみられる刑罰の重さが増加している）に影響されやすいことが指摘される（Weninger，1994，p. 39）。

第4節　自動運転車等に対する責任帰属

（1）人と自動運転システムへの責任帰属—人の責任が重いとする研究

1）人に重い責任が帰属される場面と理由

では，人とコンピュータが同じ事態を引き起こした場合，一般人は異なる責任判断を行うのであろうか。人とロボットの相互作用は人同士と類似するという研究もある（Nass他，2000，pp. 79-94）一方，両者は異なることを示す研究も

多い。また，人と自動運転車が同じ態様の事故を引き起こした場合の責任非難に関する研究も多く行われているが，結果は一貫していない。

　人の方が重い責任非難を受けるとする研究として次のものがある。Awad他は，車と歩行者の衝突事故を検討している。Awad他は，当事者となる車について人とシステムが協働することを前提に，①人が主たる運転者で，そのまま進行すれば歩行者に衝突する方向で走行しているときに，第二運転者であるシステムが運転に介入して歩行者を避けない（介入の失敗）場合，また②システムが主たる運転者で①と同様の状況のとき，第二運転者である人が介入の失敗を犯した場合について，歩行者を避けず走行した人とシステム，介入の失敗をした人とシステムに対する責任非難の程度を比較した。その結果，いずれも人に対する責任非難の方が重かった（Awad他，2020，pp. 134-143）。また，Copp他（2021）も同様に，人に最も責任があるという結果を示している。

　その理由としてAwad他は，一般に人の行為（人による運転）は物理的な原因（システムによる運転）より結果との因果関係が強いと判断される（ハート他，1991，pp. 145-150）ことをあげる。また，Copp他（2021）も，人なら歩行者を避ける方法があったのに，あえて事故に至る走行をしたとして意図を看取しやすいのに対し，自動運転はアルゴリズムにより反応が予め決定されているという意味で選択の余地がなく，意図が感じられないことを指摘する（Copp他，2021）。このため，意図性が高く感じられる人に重い責任が帰属されるとする。

　しかし，後述するように，自動運転システムもまた独立したエージェント（「意図を有し意思決定する能力」をもつ存在〔河合，2020，32頁を参照〕）ととらえられているとされており（Ratan，2019，pp. 2774-2792），そうであればシステムも人同様に意図をもつと判断されそうである。この点，Copp他（2021）は次のように指摘する。運転者である人は事故の現場にいて，結果を予見し運転を制御できる立場にいるという意味で，事故に直接関与している。これに対し，システムが意図をもつといっても，車両の反応を決定したのは技術者と自動車メーカーである。技術者等は上記の意味で事故に直接関与しておらず，結果を制御できた度合いが少ないため，人より責任が軽くなる可能性を示している。

２）人とシステムの責任帰属に違いが見られない場面

　一方，Awad他（2020）は，常に人に重い責任が帰せられるとはしていない。

③人（主たる運転者）がそのまま走行すれば事故は起きなかったが，システム（第二運転者）が歩行者に衝突する方向にあえて進路変更した場合（誤った介入），④システム（主たる運転者）は③と同様に走行していたが，人（第二運転者）が誤った介入をした場合に関し，誤った介入をしたシステム（③）と人（④）への責任非難の程度に差はないとする。理由として，責任帰属の判断は統計的・道徳的規範からの逸脱の程度に影響を受ける（Kominsky, 2015, pp. 196-209他）ため，通常起きない，あるいは反道徳的な出来事は，典型的な出来事より原因とみなされるところ，誤った介入という逸脱した行動をとった人・システムにはともに重い責任非難が帰せられるとしている。

（2）人と自動運転システムへの責任帰属―システムの責任が重いとする研究

これに対し，人よりシステムに対する責任非難の方が大きいとする研究もある（Dougherty他, 2018, pp. 1 -21）。Liu他（2021）はレベル 3 の車両を想定し，①人が乗客を乗せて車を運転中，前方の車が急停止し，衝突を避けられるタイミングでシステムが警報を出したが，人の不注意により乗客を死亡させた場合，②システムが同様に運転中，システムの故障のため急停止した前方の車両を避けられず，また運転交替要請も出せないまま前車に衝突し，乗客を死亡させた場合について，運転していた人またはシステムに対する非難と責任の大きさ，支払うべき賠償額の回答を比較した。その結果，システムに対する非難，責任の方が大きく，賠償額も高く回答された（Liu他, 2021, pp. 1 -15）。

Liu他（2021）は，理由の 1 つに一般人が自動運転車に求める安全水準の高さ（Shladover, 2019, pp. 125-133）をあげる。すなわち，自動運転には人間の運転者の 4 ～ 5 倍の安全性（Liu他, 2019, pp. 315-325），ないし最も優れた人の運転者より安全であること（Nees, 2019, pp. 61-68）が求めらる。このため，人なら許容される事故・トラブルでも，自動運転車が起こすと人々に受け入れられず，結果として帰せられる非難や責任が強くなるとする。

またLiu他（2021, pp. 1 -15）は別の理由として，自動運転車に対する否定的感情バイアスの影響をあげる。Liu他（2019）によると，人々は元々自動運転に対し否定的感情を有しており，これが事故に関与した自動運転車に対する否定的感情を強化する。このため，自動運転車による事故は，より強い否定的感情

（怒り等）を喚起する。否定的感情の大きさは法的な責任や非難，賠償額の判断に関連する（Bright, 2006, pp. 183-202）ため，自動運転車に対する強い否定的感情は，自動運転車による事故の受容性の低さ，より大きな責任非難の帰属，より高額な賠償額の判断につながる（Liu他, 2019, pp. 315-325 ; Liu他, 2021, pp. 1 -15）。このため，Liu他は自動運転車の社会受容や普及を進めるには，このような事故への過剰反応に注意を払う必要があるとする（Liu他, 2019, pp. 315-325）。Shariff（2017, pp. 694-696）も同様の指摘を行っている。

　同様の結果を示しつつ，異なる理由を示す研究もある。Hong他は，自動運転車または従来型車両が信号を無視して道路を横断する歩行者に衝突した事例を用い，自動運転車の方が重い責任を帰属され，被害が重大だとその傾向は強くなるという結果を示した（Hong他, 2020, pp. 1768-1774）。Hong他によると，人は自分が被る可能性のある責任を軽減するため，自分と個人的・状況的関連性（類似点）のある加害者の責任を軽減する（Shaver, 1970, pp. 101-113）。自動運転車は主体的に行動する独立したエージェントととらえられる（Ratan, 2019, pp. 2774-2792）ため，人は自動運転車を人とは異なる存在ととらえ，自分（人）との類似性は見出さない。このため，人より自動運転車への責任判断が重くなるとする。

　さらにHong他は，人は人間より機械に対してより高い信頼や期待感を有しており（Sundar他, 2019, pp. 1 - 9），運転も人より自動運転システムの方が優れていると信頼する傾向にあるが，自動運転車が事故を起こすことは信頼を裏切ることであり，このことが自動運転車に対する重い責任判断につながる可能性を示している。Zhang他も同様に，自動運転は人間より高度な情報処理能力を有し，緊急事態への対応が人間より優れていることが期待されており，事故が起きたときはその期待を裏切ったとして，より多くの非難を受ける可能性を指摘する（Zhang他, 2021, pp. 308-314）。運転以外においても，人は人間（自分含む）の判断よりコンピュータの助言を重視する[14]（Logg他, 2019, pp. 90-103）が，コンピュータから不適切な助言を受けた場合，人が助言した場合より早く信頼をなくすとされる（Prahl他, 2017, pp. 691-702 ; Dzindolet他, 2002, pp. 79-94）。その理由として，Prahl他は人と機械に対するとらえ方の違いをあげる。つまり，人はミスをすると認識されているので人のエラーはあまり責められないが，機

械は完璧を期待されるので，機械がエラーをすると人はよりネガティブな印象を抱き，直ちに信頼をなくすとされる（Madhavan他，2007，pp. 277-301）。

　一方でFranklin他（2021，pp. 1 - 8 ）は，逆に自動運転車に対する信頼はそもそも人より低いため，自動運転車への重い責任帰属はこの信頼感では説明できず，人は自動運転システムに運転を委ねる以上，人より高い安全基準を満たすべき存在と認識されていることが影響する可能性があるとする。

　以上は自動運転車が加害者となった事例であるが，Wayz他によるともらい事故で自動運転車が被害者になった場合[15]も，自動運転車の方が人より強く非難される（Wayz他，2014，pp. 113-117）。人は，意図的・計画的に結果を予見して行われた場合の方が，意図せず行われた場合より行為者に責任があると判断する（シェーバー，1985, 159頁）。そして，自動運転システムは人のような心をもち，従来型車両よりシステムが自分自身の行動を制御し，意図した行動をより完全に遂行できる存在である（すなわち，システムの方がより意図的・計画的に行動し，その結果生じた事故と判断された）ことが，システムへの重い責任判断に影響した可能性をWayz他は指摘する（Bigman他，2019，pp. 365-368も同旨）。

（3）政府の責任

　運転の自動化が進むと，運転者だけではなく自動車のメーカーや，製造・販売を認可した政府の責任が問題となる。Pöllänen他は，自動車と歩行者の衝突事故を例に，自動化レベルを従来型車両，レベル 3 ，レベル 4 の 3 段階に操作し，自動車の運転者ないしユーザー（人），歩行者，車両自体，自動車メーカー，政府に対する非難の大きさに関し 7 段階で回答を得た。その結果，運転者に対する非難は従来型車両の方が高いのに対し，レベル 3 ・レベル 4 は車両，自動車メーカー，政府への非難が従来型車両より高いことを示した（Pöllänen他，2020，pp. 525-537）。Pöllänen他はその理由として，非難の帰属は各当事者の制御可能性に影響されるが（Arkkelin他，1979，pp. 110-115他），レベル 3 ・ 4 車両のユーザーは車両を制御できない。このユーザーによる制御の欠如のためユーザーの行動と結果との因果性が減少し，その分メーカーや政府がより大きな非難を受ける。一方，従来型車両は運転者が事故を予見し防ぐことができたから，運転者が最も大きく非難されたとする。Pöllänen他の研究は，自動車の運転に

第4章　自動運転車等と過失相殺

関わる当事者それぞれに対する非難の程度を比較の対象としており，対歩行者事故における自動運転車（ユーザー，メーカー等関係者全ての責任）と従来型車両の過失割合の比較という視点で行われた研究ではないが，人は非難の程度を決するのに各当事者の制御可能性に着目していること，自動運転が高度化すると政府の責任も重視されることは注目に値する。

第5節　自動運転の高度化と基準適用上の課題

（1）従来型車両に関する基準の検証

　まず，基準に関し，次の課題があると思われる。基準（初版）公表前の議論の中で，藤村他（2017a）は，「世の中の人が納得できない基準を作ってしまったら，おそらく世の中に通用しない」という問題意識を示している（藤村他，2017a，325頁）。しかし，実際には基準は「交通事故訴訟の関係者だけに通用する特異なもので，非法律家にとっては理解に難渋する類いのもの」と指摘される（同上，25頁）。このような基準のあり方および運用のもとでは，基準を是とする法律専門家の解決と一般人の感覚（いわば納得感）との乖離が懸念される。このため，自動運転への基準の適用を検討する前に，まずは従来型車両の事故について，上記の視点から基準の再検討を行うことが必要であろう。

　法律家と一般人の責任判断の違いに関し，松村良之は，食中毒を出したレストラン関係者の責任等評価を題材として一般人と法律専門家の判断の違いを比較し，一般人の方が法律専門家より厳しい判断を行うことを示している（松村，2018，162頁）。しかし，同研究の設定では被害者（レストランの利用者）に落ち度がなく，レストラン（法人）側関係者内での責任分担が主たる検討課題となっている。このため，被害者にも落ち度があることを前提に，加害者と被害者の過失割合を主なテーマとする本研究に，松村の結果がそのまま妥当するかは明らかではない。

　この点，岡本他（2006，25-35頁）は交通事故を対象に，基準と大学生の判断を直接比較している。しかし，同研究から20年近く経過しており，当時とは社会情勢や人々の意識も変化している可能性がある。また同研究の調査対象者は大学生に限られ，調査対象の事故態様も限定的であるため，他の年齢層や事故

態様でも同様の結果となるかは明らかでない。さらに，同研究は大学生が回答した数値から違いが生じた理由を推測するに留まり，一般人が具体的にどのような判断過程を経て回答したのかは明らかになっていない。

　そこで本研究は，まず従来型車両に関する基準と一般人の判断の違い，および両者に違いが生じる理由を明らかにしたい。この点は第6章で述べる。

（2）自動運転車等による事故の責任に関する問題
1）自動化が進む車両と人に対する責任の違い
　次に，自動運転車等が関与した事故の紛争解決に関しては，以下の課題があると思われる。

　自動運転車と人（従来型車両）に対する責任判断の違いに関し，先行研究では自動運転車の方が人より重い責任が課せられるとする研究がある一方，逆の結果を示す研究もあり，明確な結論は得られていない。前者の研究がやや多いようであるが，その理由も一貫していない。従来の責任帰属研究によると，責任帰属は主に行為と出来事との因果性や，行為者の意図性を基本としつつ，出来事への感情的反応や個人的関連性の強さ，結果の重大さ等の影響を受ける。そして，人の行為の方が因果性（Awad他，2020，pp.134-143）や意図性（Copp他，2021；McManus他，2019，pp.345-352）が強く看取されるため，自動運転車より重い責任を負わされるという研究もある。特にCopp他（2021）はその理由として，人は因果関係として事故の直近に存在するのでその意図を看取しやすいのに対し，自動車メーカー等は事故に直接関与せず，因果関係として遠い存在なので，責任は軽く判断される可能性をあげる。

　しかし一方で，自動運転車は独立した意図をもつ存在であり，意図的に行動する存在ととらえられるので重い責任を課せられるとする研究もある（Wayz他，2014，pp.113-117）。ただ，自動運転車と人がいずれも意図をもつ存在というだけでは，帰属される責任は同程度になるとも考えられ，前者の責任が重くなる理由は明確ではない。この点Hong他（2020，pp.1768-1774）は，自動運転車は人よりも高い信頼や期待を寄せられる存在なのに，事故はこの期待を裏切るものだから，自動運転車に重い責任が課せられると説明する。しかし，自動運転車に対する信頼は人に対する信頼より低いとする研究もあり（Franklin他，

2021, pp. 1 - 8), 一貫した理由づけは見当たらない。

またLiu他（2021, pp. 1 -15）は自動運転車が重い責任非難を受ける理由として，自動運転車への悪感情バイアスという異なる可能性を指摘する。しかし，自動運転システムはロボットの一種といえるが，ロボットへの態度や感情は国や文化によって異なり（Bartneck他，2007, pp. 217-230），Nomura他によると日本人は海外（イギリス）に比べ，ロボットに肯定的態度を示すとされる（Nomura他，2017, pp. 534-538）。日本人はロボットを「『自分たちの仲間』ととらえて」おり，八百万の神のように「人より優れた存在があらゆる所にいても，違和感を」持たない文化をもつことから，日本では「ロボットが一般的な市場で受け入れられる土壌があ」る（中嶋，2018, 214頁）とも指摘される。そうだとすると，日本では海外のような自動運転車への悪感情バイアスは生じにくい可能性がある。一方で，Bartneck他（2007, pp. 217-230）は日本人が他国よりロボットが社会に与える影響に懸念を示す傾向を見出している他，ロボットへの態度に国によって顕著な差はないとする研究もあり（古賀，2022, 60頁），一貫した傾向は見当たらない。

このため，自動運転車と人（従来型車両）への責任帰属の違い，およびその理由を整理する必要がある。

2）事例の多様性確保の必要性

先行研究の検討事例として，歩行者と自動運転車等の衝突や車両相互の追突事例が用いられることが多い。しかし，現実の事故は信号や事故態様等が様々であることが予想されるにもかかわらず，多様な事例を対象に詳細な場面設定を行ったものは見当たらない。そこで，多様な事故態様を対象に検討する必要がある。

また，現在の運転支援車に関しては次の課題があると思われる。Awad他（2020, pp.134-143）の「介入の失敗」は，運転支援機能（自動ブレーキ）が作動すべきときに作動しなかった事例（不作動）といえる。Awad他は不作動の原因を明確に示していないが，可能性として①性能上の限界，②機器の不具合が考えられる。①は当該運転支援の性能上，当該条件下では機能しないことが想定されており，その旨自動車メーカーが情報提供していた場合，②は運転支援が本来機能すべき場面なのに機器に欠陥があり，機能しなかった場面といえる。

①性能限界による不作動の場合，本来，運転者が当該条件下では運転支援が働かないことを理解し，自ら適切な運転を行うべきなのに，これを怠った場面といえる。そうすると運転者には一般的な前方不注意等に加え，運転支援機能の理解不足や過信という落ち度があり，事故への因果的な関与がより大きいともいえるため，同機能がない場合より責任が重く判断される可能性もある。一方，②不具合の場合，運転者に理解不足や過信はないが，運転者が運転の主体なので前方不注意等の落ち度はある。そして，この落ち度の内容は従来型と変わらない。そうだとすると，従来型と責任判断の違いはない可能性がある。このように，運転支援機能の不作動といってもその原因により責任判断が異なる可能性がある。そこで，この点を明らかにする必要がある。

　一方，Awad他（2020, pp. 134-143）の「誤った介入」は，システムが本来すべきでないことを作為的に行っており，システムの誤作動といえる。Awad他によれば，誤作動は通常でない出来事として人かシステムかを問わず重い責任が帰属され，責任判断に差はみられなかった。しかし，システムの急な誤作動は人の介入なく発生し，そのために人が予見し対処することが困難であり，事故の場面としてはより高度な自動運転で人の関与なく事故が起きたLiu他（2021, pp. 1 -15）やHong（2020, pp. 1768-1774）が想定する場面と近いとも考えられる。そうだとすると，これらの研究同様，運転支援機能が誤作動を起こした場合の方が重い責任を課せられる可能性もある。

　完全な自動運転の場合は，ODD下で自動運転中は人が運転に関わらないので，上記①②のような区別は不要と思われる。ただ，完全自動の場合，中川（2021, 23-43頁）やWan他（2022, pp. 1 -28）が指摘するような，自動運転であるが故に事故の危険性が高まった場面の責任の評価をどのように考えるかは新たな問題となるであろう。また，自動運転車が2 当となる場合に関し，Wayz他（2014, pp.113-117）は自動運転車の意図性，行動の制御可能性を理由にその責任が重く判断されたとするが，自動運転車が法令を遵守し走行中に，法令違反のある他車に衝突されたもらい事故事例で，自動運転車側に人以上の意図や制御可能性を看取することは困難とも思われる。このような場合にも自動運転車に重い責任帰属が行われるのかは，より慎重に検討する必要があろう。

　以上のように，運転支援車の場合は機能の不作動と誤作動，さらに不作動は

性能限界による場合と不具合による場合に分けて検討する必要がある。また自動運転車も，新たな危険を作出したといえる場面，もらい事故の場面等より詳細な場面設定が必要であろう。基準は事故態様に応じて比較的細かく設定されており，納得のいく紛争解決を探るには，より実態に即した事例を用いて責任の感覚を詳細に調査する必要がある。

3）過失割合に着目する必要性

これまでみてきた先行研究は，事故に関与した自動運転車等と人の責任について，基本的に当事者単独で評価したときの責任や非難の大きさに着目している。ただ，現実の紛争において，「責任」とは支払うべき賠償額を意味し，賠償額は相手方との過失割合で決まる。このため，当事者単独で評価した責任の大きさより，むしろ相手との関係で相対的に決まる過失割合の判断を把握することが重要と思われる。しかし，過失割合の判断に焦点を当てて検討を行った研究は数少ない。そこで，本研究では過失割合の判断にも着目し検討を行いたい。

なお，過失割合には，前述のとおり裁判所等が作成した基準が存在する。このため，過失割合に関しては，当事者が自動運転車等と人の場合の比較だけでなく，一般人の感覚と基準すなわち裁判官の感覚の比較の問題も生じうる。一般人の責任判断については第3節及び第4節，法律専門家との違いは第2節で述べたが，一般人は出来事の個別事情に影響されやすいため，当事者が自動運転車であることを特別視し，これが責任判断に影響して人相互の事故とは異なる判断を行いやすい可能性がある。一方，法律専門家は個別事情よりも事実関係や法律の要件を重視して責任を判断するので，発生した事実が同じなら責任判断は同じとすべきという発想になりそうである。ただ，過失割合に関し，自動運転車か否かを問わず，基準を適用する前提で議論が行われる[16]一方，自動運転中の事故に同じ考え方を当てはめることはできず，自動運転を前提に再度整理する必要があるとする見解もある[17]。このため，本格的な運転の自動化時代を迎え，過失割合のあり方を考えることは重要な論点となるといえる。この点に関し，自動運転車等の過失割合に関する一般人の判断を検討した研究がある（岡本他，2017，219-230頁）。ただ，同研究は調査対象者が工学系の大学生・大学院生に限られ，また運転支援車，自動運転車の順で判断をしたときと逆の順で判

断をしたときの回答の違いに主な焦点をあてており，基準と一般人の判断の違いや自動運転車等に対する責任判断の背景を解明するには，なお検討の余地が残されていると思われる。

そこで，本研究では，基準が定められた，ないし裁判所が過失割合について判断を下した事例を検討対象として用い，第6章で従来型車両，第7章及び第8章では運転支援車，第9章では自動運転車について，一般人の責任判断の感覚と，基準ないし判例で示された裁判官の判断との比較を行い，乖離の有無とその理由を明らかにすることを試みる。

4）ジレンマ問題について

なお，自動運転車についてはジレンマ問題が重要な検討課題となっている。[18]ジレンマ問題は，例えば車両がそのまま走行すれば5人に衝突し，その5人を避ければ別の1人に衝突する場面でどちらを選択するのかといった形で指摘される（Thomson，1985，p.1395）。この問題は倫理的に重要な議論の対象とされている（佐藤，2021，41-66頁）。法的には車両等メーカー関係者の刑事責任（業務上過失致死傷罪）の成否（中川，2017，15-29頁）に関連して，被害を最小化するプログラミングをすることに刑法上の緊急避難が成立するか等の議論が行われている（遠藤，2019，19-26頁）。

ただ，民事責任という観点では，ジレンマ状態でいずれの選択肢を選んだとしても，発生した結果に応じて損害額が算定されることになる。[19]

また，緊急時に自己犠牲的行動をとるか（歩行者を避けると車が障害物に衝突する場面で，歩行者を回避し搭乗者が犠牲になる），他者を犠牲にするか（搭乗者を守るため障害物を避け，歩行者に衝突する）というジレンマ問題もある（例えばMcManus他，2019，pp.345-352）。ただ，民事責任上自己犠牲は自損事故，他者犠牲は第三者との交通事故として解決されることになる。本研究は，基準が問題となり得る事例で，人々が納得の得られる民事上の紛争解決のあり方を探ることを目的とするため，ジレンマ問題は主なテーマとしては扱わないこととした。

（1）　裁判上，過失相殺をするかは裁判所の自由裁量に属し，当事者から過失相殺の主張が

なくても裁判所は職権で被害者の過失を斟酌できる。また，被害者に過失が認められる場合でも，裁判所が過失相殺をすべきでないと判断すれば，被害者の過失を考慮せず損害賠償の額を決められる（最高裁昭和41年6月21日判決・最高裁判所民事判例集20巻5号1078頁）。

（2）　基準の作成上議論になったのは，相対説と絶対説の対立である。相対説は，過失相殺率を被害者と加害者の過失の対比により定めるとし，両当事者の過失がいずれも小さければ被害者の過失相殺率は相対的に高くなり，また当事者外の要素が事故に寄与している場合，その寄与分は両当事者で按分して負担する（浜崎他，1975，21頁）。絶対説は被害者の過失のみを単独で評価し，「その程度に見合う減額をすれば足り」（藤村他，2017b，661頁），被害者の過失が小さければ，加害者の過失の大小にかかわらず過失相殺率は小さく，当事者外の要素の寄与は被害者の過失相殺率に影響しない（結果として加害者が負担する）（浜崎他，1975，21頁）。浜崎他（1975）の例に沿っていえば，加害者・被害者の過失がともに2割，残りの6割が不可抗力の場合，相対説では被害者に5割（ともに2割なので過失割合は5：5）の過失相殺が行われるのに対し，絶対説では2割しか相殺しない（浜崎他，1975，22頁）ことになる。ただ，相対説でも対歩行者事故の場合，人身保護を考慮することを否定しておらず（浜崎他，1981，347頁），絶対説も過失の対比を全面的に否定しないため，いずれの立場でも結論として似た解決がなされていた（浜崎他，1975，22頁）。このような背景のもと，初版基準は基本的に相対説の立場に立ち，車対車の事故は過失割合，車対歩行者の事故は過失相殺率を示した（同上，23頁）。その後，過失割合が問題となった事案でも過失相殺率を転用して解決する例も多い等の理由で，第3版基準以降は過失相殺率のみを示すようになった（東京地裁民事第27部（交通部），1997，1頁）。

（3）　別冊判例タイムズ基準（初版）出版前にも複数の試案が示され，初版基準はこれらとの整合性も考慮している。倉田・福永試案（倉田他，1969）は，交通専門部所属の裁判官等の「規範意識を演繹する形で」まとめられ，道交法上の優先権から定まる定型的な基本要素と，結果予防の可能性の有無・程度によって定まる修正要素が示されている。同試案は法改正等を反映し改訂され，紛争解決の実務に浸透したとされる（倉田他，1972）。

　　一方，同試案は修正すべき数値が明確でなく，結果的に基本要素しか考慮されない，あるいは加害者側に有利な修正要素のみが一人歩きしている（本井，1973，13頁）との批判があった。そこで，本井裁判官による試案（本井・中村試案）が示された（本井，1973）。同基準は，「（1）優先通行順位関係，（2）車種の相違による優者危険負担の原則，（3）危険回避の可能性ないし容易性」を支柱に，「（4）人間工学的立場からの，車社会における人間構造の適応性を有するか否か」も検討して作成された。同基準は，発生場所や違反の形態，当事者ごとに詳細な判断基準を示し，該当する複数の要素を合算し全体に対する比率を求めるため，詳細な数値が算出可能という特徴がある。

　　これに対し，本井・中村試案で算出される数値は詳細だが，交通事故事例の定型的処理のためにはある程度単純明快な基準が必要として，京都試案（古崎他，1973）が示された。同試案は上記2つの試案を再検討し，「市街地で，交通量中等程度の舗装道路での交通事故」を基本状況とし，基本と条件が異なる場合は5の単位で修正するとした。

（4）　例えば，基準（232頁）は右折車は「直進車（略）の信号が赤信号になった段階で初めて右折できる」という交通の実情を基本の過失相殺率で考慮している。

（5）　優先権者でも，具体的な通行時に要求される個別的・基本的義務まで免除されるわけ

ではない（倉田他，1969，25頁）。

（6）　事理弁識能力とは，「交通の危険につき弁識」する（藤村他，2014，308頁），すなわち交通の危険を理解する能力であり，8歳程度で認めた判例もある（最高裁昭和39年6月24日判決・最高裁判所民事判例集18巻5号854頁）。

（7）　例えば，直進車が，右折する大型車の側面後方に衝突した場合等を大型車修正の適用場面としている（東京地裁民事交通訴訟研究会，2014，204頁）。

（8）　ある出来事の原因や理由を，自分のまわりにある様々な情報を検討して推論していく過程は帰属過程と呼ばれ（浦，1991，10頁），この過程を理解しようとする研究が帰属研究である（同上，11頁）。

（9）　行為者の行為と結果の間に直接の因果関係がない場合，代位責任が検討され代位責任は，行為者が他者（結果に直接つながる行為を行った者）をコントロールできる立場にいた場合に大きく判断されるという（Shulz他，1991，pp. 263-264）。

（10）　萩原他（1977）は，魅力の高い被害者として「急患の知らせを受け患者宅へ急いでいた」医師，低い被害者として「日頃仲の悪いけんか相手を通りの向こう側に見つけ」た前科のある者としている。

（11）　Awad他（2021）にいうシステムの非難は，システムそのものだけでなく，当該車両を製造したメーカーに対する非難も含めた結果となっている。

（12）　Copp他（2021）は，人のみが運転して事故を起こした場合，人の責任は重く車両メーカーの責任は軽いのに対し，自動運転（人は周辺監視の必要なし）の事故の場合，乗っていた人も車両メーカーも同程度の責任を負わされており，運転の責任の有無を問わず人の方が重い責任を負うことを示した。

（13）　なおCopp他（2021）は，完全な自動運転でも行き先の指定や発進の許可は人がすることから，人のエージェンシーは失われず，自動運転車の動きは人の意識の延長線上にあると解釈される以上，人は直接車の運転をしなくても，何らかの責任を負うと判断される可能性を指摘する。

（14）　逆に，コンピュータより人の判断が重視されるという研究もある。例えば，人は，コンピュータの予報より人による予報を信頼し（Dietvorst他，2015，pp. 114-126），判断者を選べる場合は人に判断を委ねる方を好む（Gogoll他，2018，pp. 97-103）。このように，人とコンピュータいずれの判断が重視されるかについても一貫した結果は得られていない。

（15）　Wayz他（2014）は，自動運転車の前に急に他車が出てきて急停止し，自動運転車が避けられなかった事例をあげる。

（16）　株式会社テクノバ，2017，「平成28年度経済産業省・国土交通省委託事業自動走行の民事上の責任および社会受容性に関する研究報告書」56頁　https://dl.ndl.go.jp/view/download/digidepo_11274064_po_000541.pdf?contentNo=1&alternativeNo=（2022. 10. 9閲覧）。

（17）　デジタル庁AI時代における自動運転車の社会的ルールの在り方サブワーキンググループ構成員提出資料（佐藤構成員），2023，「自動運転にかかる法的責任に関する論点」https://www.digital.go.jp/assets/contents/node/basic_page/field_ref_resources/9caa67c0-7e96-482d-916d-beb99d1a10d7/f55afd45/20240111_meeting_mobility-subworking-group_outline_04.pdf（2024. 1 ,12閲覧）。

（18）　ジレンマ状態で人とシステムが同じ判断をした場合，システムの方が非難されるとされる（Young他，2019，pp. 1 - 7 ）。その理由に関し，人は人間とシステムを異なる存在ととらえており，システムは人間のような「心」を欠き機械的な意思決定を行う（Gray他，

2007, p619；Monroe他，2014，pp. 100-108）という信念をもっているため，ジレンマ状態におけるシステムの判断に対する許容度が低く，より非難に値すると判断されるとする。Malle他（2015，pp. 117-124）もジレンマ状態における判断に関し，人々はロボットと人に異なる道義的規範を適用するため，システムの功利的判断は人より許容され，不作為（大きな犠牲を避けない選択）はより非難されるとする。なお，判断者が新技術に抵抗をもたない属性（情報学等を専攻する学生）の場合，判断者は人とロボットに同じ道義的規範を適用し，責任判断に差が生じない可能性も指摘される（Komatsu, 2016, pp. 456-458）。McManus他は，車両がそのまま走行すると2名の作業員に衝突する場合に，道を逸れてトラックに衝突する（自己犠牲的結果），道を逸れず作業員に衝突する（利己的結果）の選択を迫られるジレンマ状態を想定し，従来型車両の運転者と完全自動運転車に対する非難を比較した。その結果，利己的結果を引き起こした運転者（人）は，自動運転車より大きく非難された（McManus他，2019，pp. 345-352）。この理由として，利己的結果がプログラムされた自動運転車では人が当該結果を変えられないが，手動運転では自ら自己犠牲的結果を選ぶこともできる点があげられている。また，手動運転の運転者は自分自身で意思決定し行動している（agentic）と認識されるが，自動運転についてはこの認識が減少するので非難も少なくなるという理由もあげられている。

(19) 刑事上の緊急避難が成立し刑事責任を負わない場合でも，民事上の損害賠償責任を追う可能性がある。大審院大正3年10月2日判決・大審院刑事判決録20巻1764頁。

参考文献

浅井暢子・唐沢穰，2013，「物語の構築しやすさが刑事事件に関する判断に与える影響」『社会心理学研究』Vol. 28 No. 3。

伊藤滋夫，2002，「民事裁判官の判断の特徴」『判例タイムズ』1011号。

浦光博，1991，「第Ⅰ部第1章　帰属理論」蘭千壽・外山みどり編『帰属過程の心理学』ナカニシヤ出版。

遠藤聡太，2019，「人工知能（AI）搭載機器の安全性確保義務と社会的便益の考慮」『法律時報』91巻4号。

岡本満喜子・神田直弥・石田敏郎，2006，「交通事故事例に関する過失割合の認定基準と大学生の責任判断との相違」『応用心理学研究』Vol. 32 No. 1。

岡本満喜子・中平勝子，2017，「自動車運転の高度支援に伴う社会通念の変化と民事交通訴訟」ヒューマンインターフェース学会論文誌。

奥田太郎・唐沢穰・松村良之，2018，「第Ⅲ部第11章　責任と法意識をめぐる人間科学的考察」唐沢穰・松村良之・奥田太郎編著『責任と法意識の人間科学』勁草書房。

唐沢穰・松村良之・奥田太郎，2018，「はしがき」唐沢穰・松村良之・奥田太郎編著『責任と法意識の人間科学』勁草書房。

河合祐司，2020，「ロボットへの原因と責任の帰属」『日本ロボット学会誌』Vol. 1。

倉田卓次・福永政彦，1969，「自動車事故における過失割合の認定基準（試案）」『判例タイムズ』229号。

倉田卓次・福永政彦，1972，「改正道交法による自動車事故過失割合の認定基準（改訂新稿）」『判例タイムズ』270号。

古賀広志，2022，「AI 人工物に対する意識と個人の心理的態度の関係：日本とスウェーデンにおける個人の意識調査」『情報研究』54巻，33-63頁。

古崎慶長・富川秀秋，1973，「民事交通訴訟における過失割合認定基準—京都試案—」『判例

タイムズ』298号。

佐藤英明，2021，「思考実験と現実のはざま—自動運転車の倫理問題—」『中央学院大学人間・自然論叢』50巻。

シェーバー, K. G.／稲松信雄，生熊譲二訳，1985，『帰属理論入門』誠信書房。

膳場百合子・唐沢穣・後藤伸彦，2018，「第Ⅰ部第1章　社会心理学における責任判断研究」唐沢穣・松村良之・奥田太郎編著『責任と法意識の人間科学』勁草書房，3-36頁。

東京地裁民事交通訴訟研究会，2014，「民事交通訴訟における過失相殺率の認定基準全訂5版」『別冊判例タイムズ38』。

東京地裁民事第27部（交通部）編，1997，「民事交通訴訟における過失相殺率の認定基準平成9年・全訂3版」『別冊判例タイムズ』No. 15。

中川由賀，2017，「自動運転に関するドライバーおよびメーカーの刑事責任」『CHUKYO LAWYER』Vol. 27。

中川由賀，2021，「自動運転移動サービスの継続的な事業化に向けた法的課題」『CHUKYO LAWYER』Vol. 34。

中嶋秀明，2018，『ロボット—それは人類の敵か，味方か』ダイヤモンド社。

日弁連交通事故相談センター，2018，『交通事故損害額算定基準—実務運用と解説—2018』日弁連交通事故相談センター。

日弁連交通事故相談センター東京支部，2019，『民事交通事故訴訟 損害賠償額算定基準2019年版』日弁連交通事故相談センター東京支部。

ハート, H.L.A., オノレ,T／井上祐司，真鍋毅，植田博訳，1991，『法における因果性』九州大学出版会。

ハイダー, F.／大橋正夫訳，1990，『対人関係の心理学』誠信書房。

萩原滋・曽野佐紀子・佐野勝男，1977，「日本人の『対人行動』の実験社会心理学的研究」『組織行動研究』3号。

浜崎恭生・佐々木一彦，1981，「交通損害賠償訴訟における過失相殺運用上の諸問題」有泉亨編『現代損害賠償法講座7』日本評論社，337-369頁。

浜崎恭生・田中康久・佐々木一彦，1975，「民事交通訴訟における過失相殺率等の認定基準」『別冊判例タイムズ』No. 1。

舟本信光，1965，「自動車事故民事責任の構造について」『ジュリスト』323号。

舟本信光，1967，「過失相殺の斟酌の程度—規範化への試み」『ジュリスト』363号。

舟本信光，1969a，「交通事故訴訟における過失相殺適用の基準」鈴木忠一・三ヶ月章監修『実務民事訴訟講座3』日本評論社，253-290頁。

舟本信光，1969b，「過失相殺の割合について—定型化をさぐる—」『ジュリスト』431号。

藤村和夫編，2017a，『交通事故過失割合の研究』日本評論社。

藤村和夫，伊藤文夫，高野真人，森富義明，2017b，『実務交通事故訴訟体系　第2巻責任と保険』ぎょうせい。

藤村和夫・山野嘉朗，2014，『概説交通事故賠償法（第3版）』日本評論社。

松村良之，2018，「第Ⅱ部第6章　責任帰属をめぐる認知」唐沢穣・松村良之・奥田太郎編著『責任と法意識の人間科学』勁草書房。

村山綾・三浦麻子，2015，「非専門家の法的判断に影響を及ぼす要因」『認知科学』Vol. 22 No. 3。

本井巽，1973，「民事交通訴訟における最近の課題（下）—責任の分担関係を中心として—」『判例タイムズ』285号。

諸井克英，1988，「防衛的帰属理論に関する実験的研究―交通事故の当事者に関する責任判断を中心として―」『静岡大学人文学部論集』Vol. 38。

山下昇，1996，「交通事故事例における危険予見性と責任判断」『千葉工業大学研究報告人文編』No. 33。

山田裕子，2001，「法的責任判断過程の社会心理学的分析―認知者の立場の相違が責任判断に与える影響」『北大法学論集』Vol. 52 No. 2。

若林宏輔，2016，『法心理学への応用社会心理学アプローチ』ナカニシヤ出版。

Alicke, M.D., Davis, T.L., Pezzo, M.V., 1994, "A posteriori adjustment of a priori decision criteria." *Social Cognition* Vol. 12.

Arkkelin, D., Oakley, T., Mynatt, C., 1979, "Effects of controllable versus uncontrollable factors on responsibility attributions: A single-subject approach." *Journal of Personality and Social Psychology* Vol. 37.

Awad, E., Levine, S., Weiner, K.M., Dsouza, S., Tenenbaum, J.B., Shariff, A., Bonnefon, J.F., Rahwan, I., 2020, "Drivers are blamed more than their automated cars when both make mistakes." *Nature Human Behaviour* Vol. 4.

Bartneck, C., Suzuki, T., Kanda, T., Nomura, T., 2007, "The influence of people's culture and prior experiences with Aibo on their attitude towards robots." *AI & Society* Vol. 21.

Bigman, Y.E., Waytz, A., Alterovitz, R., Gray, K., 2019, "Holding robots responsible: The elements of machine morality." *Trend in Cognitive Science* Vol. 23 No. 5.

Bright, D.A., Delahuntry, J.G., 2006, "Gruesome evidence and emotion: Anger, blame, and jury decision-making." *Law and Human Behavior* Vol. 30 No. 2.

Chaikin, A.L., Darley, J.M., 1973, "Victim or perpetrator?: Defensive attribution of responsibility and the need for order and justice." *Journal of Personality and Social Psychology* Vol. 25 No. 2.

Copp, C.J., Cabell, J.J., Kemmelmeier, M., 2021, "Plenty of blame to go around: Attributions of responsibility in a fatal autonomous vehicle accident" *Current Psychology* https://doi.org/10.1007/s12144-021-01956-5.

Dietvorst, B.J., Simmons, J.P., Massey, C., 2015, "Algorithm aversion: People erroneously avoid algorithms after seeing them err" *Journal of Experimental Psychology: General* Vol. 144 No. 1.

Dougherty, S., Stowell, J., Richards, A.W., Ellen, P.S., 2018, "Will Automated Trucks Trigger the Blame Game and Socially Amplify Risks?" *Eighth Engaged Management Scholarship Conference* 2018.

Dzindolet, M.T., Pierce, L.G., Beck, H.P., Dawe, L.A., 2002, "The Perceived Utility of Human and Automated Aids in a Visual Detection Task." *Human Factors* Vol. 44 No. 1.

Franklin, M., Awad, E., Lagnado, D., 2021, "Blaming automated vehicles in difficult situations" *iScience* Vol. 24.

Gogoll, J., Uhl, M., 2018, "Rage against the machine: Automation in the moral domain" *Journal of Behavioral and Experimental Economics* Vol. 74.

Gray, H.M., Wegner, D.M., 2007, "Dimensions of Mind Perception" *Sience* Vol. 315.

Harvey, J.H., Harris, B., Barns, R.D., 1975, "Actor-Observer Differences in the Perceptions of Responsibiliyt and Freedom." *Journal of Personality and Social Psychology* Vol. 32.

Hong, J.W., Wang, Y., Lanz, P., 2020, "Why Is Artificial Intelligence Blamed More? Analysis of Faulting Artificial Intelligence for Self-Driving Car Accidents in Experimental Settings" *International Journal of Human-Computer Interaction* Vol. 36.

Komatsu, T., 2016, "Japanese students apply same moral norms to humans and robot agents" *11th ACM/IEEE International Conference on Human-Robot Interaction (HRI)*.

Kominsky, J.F., Phillips, J., Gerstenberg, T., Lagnado, D., Knobe, J., 2015, "Causal superseding." *Cognition* Vol. 137.

Lerner, M.J., 1980, "The belief in a just world; A fundamental delusion" *Plenum Press* 1980.

Liu, P., Du, Y., 2021, "Blame attribution asymmetry in human-automation cooperation." *Risk Analysis* Vol. 42.

Liu, P., Yang, R., Xu, Z., 2019, "How safe is safe enough for self-driving vehicles?" *Risk Analysis* Vol. 39 No. 2 .

Logg, J.M., Minson, J.A., Moore, D.A., 2019, "Algorithmappreciation: Peoplepreferalgorithmi ctohumanjudgment." *Organizational Behavior and Human Decision Processes* Vol. 151.

Madhavan, P., Wiegmann, D.A., 2007, "Similarities and differencesbetween human-human and human-automation trust: An integrative review." *Theoretical Issues in Ergonomics Science* Vol. 8 No. 4.

Malle, B.F., Scheutz, M., Arnold, T., Voiklis, J., Cusimano, C., 2015, "Sacrifice one for the good of many? People apply different moral norms to human and robot agent" *Proceedings of the tenth annual ACM/IEEE international conference on human-robot interaction, HRJ' 15.*

McManus, R.M., Rutchick, A.M., 2019, "Autonomous Vehicles and the Attribution of Moral Reponsibility." *Social Psychological and Personality Science* Vol. 10 No. 3.

Monroe, A.E., Malle, B.F., 2017, "Two paths to blame: intentionality directs moral information processing along two distinct tracks." *Journal of Experimental Psychology* Vol. 146.

Monroe, A.E., Dillon, K.D., Malle, B.F., 2014, "Bringing free will down to Earth: People's psychological concept of free will and its role in moral judgment" *Consciousness and Cognition* Vol. 27,

Nass, C., Moon, Y., 2000, "Machines and mindlessness: social responses to computers." *Journal of social issues* Vol. 56 No. 1.

Nees, M.A., 2019, "Safer than the average human driver (who is less safe than me) ? Examining a popular safety benchmark for self-driving cars." *Journal of Safety Research* Vol. 69.

Nomura, T., 2017, "Cultural differences in social acceptance of robots" *2017 26th IEEE International Symposium on Robot and Human Interactive Communication (RO-MAN)*.

Phares, E.J., Wilson, K.G., 1972, "Responsibility attribution: Role of outcome severity, stuiational ambiguity, and internal-external control." *Journal of Personality* Vol. 4 No. 3.

Pöllänen, E.G., Read, J.M., Lane, B.R., Thompson, J., Salmon, P.M., 2020, "Who is to blame for crashes involving autonomous vehicles? Exploring blame attribution across the road transport system." *Ergonomics* Vol. 63.

Prahl, A., Swol, L.V., 2017, "Understanding algorithm aversion: When is advice from automation discounted?" *Jornal of Forecasting* Vol. 36.

Ratan, R., 2019, "Cars and Contemporary Communication¦ When Automobiles are Avacars:

A Self-Other-Utility Approach to Cars and Avatars." *International Journal of Communication* Vol. 13.

Shariff, A., Bonnefon, J.F., Rahwan, I., 2017, "Psychological roadblocks to the adoption of self-driving vehicles." *Nature Human Behaviour* Vol. 1.

Shaver, K.G., 1970, "Deffensive attribution." *Journal of Personality and Social Psychology* Vol. 14 No 2.

Shladover, S.E., Nowakowski, C., 2019, "Regulatory challenges for road vehicle automation: Lessons from California experience." *Transportation Research Part A: Policy and Practice* 122.

Shulz, T.R., Darley, J.M., 1991, "An information-processing model of retributive moral judgments based on "leagal reasoning." Kurtines,W.M., Gewirtz, J.L., *Handbook of moral behavior and development* Vol. 2, pp. 247-278. Lawrence Erlbaum.

Sundar, S.S., Kim, J., 2019, "Machine Heuristic: When We Trust Computers More than Humans with Our Personal Information." *Proceedings of the 2019 CHI Conference on human factors in computing systems.*

Thomson,J.J., 1985, "The Trolley Problem" *The Yale Law Journal* 94.

Walster, E., 1966, "Assigment of responsibility for an accident." *Journal of Personality and social Psycholigy* Vol. 3 No. 1.

Wan, Z., Shen, J., Chusng, J., Xia, X., Garcia, J., Ma, J., Chen, Q.A., 2022, "Too afraid to drive: Systematic discovery of semantic DoS vulnerability in autonomous driving planning under physical-world attacks." *the Proceedings of the network and distributed system security symposium.*

Wayz, A., Heafner, J., Epley, N., 2014, "The Mind in the machine: Anthropomorphism increases trust in an autonomous vehicle." *Journal of Experimental Social Psychology* Vol. 52.

Weninger, R.A., 1994, "Jury Sentencing in Noncapital Cases: A Case Study of El Paso County, Texas." *Journal of urban and contemporary law* Vol. 45.

Young, A,D., Monroe, A,E., 2019, "Autonomous morals: Inferences of mind predict acceptance of AI behavior in sacrificial moral dilemmas" *Journal of Experimental Social Psychology* Vol. 85.

Zhang, Q., Wallbridge, C.D., Jones, D.M., 2021, "The blame game: Double Standrads apply to autonomous vehicle accidents." *International Conference on Applied Human Factors and Ergonomics, AHFE 2021: Advances in Human Aspects of Transportation.*

第5章

運転の自動化に伴う民事責任上の論点

|||||||||||||||||||||||||||||||||||||||||||||||||||||||||||||||||||||||||||||||||||||||||||||||||||||||

第1節　自動運転にまつわる法制度の現在と今後

　自動運転に関しては事故発生時の責任の所在が不明確であることが不安視されており（鈴木他，2023，71-76頁），ビジネスとして展開する上でも法制度の整備は急務とされる（坂井他，2018，19-24頁）。事故発生時の責任制度に関し，国土交通省は当面，レベル0からレベル4の車両が混在する状況下では従来の運行供用者責任を維持しつつ，保険会社等による自動車メーカー等に対する求償権行使の実効性確保のための仕組みを検討するとしている[1]。そして，サブWG報告書は，前述の国土交通省報告書をふまえ，被害が発生した場合における補償のあり方に関し，「運行供用者の考え方，被害者補償の在り方等の点を含め，自賠法における損害賠償責任に関」する検討を行うとする[2]。そこで，本章では自動運転に関わる民事責任の姿を検討する前提として，自動運転の高度化が進む中で現在の法制度，特に運行供用者責任を維持する場合の論点と課題及びそれに対し示される対応策，また新たな責任制度に関連してこれまで国等が示した案について整理しておきたい。

第2節　運行供用者責任と自動運転の高度化に伴う論点

（1）自賠法の「自動車」と「運行」

　まず，運行供用者責任に関し指摘される論点を整理しておきたい。自賠法の「自動車」は車両法に定められる自動車等であり，車両法は人が直接運転することを要件としないので，自動運転車も自動車に当たる（藤田，2018a，133頁；近内，2016，1611頁）。また，自動運行装置によって自動車を走行させることも

95

自賠法の「運行」に含まれるとされる（藤田，2018a，134頁）。

（2）運行供用者は誰か

1）レベル3までの自動運転車等

レベル1・2の運転支援機能は運転者の補助に止まり，運転は運転者が自ら行うことが前提である。このため，これらの機能は「自賠法が想定している基本的な状況を大きく変えるものではな」く（窪田，2020，21頁）従来どおりの解釈が妥当し，所有者が運転していた場合は同人が運行供用者となる。所有者以外が運転していた場合は，第3章第3節（2）2）で述べたように判断される。

レベル3は運転自動化レベルの定義によれば限定領域ではシステムが運転の主体となるが，限定領域外になるか，システムの作動継続が困難なときにシステムからの介入要求があれば運転者が応え，運転を引き継ぐ。このようにレベル3は人の運転への関与の度合いが比較的大きいため，栗田（2019，30頁），藤田（2018a，134頁）が指摘するように，レベル1レベル2と同様に運行供用者性が判断されると思われる。

2）レベル4以上の自動運転車

レベル4以上の自動運転ではシステムが運転主体であり，人は直接車の運転を行わない。この場合，乗っている人（搭乗者）は運行供用者であろうか。運行供用者として運行支配と運行利益が帰属する者を観念できれば運行供用者責任は機能するとされ（窪田，2020，22頁），また，前述のように国土交通省もレベル4に関し運行供用者が存在する前提で議論を行っている。ただ，自動化が進み人の運転への関わりが減少することが予想される中で，搭乗者の運行支配が認められるか問題視されてきた。道交法で認められた特定自動運行は事業者による運営が想定されているが，本書は一般人の責任感覚をテーマとするため，一般人にとって身近で状況を想定しやすいと思われる一般ユーザーが自動運転車を自家用車として使用している場面を前提に，この点を整理しておきたい。

まず，藤田友敬は，他人の運転と自動運転システムによる運転制御をパラレルにとらえ，所有者が「車両の運行を指示・制御すべき立場[3]にあれば，たとえ他人が車両を運転する場合であっても」運行支配が認められるので，これと同様に自動運転車を走行させる者に運行支配が認められるとする（藤田，2018a，

134頁）。この点に関し，「他人の運転と自動運転システムによる運転制御には看過しがたい相違がある」として，他人の運転と同様の判断基準を適用することに疑問を示す見解もある（栗田，2019，30-31頁）。栗田昌裕は，運転するのが他人なら所有者は選任監督の機会があるのに対しシステムはその余地がないとする。しかし，所有者は使用する自動運転車を選択できるし，ルート等の選択を通じたシステムへの監督は可能と思われる。また，自動車の便益を受けるのに他人の運転を容認する必要はないが，自動運転はシステムの運転制御を容認するしかない違いも指摘される（同上）。ただ，運行支配で重要なのは規範的な所有者の指示・制御の可能性であって，他人に運転を委ねることの選択の可否は本質ではないと思われる。このため，運行支配の判断に当たり，他人の運転と自動運転システムの運転を区別してとらえる必要はないと考える。

　このように考えると，自動運転車の搭乗者の運行支配に関しても，第3章第3節（2）2）で示したように「規範的」にとらえられ（北河他，2017，23頁），「希薄化」（藤村他，2014，119頁）していることを前提に検討されることになろう。例えば，レベル4でも，自動運転は高速道路限定で，高速道路の乗り降りや一般道では人の運転が必須であるような場合は運行支配を認めやすい。限定領域が広がっても，システムの起動や目的地選択，緊急時対応，オーバーライド機能（自動運転中，人が望むタイミングで人が運転を交替する[4]）等により，搭乗者が運行に関与する余地がある場合，運行支配が認められると思われる[5]。

　一方，運転が所有者の手を離れて間接的にも制御する余地がない場合[6]は，運転支配を認めることが困難となると思われる。例えば，自動運転車の運行は路上インフラや他の自動車等との通信により制限され，道路に設置された磁気マーカー上のみ走行するようになる等搭乗者の自由度がない場合は，路面電車やトロリーバスに近い存在として運行支配が認められない可能性が指摘される（肥塚，2020，24-25頁）。実質的にも，自動化が上記レベルに至れば高齢者や幼児等の交通弱者が単独で利用する可能性もあるが，このような搭乗者を運行供用者とすることは適切でないであろう。このように人が車両を指示・制御等する余地がない場合は，現在とは異なる制度設計が必要となると指摘される（栗田，2019，33頁）。

　なお，運行利益の内容は抽象的にとらえられており，最高裁は無断運転の場

合でも，「運行を全体として客観的に観察」し所有者に運行利益を認めている[7]。自動運転車の搭乗者は少なくとも移動の利益を得ているので，運行利益は認められる（栗田，2019，31頁；近内，2016，1612頁）。

（3）運行供用者及び運転者の無過失

1）運転への注意義務

運行供用者責任の免責要件として，「運行供用者および運転者ともに過失がない」ことが必要である（北河他，2017，62頁）。

まず，レベル1及びレベル2に関し，同レベルの車両の運転主体は運転者であり，運転支援は運転者の補助と位置づけられるため，原則として従来型車両と同様の枠組みで運転者の過失を判断できる[8]（栗田，2019，28頁）。つまり，運転支援機能が作動しなくても，運転者が事故を予見し回避できた以上運転者に過失があり責任を免れない（藤田，2018a，144頁）が，予見不可能な状況で事故が発生した場合，過失は認めらないとされる（栗田，2019，28頁）。運転支援機能の誤作動は，不作動より運転者にとって予見不能であることが多いと思われるため，過失の有無は慎重に判断する必要があるだろう。また，自動車メーカーの宣伝や販売店の説明に不備があり，運転者が自車の運転支援機能を誤解していても，運転者は自車の基本的な機能を理解しておくべきであり，事故を予見回避できたのであれば過失の判断には影響がないとされる[9]（藤田，2018a，144頁）。

レベル3の場合，自動運転時はシステムが運転主体になる。ただ，道交法71条の4の2第1項は，運転者に自動運転中でも整備不良，または使用条件を満たさなくなったことを直ちに認知し確実に操作することを求めており，運転者はこれらの状態に陥ったことを直ちに「『認知し，確実に操作することができる状態』を保つ義務」を負うとされる（中川，2020，18頁）。このため，運転者が警告に応じて運転を交替しない，あるいは警告がなくても警告を認知できる程度の注意をしていれば当然認知できる異常を認識せず，異常を認識しても漫然放置し事故が起きた場合は過失を問われうる[10]（同上，21頁）。一方で，運転者が「警告を認知することができる注意を払い，直ちに操作の引継ぎが可能な態勢をとっていた状況下において，警告が発せられ，直ちに操作を引き継いだにもかかわらず，引継ぎの最中に事故や違反が発生した場合」，運転者の過失を

問うのは難しいとされる（同上）。なお，運転者が警告に応じなければMRMが作動し車両を安全に停止させるが，同レベルのMRMはあくまで「次善の策であり」，運転者が「過信することは許され」ず，「その過信が故に過失責任を免れることはない」とされる（同上，23頁）。運転者が介入要求に応じ，人の運転に移行した後は，作動する機能に応じて運転者の過失が判断される（栗田，2019, 29頁）。

レベル4以上の自動運転では，緊急時の対応を含めて運転を全てシステムが行い，人は運転に関わらないので搭乗者の過失は基本的に否定される[11]（栗田，2019, 29頁；中川，2019, 19-20頁；藤田，2018a, 137頁）。なお，レベル4の自動運転は限定領域内に限られ，領域外では人が運転する。ただ，2022年の道交法改正で認められたレベル4の自動運転は，整備不良や使用条件を満たさないときはシステムが直ちに安全な方法で自動車を停止する（道交法2条1項17号）ため，レベル3と異なり，人（搭乗者）は運転交替の警告や異常を認知し確実に対応できる状態を保つ義務や，警告に適切に応える義務はないとされる（中川，2019, 20頁）。限定領域外で，あるいは任意に人が運転する場合，機能する運転支援のレベルに応じて運転者の過失が判断されることとされる（同上）。なお，特定自動運行中の道交法上の義務違反の場合の取り扱いは必ずしも明確ではないことが指摘されており（佐藤，2022, 60頁），今後の議論が待たれる。

2）点検整備義務

自動運転車等の場合，車両だけでなく自動運行装置の点検整備，例えば自動運転に用いられるソフトウエア等を適切にアップデートすることも点検整備として必要となることが指摘される（藤田，2018a, 138頁）。このため，ユーザーが必要なアップデートをしなかったためシステムに不具合が生じたのであれば，ユーザーの点検整備義務違反が問題となりうる。サブWG報告書では，自動運転車が保安基準等に適合するようソフトウエアをアップデートする仕組みを検討し2025年度にかけてとりまとめるとしている。

（4）被害者または運転者以外の第三者の故意・過失

第三者の故意に関し，コネクテッドカー（「インターネット接続機能を備え，外部と無線で情報を送受信できる自動車」〔今村，2017, 1頁〕）には，外部からネット

ワークを通じて第三者がシステムをハッキングする危険が指摘される（浦川，2017，36頁）。この危険は外部と通信する機能があれば自動運転車でなくても存在するが，車両がハッキングされ，運転を乗っ取られて事故が発生した場合，第三者に故意がある場合に該当するとされている（桑田他，2017，219-220頁；栗田，2019，31頁）。

（5）自動車の構造上の欠陥・機能の障害

　自動車の欠陥・障害の有無は，車両と自動運転システム両方について問題となりうることが指摘される（栗田，2019，31頁）。レベル4以上で自動運転車に運転を委ねるようになると，自動車の「構造上の欠陥・機能の障害の有無が，運行供用者責任の決め手とな」る（藤田，2018a，138-139頁）。藤田友敬は，自動運転中は「自動運転装置だけによって安全な運行が確保できていなければなら」ないので，自動運転中にシステムによる制御が「功を奏することなく事故につながった場合」は，車両に欠陥・障害があるとする（同上，138-139頁）。

第3節　製造物責任と自動運転に関する論点

（1）製造物と自動運転

　第3章第5節（2）2）で述べたように，ソフトウエアを組み込んだ自動車が事故を起こした場合，自動車等メーカーの製造物責任が問われうる。しかし，ソフトウエアやデータ等無体物は製造物には該当しないので，これらを取り扱う者は製造物責任法の対象外となる[(12)]（新添，2023，32頁）。自動運転車の開発製造は，従来の自動車メーカー系列会社からの部品調達に留まらず，IT企業やスタートアップ企業等様々な業界と連携し最終製品が成り立っている（同上）ため，無体物の提供者が基本的に製造物責任の対象とならない現在の制度には課題があると思われる。

（2）設計・製造上の欠陥について

1）消費者期待基準と危険効用基準

　自動運転車等の欠陥に関しては，消費者期待基準と危険効用基準に対応する

第 5 章　運転の自動化に伴う民事責任上の論点

形で議論が行われている[13]（舩見，2021，182頁；山口，2019，55頁）。消費者期待基準では，自動運転が「平均的運転者よりも安全な運転行動を満たすか」が基準とされる（浦川，2017，34頁）。具体的には，事故の「予見能力と回避能力において，平均的な自然人である運転者を基準に自動運転車の反応時間の優劣を比較する」方法であり（同上），一般的な運転者より自動運転車のブレーキ操作等が遅ければ欠陥があることになる（舩見，2021，182頁）。このように解釈すれば，裁判実務で形成された過失の判断基準を援用でき，「欠陥」判断の明確化と証明の困難さを緩和できる利点があることが指摘される（栗田，2019，32頁）。しかし，このように考えると，自動運転によって全体的な事故の発生確率や損害額は軽減できたとしても，まれに事故につながる誤作動・不作動（窪田，2018，175頁）を起こすリスク，「急加速して歩道に進入」するなど「『平均的自然人である運転者』にはあり得ない態様の事故」を起こすリスクがあれば，欠陥車として「設計の変更や市場からの排除を求める」ことになり，事故削減効果が適切に評価できない点への疑問が指摘される（栗田，2019，32頁；窪田，2018，175-176頁）。

　他方，危険効用基準の立場に立てば，事故削減等の効果が上記のリスクを上回る場合は欠陥がないとされる可能性がある（藤田，2017，29頁）。ただ，危険効用基準では一般に「製品使用者の全体が平均的に受ける危険と効用」を衡量する（土庫，2018，90頁）が，自動運転で衡量の対象となっているのは，まれに発生する個々の事故リスクと社会全体での効用（事故削減，移動手段の確保，労働力不足解消等）であり，この効用に重きを置くことで製造物責任が成立しない領域が広く生じる可能性が指摘される（舩見，2021，183頁）。さらに，今後の発展を強調することで，「現在における個別の重大な被害を，社会が容認してしまうおそれ」も指摘される（山口，2019，58頁）。

　このような指摘を受け，「自動運転車の事故を製造物責任の枠内で取り扱うことが適合的であるのかを再検討すべき」（栗田，2019，32頁），「新たな乗り物としての安全性を考え」るべき（山口，2019，59頁）という指摘もある。

2）運転支援車の欠陥に関わる論点

　運転支援機能の不作動により事故が生じた場合，同機能は運転者の補助にすぎないため，それ以外の車両機能に問題がないなら機能的には従来型車両と変

わらないのだから，運転者がブレーキ操作等により事故を回避できた以上，通常有すべき安全性を欠くといえないのではないかという指摘もある（窪田, 2018, 172頁）。窪田充見が指摘するように，公道上の車両の大半が運転支援機能のない車両なら，より高い安全性を有する同機能（例えば衝突被害軽減ブレーキ）を備えた車両において，同ブレーキが正常に作動しなかったことが通常有すべき安全性の欠如という評価につながるのかという疑問は生じうる（同上, 173頁）。しかし，新車の100％近くに衝突被害軽減ブレーキが装着される等急速に普及が進み，自動車メーカーが運転支援機能がある安全な自動車として販売し，消費者もその旨認識して購入・使用しているという実態のもとでは欠陥と認められる余地はあるのではないだろうか。なお，運転支援機能が運転者の補助に留まらず，一定の場面では同機能の操作に依存してよいレベルになり，その不作動のために事故が起きた場合は「ブレーキが正常に作動しない自動車としての評価が可能であり」，自動車として欠陥が認められるとされる（同上, 174頁）。

　また，依存できるレベルでなくても，誤作動（例えば衝突被害軽減ブレーキが誤って急ブレーキをかける）により事故が生じた場合は，当該機能自体の欠陥として評価できるとされる（同上, 174頁）。

（3）指示・警告上の欠陥について

　自動車メーカーは，システムに不具合が生じる可能性や仕様を指示警告していれば，欠陥がないと主張できるかという問題が指摘される（山口, 2019, 55頁）。運転支援車の場合，メーカーは不具合や仕様による危険性を評価し，「それを取扱説明書等により，適切に明示することにより，一定程度製造物責任のリスクをコントロールすることができる」とされる（近内, 2016, 1613頁）。例えば，衝突被害軽減ブレーキが検知しにくい特性の障害物があり，そのために同ブレーキが機能しなかったとして，そのことが取扱説明書等に記載され，運転者の制御で障害物への衝突の「危険を回避することに向けられたものだと評価でき」れば，システムとしては欠陥がないことになりうる（窪田, 2018, 179頁）。ただ，システムの誤作動で予期できない急ブレーキがかかった場合のように，ドライバーによる回避可能性が乏しい事態が発生したときは，取扱説明書に誤作動等の可能性が記載されていても欠陥として評価されるとされる（同上，

第5章　運転の自動化に伴う民事責任上の論点

179-180頁）。

　自動運転車の場合，メーカーはユーザーにメンテナンスの必要性や車両の使用方法について指示・警告を行う必要はある。ただ，自動運転開始後は「自動運転装置だけで安全な運行が確保できていなければなら」ないとされる（藤田，2018a，138-139頁）。なお，メーカーのオーナーに対する警告等のあり方はサブWG等で検討が進められており，ガイドライン等で方向性等が示されると思われる。

（4）欠陥の判断時期

　欠陥の有無は，メーカーが車両を引き渡した時点で判断される（消費者庁，2018，59頁）。しかし，自動運転車に用いられるソフトウエアは頻繁にバージョン・アップが行われることが想定されるため，欠陥判断の基準時は「最終バージョンアップ時」とすべきという見解もある（浦川，2017，35頁）。ただこのように解すると，アップデートが継続的に行われた場合に「最終」がいつかという問題が生じ，欠陥の判断が困難となる可能性がある。大綱は引渡時が基準となるとしつつ，アップデートに係る問題は技術動向を踏まえた継続的課題と指摘しており，今後方向性が示されると思われる。

第4節　運行供用者責任制度を維持する場合の課題

（1）運行供用者責任制度を維持する場合の課題の整理

　運行供用者責任制度を維持すれば，現行の法制度を基本的に維持するため社会的な混乱は少なく，また，被害者は従来どおり運行供用者責任を問えるので「被害者救済のレベルはほぼ維持され」，「賠償資力を確保するための強制保険制度をそのまま維持」できる点がメリットとされる（藤田，2018b，277頁）。

　一方，主な課題として，運行供用者への責任の集中（藤田，2018b，278-280頁），二重の手続が必要になることに伴う社会的費用の増大（同上），所有者（保険会社）とメーカーとの負担割合の決定が困難（窪田，2018，192頁），「対物事故についてのみ被害者救済が後退する」懸念（池田，2018，258頁）が指摘される。

103

（２）運行供用者への責任の集中

　1）運行供用者が一次的責任を負うことへの理解

　自動運転が高度化し，システムの問題で事故が起きた場合でも搭乗者（所有者）は運行供用者として一次的責任を負い，同人の保険で被害者に賠償することになる。仮に保険を使えば翌年以降の保険料が上昇する保険商品だとすると，所有者に落ち度がなくても負担増につながる。このように，自分が関わらない事故の一次的責任を問われることに納得が得られるかが課題となるであろう。

　2）運行供用者への敗訴リスクの集中

　運行供用者への責任集中に関し，藤田友敬は次のように指摘する。すなわち，運行供用者は被害者との関係では無過失等の立証責任を負い，敗訴リスクがある。一方，運行供用者が自動車メーカーに求償するときは製造物責任に基づいて行うことになり欠陥の立証責任を負うため，やはり敗訴リスクがある。そして，自動運転システムの欠陥は，欠陥概念の複雑さや技術の高度さ故に立証が困難である。[14]これでは，運行供用者が「自己のコントロールできない自動運転システムの欠陥に関するリスクを最終的に」負わされることになり（藤田，2018b，278-280頁），「運行供用者の責任が過酷に過ぎるという感覚」を生じさせるおそれが指摘される（戸嶋，2016，51頁）。そしてその反面，自動車メーカーは，逆に本来負担すべきリスクを負わないことになるので，安全な車作りというインセンティブが働かないことも危惧される（藤田，2018b，278-279頁）。

　そこで，国土交通省は，運行供用者の保険会社から自動車メーカーに対する求償の実効性確保のため，イベント・データ・レコーダー（EDR）等事故原因の解析装置の設置と情報を読み取れる環境の整備の他，求償のための保険会社と自動車メーカー等の協力体制の構築，事故原因の調査体制の整備等の仕組みを検討するとしており，[15]サブWGでも議論が行われた。国土交通省が示す仕組みの課題については，第10章，終章で検討したい。

（３）紛争解決に二重の手続きが必要となる負担の増大

　運行供用者責任制度を維持する場合，1つの交通事故について運行供用者（保険会社）から被害者への賠償と，運行供用者（保険会社）からメーカーへの求償という最低でも2つの手続が必要になり，紛争解決にかかる費用や時間，労力

が増大することが指摘される（藤田，2018b，278-280頁）。このような交渉上の負担増加が，長い目で見ると保険料等の形でユーザー側の負担としてはね返ってくる可能性もある。[16]

（4）運行供用者とメーカーの負担割合の決定

運行供用者がメーカーに求償するとした場合，両者の負担割合をどのように決するかが困難という問題も残る（窪田，2018，192頁）。特に，レベル3までは運転者が運転に関与するので，両者の責任分担の問題が生じることは避けられないであろう。レベル4以上で搭乗者の過失が観念できない場合，運行供用者は自動車メーカーへ全額求償可能とするのか，運行利益を受けている以上求償には一定の制約をかけるべきかという問題も指摘される（同上）。

（5）対物事故の被害者救済に関する課題

被害者の物的損害には運行供用者責任が適用されない。このため被害者は不法行為責任や製造物責任を追及することになる。

運転者の不法行為責任を追及する場合，被害者は過失の立証責任を負う。従来，運転者の過失や過失割合は，事故の形態や道路環境など「外形的事実から定型的に判断することが可能」であった（池田，2018，269頁）。しかし，自動運転中（レベル4以上），運転について搭乗者に過失はなく不法行為責任を問うことはできないため，[17]被害者はメーカーの不法行為責任あるいは製造物責任を問うことになる。しかし，自動運転技術の知識を持たない被害者が，メーカーの結果予見・回避可能性やシステムの欠陥を立証することは困難であり，それ故に救済を受けられないことになりかねない。自動運転の高度化に伴い，責任負担者の特定に時間を要し紛争が長期化する問題が指摘される（池田，2018，255頁）が，自動運転技術が紛争解決に与える影響は，運行供用者責任で一定の補償が受けられる人的損害に比べ，物的損害についてより大きくなりうる（同上，258頁）。池田裕輔は，このように「対物事故についてのみ被害者救済が後退」しかねないことについて当事者の理解を得られにくい懸念を示している（同上）。

第5節　新たな責任制度に関しこれまで示された案

（1）自賠責保険料の負担者にメーカーを追加する案

　運行供用者制度を現在のまま維持するとした場合，第4節で述べた課題が指摘される。そこで，これまでの議論の中で示された主な制度修正の方向性と課題を整理しておきたい。

　まず，国土交通省は従来の運行供用者責任を維持しつつ，新たに自動車メーカーに自賠責保険料として一定の負担を求める考え方を示した。[18]この考え方のメリットとして，既存の責任制度をそのまま維持でき（藤田，2018b，285頁），またメーカーが保険料を拠出するのでメーカーへの求償が不要になり，求償コストの増大を防げる[19]上，運行供用者の保険会社による「肩代わり」の構図は是正でき，「社会からの納得感も増す」とされる（舩見，2021，197頁）。さらに，「自動車メーカーには保険料を抑えようというインセンティブが働き」，より安全な自動車が作られることにつながると指摘される（落合，2018，22頁）。

　しかし，自賠責の限度額が現行のままであれば，これらの問題解決は部分的なものに留まる（藤田，2018b，286頁）。仮に限度額を引き上げて人身損害に関し実損害の全てを填補できる制度とすれば，紛争処理コストは軽減される（窪田，2018，193頁）が，制度の大きな見直しを迫られ，現行の制度を極力維持し社会の混乱を避けるというメリットを生かしにくいと考えられる。また，運行供用者と自動車メーカーの保険料の負担割合の決定や，自動車メーカーから確実に保険料徴収を行う仕組みの構築といった問題も生じる。[20]

（2）システム供用者責任の創設

　国土交通省は，自動運転システム利用中の事故について，新たに「システム供用者責任」を設ける案も示した。[21]同案によると，システム供用者責任ではシステムの欠陥の証明責任が転換され，欠陥の不存在を自動車メーカーが証明する必要がある。また，運行供用者責任とシステム供用者責任は不真正連帯債務の関係に立ち，被害者は運行供用者とシステム供用者両者に損害賠償を追及できる。但し，完全な自動運転の車両システムの欠陥による事故については，運

第5章 運転の自動化に伴う民事責任上の論点

行供用者の免責を認めるべきとされる。これにより，被害者は容易かつ直接的にメーカーの責任追及ができ，また二重の手続を要しないので事故の解決に係る社会的コストの問題を回避できるとされる（藤田，2018b，283頁）。また，自動運転時の事故の責任をメーカーに集中させるので運行供用者への責任集中の問題を回避し（同上），メーカーに安全な車を作るインセンティブを与えることも可能とされる（落合，2018，26頁）。

しかし，本制度のもとでは自動車メーカーは事実上の無過失責任を負い，責任が過大となるおそれがある。このため，自動車メーカーが重い責任追及を回避するため，「あえて自動化のレベルを落とした自動運転車を製造する」など開発・普及の停滞（藤田，2018b，284頁）や国際競争力の低下も懸念される（落合，2018，26頁）。法的にも，様々な製造物が存在する中で，自動運転車のみこのような重い責任を課すことの合理的な説明が困難という指摘もある。加えて，メーカーの負担が増えた分車両価格等に転嫁され，結局はユーザーの負担が増える可能性もある。

被害者の立場でみると，加害車両が完全な自動運転の場合はメーカーに対するシステム供用者責任のみ，そうでなければ同責任と運行供用者責任の両方を追及することになるが，加害車両の自動化レベルによって損害賠償請求の相手方や法律構成が異なることは，「制度設計上望ましいものとはいえない」との指摘もある（窪田，2018，190-191頁）。実質的にも，被害者に相手方や請求の根拠を調査・選択する負担を課すことになり，紛争解決の複雑化，長期化を招くおそれもある。

さらに，完全な自動運転に至らないレベルで人の落ち度とシステムの問題が競合して事故が起きた場合，やはり求償の問題が生じ，運行供用者と自動車メーカーの負担割合の算定方法が問題となる。加えて制度上，自動運転車とそれ以外の自動車で適用する制度が異なると自賠責保険制度の運用上混乱が生じるおそれや，メーカーの賠償資力をどのように確保するかという課題が指摘される（藤田，2018b，284頁）。

（3）EUの製造物責任指令とAI責任指令に関わる動き

近年，欧州ではデジタル社会に適合した責任規則の必要性に鑑み，製造物責

任指令において製品の範囲をAIやソフトウエアにも拡大し，製造業者が製品を市場に出した時点以降のアップデート等により発生した欠陥についても，市販後10年間（被害が現れるのに時間がかかる場合は15年間）責任を負うとする動きがある。[27] また，被害者の立証の困難性を緩和し，「損害賠償請求を行使しやすくするために提案されているのがAI責任指令案である」（新添，2023，35頁）。AI責任指令ではハイリスクAIシステムに関し，裁判所は被害者が請求を維持するために必要な範囲で，システムの提供者等に証拠の開示や保全を命じることができ，また一定の条件を満たせば被告の過失とAIのアウトプット等との間の因果関係を推定する規定を設ける動きもある。[28] このような形で，AI責任指令は「これまで被害者側にあった立証責任を，実質的に製造者側に転換しようとしている」旨指摘される（新添，2023，35頁）。自動運転に限らず，AI等という広い視点から製造物責任を抜本的に見直そうとするEUの動きは，第5節で示した自動運転と民事責任の課題に「一石を投じるもので，EUでビジネスを展開する」企業にも「当然影響が及ぶ」ものであり（同上，20頁），今後の民事責任のあり方を考える上でも看過できない動きといえよう。

第6節　制度検討上の課題

　自動運転技術の社会受容に関し，自動運転に対するリスク認知や移動の利便性等のベネフィット認知（唐沢，2020，55頁），自動運転技術や企業・行政への信頼感（川嶋他，2018，11頁）が自動運転車の利用意図や賛否の意識に影響を与えることが示されているように，自動運転の社会受容は主に利活用の促進の点に焦点を当てて研究が行われてきたと思われる。一方，一般人は事故発生時の法的責任のあり方（宮木，2018，39頁）や責任の所在の不明確さ（唐沢，2020，52-56頁）に不安を持つことも示されているが，責任制度のあり方自体に焦点を当てて一般人の意識を探った研究は多くない。責任制度の検討上，既存の法制度との一貫性・統一性に配慮する必要があるが，[29] 同時に当該制度が一般人にとって理解・納得が得られるものであることも重要と思われる。そこで本研究は，自動化に伴い変容を迫られる法制度のうち，一般人の意識が特に関わると思われる論点をピックアップして責任のあり方に関する感覚を探り，消費者ひいて

第 5 章　運転の自動化に伴う民事責任上の論点

は社会が受け入れやすい民事責任のあり方を検討したい。

　この点に関し，当面は運行供用者責任制度が維持されるとして，高度な自動運転車の普及が進み人の運転への関わりが減少する過程で，運行供用者が一次的責任を負うという仕組みが社会に受け入れられるか課題となると考えられる。この点，池田裕輔は，自分に法的な責任がなくても約65％の回答者が自分の加入する保険を利用して填補に応じるとする東京海上日動火災保険のアンケート調査結果から，「法律上の損害賠償責任の有無にかかわらず，被保険者が費用負担することが妥当であるとの社会通念」が存在するとしている（池田，2018，265-266頁）。しかし，逆に言えば約35％の回答者は異なる意向であることがうかがえる。また，同調査の実施は2016年であるが，それ以降に自動運転を取り巻く情勢は大きく変化しており，人々の意識も変化している可能性がある。

　心理学の視点でみると，人の行為と結果との因果性が少なくなれば，非難や責任の帰属も小さくなるとされる（Shulz他，1991，p.247-278）。自動運転では，人は運転に関わらないので人の行為と結果との因果性はなく，このような人に事故の一次的責任を負わせることには違和感がもたれやすく，制度として受け入れにくくなる可能性がある。また，運転に関わらない搭乗者に運行供用者責任を問うことは，自動運転システムという「他者」が起こした事故の責任を代わって負う状況（代位責任）ともいいうる。Shulz他（1991，p.263）によると，代位責任を問われるのは，その者が他者に対し社会的に優越した地位（目上の立場等）にある場合や他者を制御できた場合だが，自動運転の場合はいずれもあてはまらない。さらに，組織の管理層のように結果の発生に直接関与しない者の責任を「果たすべき役割」という観点でとらえる研究もある（Hamilton他，1978，pp.126-146）。しかし，仮に搭乗者を管理層と同様に考えるとしても，搭乗者が「果たすべき役割」はスタートボタンを押すこと等に留まり，同人が一次的責任に値する重要な役割を負っていたととらえることは難しい。このように自動運転が高度化すると，運転に関与しない搭乗者や所有者に一次的責任を負わせることに納得が得られなくなる可能性がある。そこで，自動運転が高度化する中で運行供用者が一次的責任を負う，つまり所有者や運転者を中心とする責任のあり方に関する意識の調査を行いたい。

次に，自動運転車等の普及が更に進めば，自動車やソフトウエア等のメーカー
を中心とする責任制度に移行していくと思われる。これらメーカー中心の制度
とすることで，第5節で述べたように主な運転主体と責任主体を一致させられ
る，求償という二重の手続きを経ることなく紛争解決ができる，メーカー側が
安全な製品作りへのインセンティブを持ちやすくなるといったメリットがあげ
られている。一方で，レベル0からレベル4の車両が混在する状態で事故が起
きたとき，被害者は誰に対し賠償を求めるかわかりにくくなり被害者救済が後
退するおそれがある，車両価格の高騰による消費者の負担増，また自動車メー
カーが特に重い責任を問われることによる技術開発の阻害や不公平さといった
課題もある。特に，法律専門家ではない一般人にとって，従来の運転者中心の
責任制度から大幅な変更となる。このような課題や変化を受け入れる素地はあ
るのか，事故リスクや制度の変化に関し，どのようなリスクは受け入れられ，
あるいは受け入れが困難であるのかを明らかにし，これを参考に責任のあり方
を検討したい。

（1）　国土交通省自動車局，2018，「自動運転における損害賠償責任に関する研究会報告書」
　　　7頁　https://www.mlit.go.jp/common/001226452.pdf（2023.12.18閲覧）。
（2）　サブWG，2024，「AI時代における自動運転車の社会的ルールの在り方検討サブワー
　　　キンググループ報告書」31頁　https://www.digital.go.jp/assets/contents/node/basic_
　　　page/field_ref_resources/1fd724f2-4206-4998-a4c0-60395fd0fa95/9979bca8/20240523_
　　　meeting_mobility-subworking-group_outline_04%20.pdf（2024.7.19閲覧）
（3）　最高裁昭和45年7月16日判決・最高裁判所裁判集民事100号197頁。
（4）　内閣府は，いずれの自動化レベルでも「ドライバーは，いつでもシステムの制御に介
　　　入することができる」としている（内閣府政策統括官，2018，「戦略的イノベーション
　　　創造プログラム（SIP）自動走行システム研究開発計画」4頁　https://www8.cao.
　　　go.jp/cstp/gaiyo/sip/keikaku/6_jidousoukou.pdf〔2022.12.18閲覧〕）。
（5）　なお，個人のマイカー利用ではなく，タクシー等公共交通機関やレンタカー，運転代
　　　行といった形で自動運転車が運行される場合に，乗客等の利用者が運行供用者となるか
　　　という問題が指摘される（藤田，2018a，135頁）。これは，従来型車両におけるタクシー
　　　の乗客は運行供用者とならず（窪田，2020，22-23頁），レンタカーの利用者（北河他，
　　　2017，27頁）と運転代行の依頼者（同上，35頁）は運行供用者となりうるが，無人の自
　　　動運転車について搭乗者のとるべき行為は，車に乗って発進ボタンを押すことだとする
　　　と，上記の区別が難しくなるという指摘である。この点は困難な問題ではあるが，いか
　　　なる名目で自動運転車が提供されたかよりも運行の実態に着目し，利用者の運行への自
　　　由度がどの程度あったかで決する他ないように思われる。なお，2022年の道交法改正で

第 5 章　運転の自動化に伴う民事責任上の論点

　　認められたレベル 4 の自動運転の場合，特定自動運行の許可を受けた事業者（特定自動
　　運行実施者）が運行供用者となるとされる（小塚他，2022，57頁）。
（ 6 ）　最高裁昭和47年10月 5 日判決・最高裁判所民事判例集26巻 8 号1367頁。
（ 7 ）　最高裁昭和46年 7 月 1 日判決・判例時報641号61頁。
（ 8 ）　車両の制御が自動的に行われる範囲（限定領域）内で，自動運転（運転支援）が正常
　　に機能することを信頼できるレベルである場合，ドライバーはその機能を信頼でき，その
　　の分ドライバーの「注意義務が軽減される」（近内，2016，1610頁），あるいはドライバー
　　に前方不注意があったとしても注意を怠ったとはいえなくなる（藤田，2018a，145頁）
　　とされる。ただ，現在市販されている運転支援車は，国土交通省等が注意喚起を行って
　　いるとおり，機能には限界があり「信頼」というレベルには至っていないので，注意義
　　務の軽減や免責はされないと思われる。
（ 9 ）　横浜地裁 2020年 3 月31日判決（D1-Law.com ID28281877）は，レベル 2 の運転支援
　　車が渋滞の最後尾で加速し前の車両に追突して 3 人が死傷した事件で，運転者は当該運
　　転支援システムが適切な動作をしないことがありうること，自身で適切に操作しないと
　　事故を回避できない場合がありうることを理解していたのに，強い眠気のため前方注視
　　が困難な状態のまま運転を継続したとして過失を認めた。同判決は刑事事件に関するも
　　のだが，運転支援車の運転者の注意義務に関する判断として，参考になると思われる。
　　なお同判決は，加速の理由は「システムの故障か機能の限界かは判然としない」として
　　いる。
（10）　栗田（2019，28-29頁）は，「介入要求を認知できる注意を払っていれば認識し得た明
　　らかな異常」，例えばエンジンルームからの発火発煙，トランスミッションからの異音
　　があれば，介入要求がなくても運転者が手動制御に切り替える等適切な対応を取るべき
　　注意義務を負い，その違反が過失を構成すると指摘する。
（11）　事業者が特定自動運行に係る許可を受け，当該事業者が選任した特定自動運行主任者
　　が遠隔監視等を行う場合，この監視等のあり方に関わる問題が生じる可能性がある。
（12）　契約関係にあるメーカーから契約上の責任や被害者から不法行為責任の追求を受ける
　　可能性はある（新添，2023，32頁）。
（13）　完全な自動運転のレベルでも仕様か不具合かの違いは生じうるが，高度な自動運転シ
　　ステムは AI 等が自ら学習・成長し，常にアップデートし続けるシステムが予定される
　　ことから，「システムの設計自体が予め決められたものではなくなり，仕様と不具合の
　　区別が困難」，すなわち設計上の欠陥か製造上の欠陥かの区別が困難になると指摘され
　　る（山口，2019，55頁）。
（14）　運転支援のレベルでも，事故原因は車両に用いられる人工知能（AI）やソフトウエ
　　アの誤作動か，あるいはドライバーのエラーなのか，「裁判実務に於いては因果関係の
　　解明が難しい」とされる（平野，2018，IA-52頁）。運転支援車が暴走し歩行者を死傷
　　させた事故に関する刑事事件判決（東京地裁令和 3 年 9 月 2 日判決・LEX/DB 文献番
　　号 25591292）では，車両搭載の装置から得られたデータの他，周囲の防犯カメラの映像，
　　現場走行実験等捜査機関によって得られた多様なデータ等に基づき判断が下されていた
　　が，捜査権をもたない運行供用者が十分な証拠資料を収集することは困難であることが
　　うかがえる。なお，サブWG報告書は，自動運転車が保安基準等に適合する性能を発揮
　　していた場合は欠陥なしとされる蓋然性が高まり，そうでない場合は基本的に従前どお
　　りの責任判断の枠組みが適用されるとする（注 2 ，27-29頁）。
（15）　前掲注（ 1 ） 8 頁。

(16) 現在（2022年11月時点）の自動運転保険では，被害者救済費用特約をつける形がとられており，搭乗者が無過失の場合，自動運転中の事故はフリートに反映しない商品も存在する。しかし，特約をつけることは自動車ユーザーにとってその分保険料がかかる可能性もある。また自動運転車が普及しその事故が増加した場合，現在の形が維持されるかは未知数である。

(17) アップデートを怠る等車両の保守管理上の過失が問われることはある。

(18) 同上　10-12頁。

(19) 同上　10-11頁。

(20) 同上　11-12頁。

(21) 同上　7頁。

(22) 同上　12-13頁。

(23) 同上　13-14頁。

(24) 同上　13頁。

(25) 同上　14頁。

(26) 同上。

(27) European Comission, 2022, "Proposal for a Directive of the European Parliament and of the council on liability for defective products", COM'2022) 495 https://eur-lex.europa.eu/resource.html?uri=cellar: b9a6a6fe-3ff4-11ed-92ed-01aa75ed71a1.0001.02/DOC_1&format=PDF（2024.1.12閲覧）.

(28) European Comission, 2022, "Proposal for a Directive of the European Parliament and of the council on adapting non-contractual civil liability rules to artificial intelligence (AI Liability Directive)", COM（2022）496, https://eur-lex.europa.eu/legal-content/EN/TXT/PDF/?uri=CELEX: 52022PC0496（2024.1.12閲覧）.

(29) デジタル庁モビリティワーキンググループ（第1回），2023,「議事概要」https://www.digital.go.jp/councils/mobility-working-group/2b3315d1-5865-4712-99dd-84c54a396f9b（2024.1.12閲覧）。

参考文献

池田裕輔，2018,「第Ⅱ部第6章　自動運転と保険」藤田友敬編『自動運転と法』有斐閣，249-274頁。

今村弘史，2017,「コネクテッドカーが生み出す新サービス」ARCリポート（RS-1022）。

浦川道太郎，2017,「自動走行と民事責任」『NBL』No.1099。

落合誠一，2018,「自動運転における損害賠償責任に関する研究会（国土交通省）報告書の基本的なポイントについて」『損害保険研究』80巻2号。

唐沢かおり，2020,「自動運転に対する受容的態度」『学術の動向』25巻5号。

川嶋優旗・谷口綾子・井坪慎二・玉田和也・澤井聡志，2018,「自動運転公共交通サービスに対する社会的受容の規定因」第57回土木計画学研究発表会・講演集。

北河隆之・中西茂・小賀野晶一・八島宏平，2017,『逐条解説自動車損害賠償保障法［第2版］』弘文堂。

窪田充見，2018,「第Ⅱ部第3章　自動運転と販売店・メーカーの責任」藤田友敬編『自動運転と法』有斐閣，159-195頁。

窪田充見，2020,「自動運転に関する現状と課題—民事責任の観点から」『法律のひろば』73巻2号，18-27頁。

栗田昌裕，2019，「自動運転車の事故と民事責任」『法律時報』91巻4号。

桑田寛史・料屋恵美，2017，「第2編第5章　自動運転の法律問題」福岡真之介編著『Iot・AIの法律と戦略』商事法務。

肥塚肇雄，2020，「日本版MaaSにおける自動運転事故とサイバーセキュリティ」『損害保険研究』82巻4号。

小塚壮一郎・佐藤典仁・中川由賀・藤田友敬・松尾芳明，2022，「新技術と法の未来　6　自動運転」ジュリスト No.1574.

近内京太，2016，「自動運転自動車による交通事故の法的責任—米国における議論を踏まえた日本法の枠組みとその評価—」『国際商事法務』Vol.44 No.11。

坂井康一・大口敬・須田正代，2018，「自動走行システムの高度化・普及展開の姿およびその社会的・産業的インパクトに関する検討」『生産研究』70巻2号。

佐藤典仁，2022，「道路交通法改正による実現する自動運転レベル4と電動キックボード等の新しいモビリティの法規制の現状と課題」『NBL』No.1223, 56-62頁。

消費者庁消費者安全課編，2018，『逐条解説製造物責任法（第2版）』，商事法務。

鈴木彰一・長谷川悠・佐藤達哉・三好博昭・大口敬，2023，「自動運転サービスの受容性向上に向けた取り組みに関する研究」『生産研究』75巻1号。

土庫澄子，2018，『逐条解説 製造物責任法第2版』勁草書房。

戸嶋浩二，2016，「自動走行車（自動運転）の実現に向けた法制度の現状と課題（下）」『NBL』No.1074。

中川由賀，2019，「自動運転レベル3及び4における運転者の道路交通法上の義務と交通事故時の刑事責任」『CHUKYO LAWYER』Vol.30。

中川由賀，2020，「道路交通法及び道路運送車両法の改正を踏まえたレベル3自動運転車の操作引継ぎ時の交通事故の運転者の刑事責任」『CHUKYO LAWYER』Vol.32。

中嶋秀朗，2018，「ロボット—それは人類の敵か，味方か」ダイヤモンド社。

新添麻衣，2023，「迫る自動運転レベル4時代の民事責任」『SOMPO Institute Plus Report』Vol. 82, 20-37頁。

平野普，2018，「AIネットワークと製造物責任—設計上の欠陥を中心に」『情報通信政策研究』第2巻第1号。

藤田友敬，2017，「自動運転と運行供用者の責任」『ジュリスト』1501号。

藤田友敬，2018a，「第Ⅱ部第2章　自動運転と運行供用者の責任」藤田友敬編『自動運転と法』有斐閣，127-158頁。

藤田友敬，2018b，「第Ⅱ部第7章　自動運転をめぐる民事責任法制の将来像」藤田友敬編『自動運転と法』有斐閣，275-289頁。

藤村和夫・山野嘉朗，2014，『概説交通事故賠償法（第3版）』日本評論社。

舩見菜々子，2021，「自動運転に関する損害賠償責任」『立命館法政論業』第19号。

宮木由貴子，2018，「自動走行に対する社会・消費者の期待と懸念」『NBL』No.1125。

山口斉昭，2019，「自動運転と法的責任」『現代消費者法』42号。

Hamilton, V.L., 1978, "Obedience and responsibility: A jury simulation" *Journal of personality and social psychology* Vol. 36.

Shulz, T.R., Darley, J.M., 1991, "An information-processing model of retributive moral judgments based on "leagal reasoning." Kurtines, W.M., Gewirtz, J.L., *Handbook of moral behavior and development* Vol. 2, pp. 247-278. Lawrence Erlbaum.

第6章

基準は従来型車両の紛争解決基準として
機能しているか（調査１）

第1節　調査の目的——従来型車両による事故の基準と一般人の感覚の比較

　自動運転車の責任を検討する前提として，従来型車両による事故に関し，基準が事故の紛争解決基準として機能しているか，言い換えれば一般人の紛争解決に関する感覚に沿うものかを明らかにしておく必要がある。本章では，基準（全訂5版）に掲載されている事故事例のうち，多発する事故類型を対象に，従来型車両による事故について基準と一般人の感覚の比較を行った（調査1）。

第2節　従来型車両による事故に対する一般人の感覚の調査方法

（1）調査対象者

　本調査は2021年10月に，ウェブ調査会社を介して，同社に登録するモニターを対象にウェブ調査を行った。対象者は，基準や交通事故の紛争解決に関する専門的な知識を有する者以外とするため，弁護士等法律関係の資格保持者，法科大学院在学中および修了者，自動車損害保険業務を取り扱っている，またはその経験がある者以外（以下，「一般人」とする）を対象に回答を収集した。

　年代別，男女別の対象者数は，総務省統計局・人口推計（2021年（令和3年）9月報）を参照し決定した。また，運転免許の有無に関し，人口に対する運転免許保有者の割合が74.8％である[(1)]ことから，調査対象者の8割が免許保有者，2割が免許を持たない者とした。回答の負担を考慮し，1人が回答する事例数は11〜12事例とした。調査対象者の内訳は**表6-1**のとおりである。

表 6-1　調査対象者の人数および内訳

提示した事例No.	人数	平均年齢 (SD)	性別	免許の有無
1, 8, 9, 10, 11, 12, 13, 14, 15, 16, 17	360名	50.74 (15.90)	男性178名 女性182名	あり290名 なし70名
2, 3, 4, 5, 6, 7, 18, 19, 20, 21, 22, 23	360名	50.43 (16.07)	男性178名 女性182名	あり290名 なし70名

（出典　筆者作成）

（2）調査実施の手続

質問紙はウェブ調査会社のウェブページに掲載された。質問紙の最初のページには，調査の目的及び回答は任意であること，個人が特定できる形で回答を公表しない等倫理に関わる事項を記載し，これに同意した登録モニターが回答を行った。本調査は著者が所属する機関の倫理審査委員会の承認を得て実施した。

（3）質問紙の構成

1）教示文

基準が示すのは過失相殺率であるが，過失割合という用語が一般的であることから，この用語を用いて回答を求めることとした。まず，過失割合という用語の説明を行い，調査対象者が提示された事故類型に関する基準の数値を知っていても，それにはとらわれず，自分が適切と思う数字を回答するよう依頼した。また，ウェブ調査では「望ましくない」回答（Satisfice）を行う回答者が一定数みられ，調査の質低下を防ぐためにSatisficeを検出する項目を用意する等の工夫が必要とされる（三浦他，2015，1-12頁）ため検出項目を設け，正しい回答が得られた場合のみ調査対象とした。

2）事例の概要

調査対象事例は，第2章で述べた多発する事故類型中，自動車（四輪）相互の事故（追突，右折車と直進車の衝突，出会い頭衝突。警察庁，2023），自動車と歩行者の衝突追突（横断歩道横断中の事故）で，いずれも基準で過失割合が定められている事例とした。基準では，夜間や視認不良（悪天候など），当事者が大型

車であること等が過失割合の加算・減算要素とされることから，いずれの事例も「晴れた日の昼間」に，「自動ブレーキなど運転支援機能のない，一般的な大きさの自家用車」が当事者となり，基本の過失割合のみが問題となる事例とした。[2]事例の説明内容は，可能な限り予断を排除して回答を得るため，事故態様に関する簡潔な内容に止めた。

3) 回答の方法

過失割合の回答に当たっては，事例の説明文と簡単な事故の見取り図を示し，両当事者の過失割合として適切と思う数字を，合わせて100になるよう直観的に回答を求めた。なお，調査対象者には，次の表6-2に示す11事例または12事例を表6-1のように割り振った。事例の提示順はランダムとした。

第3節　各事例の回答と基準の比較——全体像

事例の態様と基準，回答と基準の比較結果，回答のばらつきの大きさを示す（表6-2）。左から順に当事者と事故類型，事例の番号，事故態様（信号が関わる事故は，両当事者が対面していた信号の色）を示す。各事例の（　）内の数字は，当該事故態様における各当事者の基準の数値を示す。[3]回答と基準の比較結果について，回答の中央値と基準との間に10以上の差がみられた事例は，両者の違いを「＞」で示した。差がみられない事例は「—」と記載した。回答のばらつきに関し，便宜的に四分位範囲[4]が0〜20未満は「—」，20以上40未満は「あり」，40以上の事例を「大きい」とした。事例および結果の詳細は，各結果の該当箇所で述べる。

第4節　前車の急ブレーキによる追突事故の回答と基準の比較

（1）調査に用いた追突事故の態様と基準の考え方

本調査で用いた事例は，高速道路および一般道での追突事故である（東京地裁民事交通訴訟研究会，2014，293頁，485頁）。追突車に落ち度があることは前提として，道交法は危険を避けるためやむを得ない場合を除き急ブレーキをかけてはならない（24条）としており，被追突車が同法違反の理由のない急ブレー

表6-2　調査対象事例および結果一覧

当事者 事故類型		No.	事故態様		回答と基準の比較	ばらつき
車両相互	追突		理由のない急ブレーキ		被追突車について	
		1	高速道路（追突50：被追突50）		基準＞回答	大きい
		2	一般道　（追突70：被追突30）		回答＞基準	大きい
	右折車と直進車の衝突		対面信号		右折車について	
			右折車	直進車		
		3	青（80）	青（20）	―	あり
		4	黄（60）	黄（40）	―	あり
		5	赤（50）	赤（50）	―	―
		6	交差点進入時青，右折時赤（10）	赤（90）	回答＞基準	大きい
		7	信号なし（80：20）		基準＞回答	あり
	出会頭衝突		対面信号		右方車について	
			右方車	左方車		
		8	青（0）	赤（100）	回答＞基準	―
		9	黄（20）	赤（80）	―	あり
		10	赤（50）	赤（50）	―	―
		11	信号なし（60：40）		基準＞回答	―
歩行者と自動車の事故	歩行者と右折車の衝突		対面信号		自動車について	
			自動車	歩行者		
		12	青（100）	青（0）	―	―
		13	青（50）	赤（50）	―	大きい
		14	黄（70）	赤（30）	基準＞回答	大きい
		15	青（80）	黄（20）	回答＞基準	あり
		16	赤（80）	赤（20）	基準＞回答	大きい
		17	信号なし（100：0）		―	―
	歩行者と直進車の衝突	18	青（30）	赤（70）	―	大きい
		19	黄（50）	赤（50）	―	あり
		20	赤（80）	赤（20）	―	大きい
		21	赤（100）	青（0）	―	―
		22	赤（90）	黄（10）	―	あり
		23	信号のない交差点（100）	信号のない横断歩道（0）	―	―

（出典　筆者作成。表中，基準の数値は，東京地裁民事交通訴訟研究会，2014による）

図6-1　追突事故の事例の説明文と高速道路での追突事故の見取り図の例

> Y車は，高速道路／一般道を制限速度で走っていて，道路の脇でビニールがはためいたのに驚き，急ブレーキをかけました。道路に障害物はありませんでした。
> そこへ，制限速度で走っていた後続のX車が，追突しました。

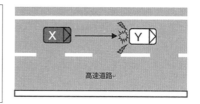

(出典　東京地裁民事交通訴訟研究会，2014，293頁，485-486頁に基づき筆者作成)

キをかけた場合，被追突車にも落ち度が認められるため，両当事者の過失割合が問題となる（同上，294頁）。本事例は，この場面を想定している(5)（図6-1）。

また，基準は，高速道路と一般道で別の考慮をしている。すなわち，高速道路では高速走行が許容され，本線車道での駐停車は原則許されず（道交法75条の8第1項本文），車の流れに従った円滑な走行が一般道より強く期待されるから，被追突車が理由のない急ブレーキをかけたときの危険は，一般道路とは比較にならないくらい大きいとして，一般道より被追突車の過失を重くしている（東京地裁民事交通訴訟研究会，2014，485頁）。事例の説明文と見取り図の例を図6-1に示す。

（2）前車の急ブレーキによる追突事故の結果と考察

1）結果の記載方法

左から事例の通し番号，追突の発生場所，各当事者の基準の数値，回答の中央値（（　）内は平均値。参考として示す），四分位範囲を表6-3に示す。基準と回答の中央値を比較して10の差がみられた場合，太字下線で示した。被追突車に関する数値を角取り四角で囲った。図6-2（高速道路の追突），図6-3（一般道の追突）は被追突車の過失割合回答のヒストグラムであり，階級の幅は0，1～10，11～20，21～30……として100まで示している。7章以降では運転支援機能等の誤作動により被追突車の急ブレーキが生じた事例を検討するため，被追突車の過失割合に着目して述べる。

2）前車の急ブレーキによる追突事故に関する基準と回答の比較

被追突車の回答についてみると，高速道路の追突（事例1）では，基準50（同

表6-3 高速道路・一般道における追突事故の基準と回答

事例	発生場所	基準 追突車	基準 被追突車	回答中央値（平均値）四分位範囲車 追突車	回答中央値（平均値）四分位範囲車 被追突車
1	高速道路	50	50	67.61（61.61） （40-90）	32.50（38.39） （10-60）
2	一般道	70	30	60（58.36） （31.25-80）	40（41.64） （20-68.75）

（出典　東京地裁民事交通訴訟研究会，2014，293頁，485-486頁に基づき筆者作成）

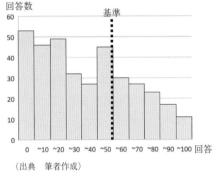

図6-2　事例1：高速道路の追突
被追突車の回答ヒストグラム
（出典　筆者作成）

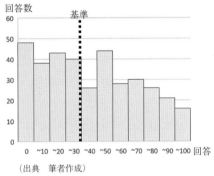

図6-3　事例2：一般道の追突
被追突車の回答ヒストグラム
（出典　筆者作成）

上，496頁）に対し回答中央値は32.50であり，一般人の方が被追突車の落ち度を小さく評価したのに対し，一般道の追突（事例2）では被追突車の基準30（同上，294頁）に対し回答は40であり，一般人の方が落ち度を大きく評価した（表6-3）。基準は被追突車による急ブレーキの危険性の違いに着目し，高速道路上で急ブレーキをかけた被追突車の過失割合を大きく設定しているのに対し，一般人は基準ほど高速道路特有の危険性を考慮せず，逆に一般道での追突における被追突車の過失割合の方が大きいと判断しており，これが基準との差につながったといいうる。

　ではなぜ，一般人はこのような判断を行ったのであろうか。高速道路での事故は，一般道より重大な事故となることが広報されており，一般に広くその旨認識されている可能性がある。そして，Walsterは当事者が重大な結果を引き

起こした場合，軽微な結果だった場合に比べ重い責任が帰属されるとする（Walster, 1966, pp.73-79）。加えて，追突は一般に追突側の落ち度によるものとされる（東京地裁民事交通訴訟研究会，2014, 293頁）。そして，法律専門家は当事者の法的責任（松村，2018, 180頁），すなわち過失を基礎づける事実の存否をより精緻に検討するのに対し，一般人は法律専門家より直感的・拡散的な判断を行い（同上，169頁），社会的な背景（Weninger, 1994, p.39）いわば社会で一般的とされる感覚の影響を受けやすいとされる。これらのことから，一般人は，高速道路の追突車について，一般道よりも重大な事故を引き起こした当事者ととらえ，追突車の過失割合を大きく判断し，相対的に被追突車の落ち度を小さく判断した可能性がある。

3）回答のばらつきの大きさ

被追突車の回答は，高速道路，一般道路とも0から100まで広く分布し（図6-2，図6-3），似た分布を示している。このことからも，一般人は基準のように高速道路の危険性に着目していないことがうかがえる。回答のばらつきの大きさは，紛争解決に対する感覚の多様さを示しているといえよう。紛争解決の公平性の観点からは，同一の事故態様の解決基準は一律に決めざるを得ないが，このような感覚の多様性故，基準を用いた解決を行っても当事者等の納得を得ることが難しく，紛争が激化するおそれがある事故態様といえる。

第5節　右折車と直進車の事故の回答と基準の比較

（1）調査に用いた事故態様と基準の考え方

交差点での右折車と直進車の事故は発生件数が多いだけでなく，両車の優先関係，対面信号，信号が変わってからでないと右折が困難な実情など考慮すべき要素が多く，基準と一般人の感覚との相違が指摘される（岡本他，2006, 30頁）事故態様である。本調査では同じ道路を対向方向から進入した場合を対象に，対面信号の色・有無を表6-2のように変化させ，回答を得た。調査時に示した説明文と見取り図の例を図6-4に示す。

基準は，右折車と直進車の事故について次のように述べる。すなわち，信号がない交差点では，いずれの車両も交差点進入自体には制約がないが，右折車

図6-4　右折車対直進車事故の事例の説明文と見取り図の例

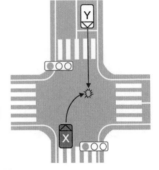

X車は，ウインカーをつけて〇信号（信号の色は表6-2参照）で交差点に入り，右折を始めた。
Y車は，制限速度で直進中，〇信号（信号の色は表6-2参照）で交差点に入った。X車とY車が衝突した。

（出典　東京地裁民事交通訴訟研究会，2014，227頁に基づき筆者作成）

は直進車の進行妨害をしてはならず（道交法37条），直進車が右折車に対して優先関係に立つ。信号がある交差点では，基本的に直進車優先だが，直進車が黄信号や赤信号のときは直進車も優先性を強く主張できず，右折の実態等も考慮して，直進車優先の程度をある程度減じて考える（東京地裁民事交通訴訟研究会，2014，227頁）。基準は多くの信号関係について数値を定めているが，本研究では信号関係が対等で両者に違反がない事例（事例3，事例7），対等で両者に違反がある事例（事例4，事例5）および岡本他（2006，25-35頁）に基づき，信号では右折車が優先し判断が困難となると予想される事例（事例6）を選定した。

(2) 右折車対直進車の事故に関する結果と考察
1) 結果の記載方法

　左から事例の通し番号，両車の対面信号と基準の数値，回答の中央値，平均値，四分位範囲を表6-4の左側に示す。基準と中央値を比較して10の差がみられた回答は，中央値を太字下線で示した。右折車に関する数値を角取り四角で囲った。表6-4右側に，各当事者にとって道交法上優先となる要素（優先要素）と非優先となる要素（非優先要素）をまとめた。優先・非優先の意味に関し，例えば道交法上直進車は右折車に優先する（37条）ので，直進が優先要素，右折は非優先要素とした。信号では青信号は優先要素，黄色や赤信号は非優先要素とした。要素がない部分は灰色で示した。以下，基本的に非優先の立場と

第6章　基準は従来型車両の紛争解決基準として機能しているか（調査1）

表6-4　右折車対直進車事故の対面信号・基準・回答（左側）
優先・非優先となる主な要素（右側）

事例	対面信号		基準		回答中央値（平均値）四分位範囲		要素	当事者	
	右折車	直進車			右折車	直進車		右折車	直進車
3	青	青	80	20	80(71.98)(60-90)	20(28.02)(10-40)	優先 非優先	青信号 右折	直進・青信号
4	黄	黄	60	40	60(59.46)(50-70)	40(40.54)(30-50)	優先 非優先	右折・黄信号	直進 黄信号
5	赤	赤	50	50	50(48.65)(50-50)	50(51.35)(50-50)	優先 非優先	右折・赤信号	直進 赤信号
6	青→赤	赤	10	90	20(29.13)(10-50)	80(70.88)(50-90)	優先 非優先	青信号進入 右折	直進 赤信号
7	信号なし	信号なし	80	20	70(68.19)(50-80)	30(31.81)(20-50)	優先 非優先	右折	直進

（出典　東京地裁民事交通訴訟研究会，2014，228頁，230-232頁，237頁に基づき筆者作成）

なる右折車について検討する。右折車の回答について，各事例のヒストグラムを示す（図6-5〜図6-9）。ヒストグラムの作成方法は第4節（2）1）と同様である。

2）回答中央値と基準に差がみられない事例（事例3・事例4・事例5）

　事例3（東京地裁民事交通訴訟研究会，2014，228頁），事例4（同上，230頁），事例5（同上，231頁）は，基準と回答中央値に大きな差がみられなかった（表6-4左側）。当事者の優先・非優先要素をみると，事例3は2当となる直進車に非優先要素がなく落ち度がないこと，事例4・5は右折車に非優先要素しかなく（表6-4右側），落ち度があることがわかりやすく，「優先関係の判断の困難さ」が少ないため迷いが生じにくかった（岡本他，2006，32頁）ことから，結果的に回答と基準に大きな差が生じなかった可能性がある。事例3は，岡本他（2006，25-35頁）も回答の平均値と基準に大きな差がみられないことを示している。

　ただ，回答のばらつきは事例によって異なる。事例3は，右折車の過失割合に関し71〜80（基準80）とする回答が最も多いものの，ばらつきは存在する（図6-5）。本事例は両当事者に信号違反がなく，直進車優先という交通ルールは認識されていたものの，優先度合いの評価が分かれたのかもしれない。

123

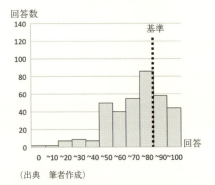

図6-5　事例3：ヒストグラム
右折車青・直進車青
（出典　筆者作成）

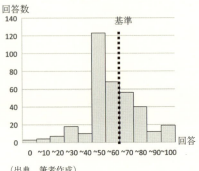

図6-6　事例4：ヒストグラム
右折車黄・直進車黄
（出典　筆者作成）

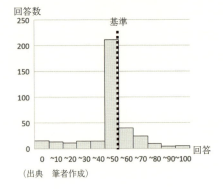

図6-7　事例5：ヒストグラム
右折車赤・直進車赤
（出典　筆者作成）

事例4は，回答のばらつきは大きくないものの，右折車の過失割合に関し41～50とする回答が最も多い（基準60。図6-6）。右折車が非優先であることを考慮している基準に対し，信号違反は対等（いずれも黄信号）なので落ち度は同じと評価する一般人が一定数存在することがうかがえる。[7]

事例5は回答のばらつきが小さく，41～50（基準50）に集中している（図6-7）。本事例の信号違反は同等だが，赤信号違反である。基準は，赤信号違反は違反の程度が大きいので直進車も優先を主張できず，50：50とする。一般人は事例4の結果からもうかがえるように，基準より信号関係を重視して過失割合を判断する傾向があり，結果的に基準と回答が一致した可能性がある。

3）回答中央値と基準に差がみられた事例（事例6・事例7）

事例6は，右折車の交差点進入時は青信号，右折開始時は赤信号で，直進車は赤信号で交差点に入った事例である。衝突時は両車とも赤信号だが，基準は，

124

第6章　基準は従来型車両の紛争解決基準として機能しているか（調査１）

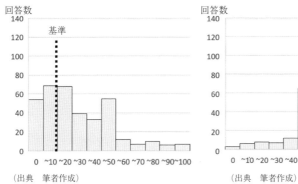

図6-8　事例6：ヒストグラム　右折車青→赤・直進車赤
図6-9　事例7：ヒストグラム　信号なし 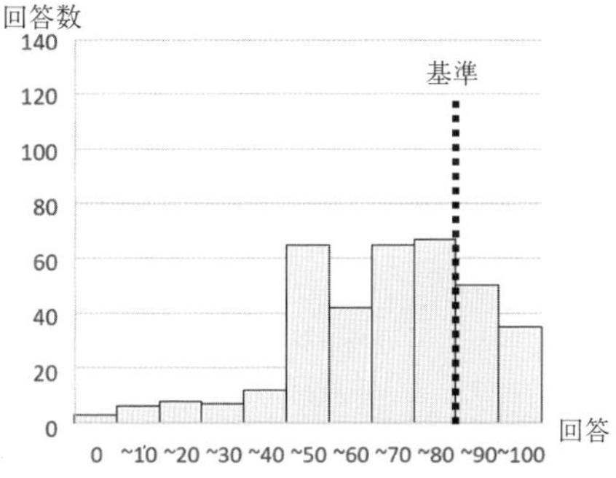
（出典　筆者作成）

直進車が赤信号で進入したこと，右折車は信号が赤になって初めて右折できる実情を考慮して，右折車10：直進車90と赤信号相互の場合（50：50）に比べ右折車の過失割合を小さく設定している（東京地裁民事交通訴訟研究会，2014，232頁）。基準に比べると，右折車の過失割合の回答は10大きい20である（表6-4左側）。また，本事例は回答のばらつきが大きいのが特徴である。ヒストグラムをみると，0～10とする回答が全体の34.17％を占める一方，41～50とする回答も15.28％みられ，特に0から50の間に回答が広く分布している（図6-8）。0に近い回答は右折車が交差点進入時の青信号，50に近い回答は右折時の赤信号を重視した可能性がある。加えて，両当事者に優先・非優先の両方の要素がみられ（表6-4右側），岡本他（2006，25-35頁）にいう判断に迷いやすい事例といいうる。本事例は，交差点進入時の信号と右折時の信号いずれを重視するかという価値判断の違いや判断の困難さが，回答の分布の広さと基準との差に影響したことが推察される。

事例7に関し，基準は，信号のない交差点では直進車優先の関係がそのまま妥当するとし，過失割合を右折車80：直進車20とする（東京地裁民事交通訴訟研究会，2014，228頁）（図6-9）。一方，右折車の回答中央値は基準より10低い70である（表6-4左側）。信号関係が対等な事例（事例3・4・5・7）のうち，双方赤信号違反がある事例5を除き，直進車より右折車の過失割合が重く回答さ

れているので，一般人も直進車優先の意識は有していることがうかがえる。基準との差は，その優先度合いの評価の違いが影響した可能性がある。交差点（付近を含む）の事故は全体の6割近くを占め（警察庁，2021），交差点での事故について注意喚起も一般に行われている(8)。そして，信号という明確な判断材料がない場合，一般人は直感的・拡散的な判断を行う（松村，2018，169頁）ことから，直進車も交差点進入時は注意が必要という，いわば一般論的な感覚が強く働き，これが直進車の回答が基準より大きいという差に影響した可能性がある。

第6節　出会い頭事故の回答と基準の比較

（1）調査に用いた事故態様と基準の考え方

　出会い頭衝突は事故件数が多いだけでなく，死亡事故につながりやすい事故類型であることから調査対象とした（交通事故総合分析センター，2021a）。基本的な説明文と事故の見取り図の例を示す（図6-10）。
　基準は，信号のある交差点では車両等は信号に従わなければならず（道交法7条），信号の規制は「ほとんど絶対的」（東京地裁民事交通訴訟研究会，2014，207頁）であり，基本的に信号の色で過失割合が定められている。信号のない交差点では，基準は左方優先（道交法36条1項1号）を考慮し，右方車60：左方車40とする（同上，213-215頁）(9)。左方優先の理由として，佐野誠は「左側通行を前提とした場合の交差点における視認性の違いに基づく」とする（佐野，2018，

図6-10　出会い頭事故の文章による説明と見取り図の例（説明と図は見通しの悪い交差点の事故）

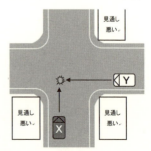

　X車とY車は，交差する同じ広さの道を，制限速度で，同じ速度で走っていました。
　X車とY車は，そのまま信号のない交差点に入り，出会い頭に衝突しました。現場は，見通しのきかない交差点でした。

（出典　東京地裁民事交通訴訟研究会，2014，215頁に基づき筆者作成）

217頁）。つまり，左側通行の日本では多くの場合，車の右側に運転席があり，見通しのきかない交差点では，右方車から左方車を発見する方がその逆より早く発見しうることによる。

（2）出会い頭事故に関する結果と考察

1）結果の記載方法

第5節（2）2）同様，事例番号，両者の対面信号と基準，回答を**表6-5**左側に示す。基準と中央値で10以上の差がみられた回答は太字下線で示した。本事例で着目する右方車に関する数値を角取り四角で囲った。また，各当事者の道路交通法上優先・非優先となる要素（信号関係，進入の方向）を表6-5の右側に示す。出会い頭衝突の場合，信号があるときは信号関係，ないときは両者の位置関係が要素となる。右方車の回答について，各事例のヒストグラムを示す（図6-11～図6-14）。ヒストグラムの作成方法は第4節（1）2）と同様である。

表6-5　出会い頭衝突事故の事例，基準・回答，優先・非優先となる主な要素

事例	対面信号		基準		回答中央値（平均値）四分位範囲		当事者		
	右方車	左方車			右方車	左方車	要素	右方車	左方車
8	青	赤	0	100	**10(12.41)** （1-10）	90(87.59) （90-100）	優先 非優先	青信号	赤信号
9	黄色	赤	20	80	20(26.41) （10-40）	80(73.59) （60-90）	優先 非優先	黄色	赤信号
10	赤	赤	50	50	50(50.18) （50-50）	50(49.82) （50-50）	優先 非優先	赤信号	赤信号
11	信号なし	信号なし	60	40	**50(50.61)** （50-50）	50(49.39) （50-50）	優先 非優先	右方	左方

（出典　東京地裁民事交通訴訟研究会，2014，207-215頁に基づき筆者作成）

2）回答と基準に差がありばらつきが小さい事例（事例8・事例11）

事例8と事例11は，回答中央値と基準に10の差があるものの，回答のばらつきは小さい事例である。

事例8は一方が青信号，もう一方に赤信号違反があり，基準は信号を絶対視し，信号違反のある左方車の過失割合を100とする（東京地裁民事交通訴訟研究会，

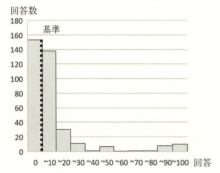

図6-11 事例8：ヒストグラム右方車青・左方車赤

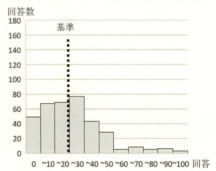

図6-12 事例9：ヒストグラム右方車黄・左方車赤

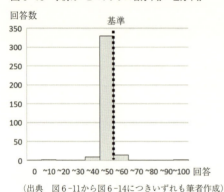

図6-13 事例10：ヒストグラム右方車赤・左方車赤

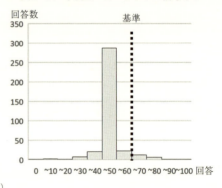

図6-14 事例11：ヒストグラム信号なし

（出典 図6-11から図6-14につきいずれも筆者作成）

2014, 208頁)。しかし，左方車の回答中央値は90であり，青信号で進入した右方車にも10の落ち度があるとする（表6-5左側）。ヒストグラムをみても，0とした回答が多い（42.5％）ものの，1～10とした回答も全体の38.10％を占める（図6-11）。右折車と直進車の事故（事例7）で，一般人は交差点進入時は注意すべきという，いわば一般論的感覚を有している可能性が示されたが，本件も青信号で進入する右方車に対し，上記の感覚が影響した可能性がある。また，岡本他（2017）は，法令違反のない当事者にも一定の落ち度があると判断されうることを示しており，理由として，事故に関わった以上「道義的責任を負うべきと」認識される可能性をあげる（岡本他，2017, 219-229頁）が，本件でも

第 6 章　基準は従来型車両の紛争解決基準として機能しているか（調査 1）

同様の感覚から，一般人が過失相殺率を 0 と判断することに躊躇した可能性がある。

　事例11において，基準は左方優先という道交法の定めを考慮し，左方車の過失相殺率を40とする（東京地裁民事交通訴訟研究会，2014，215頁）。一方，回答は50：50で基準と10差があり，四分位範囲は 0 で回答の分布も狭い（表 6 - 5 左側，図 6 -14）。このため，一般人は左方優先を考慮または重視しておらず，むしろ，いずれも道路幅が同じ道路を同じ速度で走行し，交差点に進入したという行為類型を重視し，両当事者の行為が同じだから過失割合も対等という判断をしたと推察される。

3）回答と基準に差がないがばらつきが大きい事例（事例 9 ）

　事例 9 （右方車黄信号，左方車赤信号）の場合，右方車は黄信号で停止位置を越えて進行してはならないので信号無視はあるが，行為の危険性の点で赤信号違反と黄信号違反では顕著な差があるとして，基準は黄色20：赤80とする（同上，209-210頁）。本事例は両当事者の行動は同じで，信号関係が判断の手がかりとなる事例である。回答中央値は基準と差がみられないものの，回答は 0 〜50の間に比較的広く分布している（図 6 -12）。信号をみると両当事者に違反があるが，黄信号と赤信号の違いがあり，「両者に信号違反がある」ことを重視すれば50：50に近く，「黄信号の右方車の方が違反の程度が低い」ことを重視すれば右方車の過失割合は小さく判断され，この点の評価の違いが回答のばらつきに影響した可能性がある。

4）回答と基準に差がなくばらつきも小さい事例（事例10）

　事例10（いずれも赤信号）の場合，両者に重大な過失があり，行為の危険性も差はないことから，基準は50：50とする（同上，211-212頁）。本事例は回答中央値と基準に差がみられず，また回答の分布も狭く50に集中している（図 6 -13）。両当事者の行動及び信号違反の程度が同じであり，判断に迷う要素がなかったため，回答のばらつきがほぼみられなかったと思われる。また，これに加え，本事例の過失割合の判断には信号と行為態様のみ考慮すればよく，右方優先といった優先関係は判断要素に入らないため，基準との差も生じなかったと考えられる。

129

第7節　右折車と歩行者の事故

(1) 調査に用いた事故態様と基準の考え方

　交差点での横断歩道横断中の歩行者と自動車(四輪)の事故について，基準は，歩行者は横断歩道付近では横断歩道を横断しなければならない一方，車は当該歩行者の通行を妨げてはならず，「歩行者に対しては強い法的保護が与えられている」とする(東京地裁民事交通訴訟研究会，2014，64頁)。

　信号のある横断歩道では「信号表示が決定的な要素とな」り，基本的に信号表示に応じて基準が設定されている(同上，64頁)。但し，車が「道路を直進するときと交差点を右左折するときとでは」，「歩行者保護の要請の程度が異なる」ので，異なる基準が設けられている(同上，64-65頁)。そこでまず，信号のある交差点において，死者数が比較的多くみられる，交差点を右折する自動車と歩行者の事故(交通事故総合分析センター，2021b)について検討する。事例の文章による説明と見取り図イメージは図6-15のとおりである。基準は歩行者の過失相殺率のみを示しているが，これまで述べたように歩行者と車の過失割合という発想で判示した判決もあること，また次章以降で運転支援・自動運転の車両が歩行者に衝突した事例における車両の責任について検討するので，本章でも主に自動車の過失割合について述べる。

図6-15　右折車と歩行者の事故の文章による説明と見取り図の例

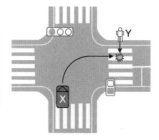

　X車は，ウインカーをつけて○信号(信号の色は表6-2参照)で交差点に入り，右折を始めました。歩行者Y(健康な大人)は，○信号(信号の色は表6-2参照)で横断歩道を渡り始めました。車と歩行者が衝突しました。

(出典　東京地裁民事交通訴訟研究会，2014，78-88頁に基づき筆者作成)

第6章　基準は従来型車両の紛争解決基準として機能しているか（調査1）

（2）右折車と歩行者の事故に関する結果と考察

1）結果の記載方法

第5節（2）2）同様，事例番号，両者の対面信号と基準，回答を**表6-6**左側に示す。基準と中央値で10以上の差がみられた回答は太字下線で示した。基準と回答に差がみられた事例及び回答のばらつきが大きい事例の回答と要素を角とり四角で囲った。また，各当事者の道路交通法上優先・非優先となる要素を表6-6の右側に示す。右折車の回答について，各事例のヒストグラムを示す（図6-16〜図6-21）。ヒストグラムの作成方法は第4節（2）1）と同様である。

2）回答と基準に差はみられないが回答のばらつきが大きい事例（事例13）

事例13は自動車に信号違反はなく，歩行者に赤信号違反がある。基準は，「赤信号で横断を開始する歩行者がしばしばみられる」という歩行者側の実情，右折車もこのような歩行者を予見しうるし，車は右折に際し一時停止や相当な減速をしているから歩行者を発見することも容易という右折車側の事情を考慮して，歩行者の過失割合を50とする（同上，81頁）。

本事例で，回答の中央値と基準の差はみられないものの，回答の四分位範囲は全事例の中で最も大きい（表6-6左側）。右折車の回答についてヒストグラ

表6-6　右折車と歩行者の事故：事例・基準・回答，優先・非優先となる要素

事例	対面信号		基準		回答中央値（平均値）四分位範囲		当事者		
	自動車	歩行者			自動車	歩行者	要素	自動車	歩行者
12	青	青	100	0	100(94.29)(100-100)	0(5.71)(0-0)	優先 非優先	青信号 自動車・減速	歩行者・青信号
13	青	赤	50	50	50(50.88)(20-80)	50(49.12)(20-80)	優先 非優先	青信号 自動車・発見容易	歩行者・実情 赤信号
14	黄	赤	70	30	**60(57.09)**(30-80)	**40(42.91)**(20-70)	優先 非優先	黄色 自動車	歩行者・実情 赤信号
15	黄	黄	80	20	90(79.54)(70-100)	10(20.46)(0-30)	優先 非優先	右折困難な実情 自動車・発見容易・黄色	歩行者 黄色
16	赤	赤	80	20	70(67.44)(50-90)	30(32.56)(10-50)	優先 非優先	自動車・発見容易・赤色	歩行者 赤信号
17	信号なし	信号なし	100	0	100(92.03)(90-100)	0(7.97)(0-10)	優先 非優先	自動車・発見容易	歩行者

（出典　東京地裁民事交通訴訟研究会，2014，78-88頁に基づき筆者作成）

ム（図6-17）をみると，回答の度数は0から91～100まで幅広く分布している。事例13は，右折車・歩行者ともに優先・非優先となる要素が存在しており，考慮すべき要素の多さ，要素に対する評価の多様さ故に，回答のばらつきが大きくなった可能性がある。

　3）回答と基準に差がありばらつきも大きい事例（事例14・事例15・事例16）

　事例14・15・16は基準と回答に相違がみられ，回答のばらつきも大きい。これらの事例は，両当事者に信号違反がある事例である。

　事例14の基準は，事例13同様，歩行者側の実情，右折車側の事情を考慮しつつ，車に黄信号違反があるため事例13より車の落ち度が大きいとし，歩行者の過失割合を30とする（同上，83頁）。事例15の基準は，車は本来黄信号で交差点に進入してはならないが，交通量の多い道路では黄信号で右折するしかなく，「黄信号での進入を絶対的に不当とみることもできない実情にあ」り，黄信号で横断を始めた歩行者の過失，右折車からの歩行者の発見と回避可能性を考慮し，歩行者の過失割合を20とする（同上，82頁）。事例16は，両当事者とも赤信号違反があるが，基準は，「車の過失は非常に大きいので，歩行者保護の見地から」歩行者の過失割合を20とする（同上，84頁）。

　事例13から事例16の基準の考え方をまとめると，次のようになると考えられる。すなわち，歩行者のみに赤信号違反がある場合，歩行者保護の要請と右折車側の事情を考慮し50：50とし（事例13），これに自動車の黄信号違反が加われば，自動車を＋20（逆に歩行者は−20。事例14）とする。車が黄信号違反で，歩行者の信号違反の程度に差（赤信号・事例14と黄信号・事例15）がある場合，その違いは歩行者側でみると＋10と評価する。両当事者の信号違反が同程度なら，信号の色にかかわらず車80：歩行者20とする（事例15・16）。このように，基準は双方の信号違反の程度に応じ，事例相互間のバランスを考慮していることがうかがえる。

　これに対し回答は，歩行者のみ赤信号違反があるときは基準と相違がない（表6-6左側事例13）が，これに自動車の黄信号違反が加わると自動車を＋10とし，基準より自動車の過失割合の加算が少ない（表6-6左側事例14）。車が黄信号違反で，歩行者の信号違反（黄色または赤）に差がある場合，回答は歩行者側でみると30の差がみられた（表6-6左側事例14・15）。両当事者の信号の色が同じ

132

でも，黄色同士だと基準より10車に厳しく，赤同士だと逆に10歩行者に厳しい（表6-6左側事例15・16）。総じて，自動車と歩行者双方に信号違反があり，歩行者が赤信号違反の場合，歩行者に厳しい判断をする傾向にある。また，これらの事例は回答のばらつきが大きい（図6-18，図6-19，図6-20）。事例14，事例15は両当事者に優先・非優先両方の要素がある事例（表6-6右側）で，岡本他（2006, 32頁）が指摘する判断の困難性が基準と回答の違いや回答のばらつきの大きさに影響した可能性がある。事例16は，歩行者優先や車の赤信号違反の評価のように評価すべき事項が多様であることが，回答の分布の広さに影響した可能性がある。[10]

4）回答と基準に差がみられずばらつきも小さい事例（事例12・事例17）

事例12では，右折車・歩行者とも青信号で違反はない。しかし基準は，右折

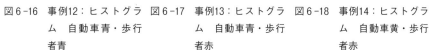

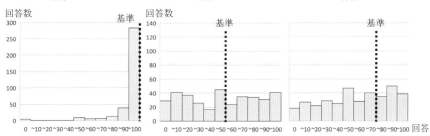

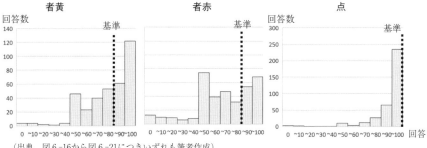

（出典　図6-16から図6-21につきいずれも筆者作成）

車は横断歩道直前で停止できるような速度で進行し，歩行者がいれば一時停止する義務があるので，過失相殺すべきでないとする（東京地裁民事交通訴訟研究会，2014，78頁）。基準は右折車は右折のため減速していることを前提に，歩行者の発見や停止が容易であることを考慮している。本事例で回答と基準に差はなく（表6-6左側），また回答の分布も，91～100とする回答が全体の78.61％を占めておりばらつきが小さい（図6-16）。当該場面の信号は対等（青）で，もし車両相互の事故（事例3）であれば直進車（優先側）にも落ち度ありとされる事例だが，歩行者と車両は異なる判断がされており，歩行者優先，歩行者保護の必要性の感覚が一般人にも共有されているといえるであろう。

　事例17の基準は，「横断歩道を横断している歩行者は，横断歩道を通過しようとする車との関係では絶対的に近い保護を受ける」ので，歩行者の過失割合は0とする（同上，88頁）。本事例の回答の中央値と基準に大きな差異はみられず（表6-6左側），回答の分布も狭い（図6-21）。本事例の基準で考慮される歩行者の「絶対的に近い保護」（同上）という感覚は，一般人も概ね有しているといえるであろう。

第8節　直進車と歩行者の事故

(1) 調査に用いた事故態様と基準の考え方

　直進車と歩行者が衝突した事例において，基準は信号のある横断歩道では，「信号表示が決定的な要素となる」（東京地裁民事交通訴訟研究会，2014，64頁）とし，

図6-22　直進車と歩行者の事故の文章による説明と見取り図の例

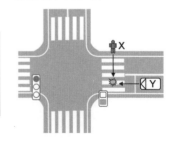

Y車は，制限速度で直進中，○信号（信号の色は表6-2参照）で交差点に入りました。
X歩行者（健康な大人は，○信号（信号の色は表6-2参照）で横断歩道を渡り始めました。
X歩行者とY車が衝突しました。

（出典　東京地裁民事交通訴訟研究会，2014，66頁に基づき筆者作成）

基本的に信号表示に応じて基準を定めている。**図6-22**に調査に用いた基本的な説明と見取り図を示す。

（2）直進車と歩行者の事故に関する結果と考察

1）結果の記載方法

第5節（2）2）同様，事例番号，両者の対面信号と基準，回答を**表6-7**左側に示す。基準と中央値を比較して10以上の差がある回答はみられなかった。表6-7右側に，優先・非優先となる主な要素を示す。直進車の回答について，各事例のヒストグラムを示す（**図6-23～図6-28**）。ヒストグラムの作成方法は第4節（2）1）と同様である。

2）回答と基準に差はみられないがばらつきが大きい事例（事例18・事例19・事例20）

事例18の基準は，「基本的に赤信号に違反した歩行者の過失によるもの」で歩行者の過失割合は70とし，自動車には「軽度の前方不注意やブレーキ操作不適切等安全運転義務違反（法70条）がある場面」を想定している（同上，70頁）。事例19の基準は，自動車にも黄信号違反はあるが，赤信号で横断しようとする

表6-7　直進車と歩行者事故：事例，基準・回答，優先・非優先となる主な要素

事例	対面信号		基準		回答中央値（平均値）四分位範囲		当事者		
	自動車	歩行者			自動車	歩行者	要素	自動車	歩行者
18	青	赤	30	70	30(41.07)(10-70)	70(58.93)(30-90)	優先 非優先	青信号 自動車	歩行者 赤信号
19	黄	赤	50	50	50(54.46)(30-80)	50(45.54)(20-70)	優先 非優先	黄信号 自動車	歩行者 赤信号
20	赤	赤	80	20	80(71.36)(50-90)	20(28.64)(10-50)	優先 非優先	自動車・赤信号	歩行者 赤信号
21	赤	青	100	0	100(95.05)(100-100)	0(4.95)(0-0)	優先 非優先	自動車・赤信号	歩行者・青信号
22	赤	黄	90	10	95(88.00)(80-100)	5(12.00)(0-20)	優先 非優先	自動車・赤信号	歩行者・黄信号
23	信号なし	信号なし	100	0	100(90.59)(90-100)	0(9.41)(0-10)	優先 非優先	自動車	歩行者

（出典　東京地裁民事交通訴訟研究会，2014，66-70頁，88頁に基づき筆者作成）

歩行者は黄信号でも「交差点を通過する車があることを予想すべき」という事情を考慮し、両者とも50とする（同上、69頁）。事例20は双方赤信号だが、「赤信号違反の自動車の過失が非常に大きいので、歩行者保護の見地から」歩行者の過失割合を20とする（同上、68頁）。まとめると、基準は歩行者に赤信号違反がある場合、自動車が青信号のときの過失割合（自動車は30）に比べ、自動車の黄色違反は自動車に+20（50）、赤信号違反は+50（80）と段階的に評価している。

　回答をみると、回答中央値はいずれも基準との差異はみられない（表6-7左側）が、いずれも回答のばらつきが大きいのが特徴である（図6-23、図6-24、図6-25）。事例18（車が青信号、歩行者が赤信号）は、直進車の過失割合について

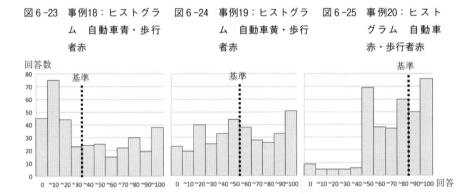

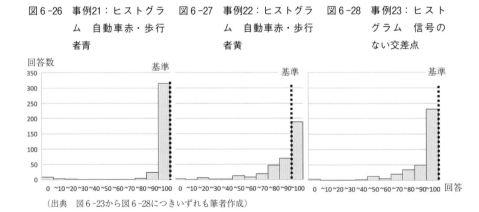

（出典　図6-23から図6-28につきいずれも筆者作成）

調査対象者の33.33％が0から10と回答する一方，10.5％が車にほぼ全責任がある（91〜100）と回答しており（図6-23），紛争解決の価値観が多様な事例の1つといえよう。[11] 事例19（車が黄信号，歩行者が赤信号）は，どの階級も概ね全体の10％前後の回答がみられ（図6-24），事例18よりばらつきが大きい。

　事例20は，41〜50より大きい階級に回答が多く分布しており，その中では41〜50と91〜100が特に多い（図6-25）。信号がどちらも赤信号なので落ち度も同等という価値観と，自動車対歩行者の事故では信号にかかわらず自動車にほぼ全責任があるという価値観に分かれる事例といえよう。

　いずれにせよ，基準は歩行者に赤信号違反がある場合，自動車の信号違反の程度に応じて段階的に歩行者の過失割合を大きく定めているが，一般人にはそのような明確な感覚はみられず，紛争の落としどころの感覚が多様であることが示されたといえよう。

3）回答と基準に差がみられずばらつきが小さい事例（事例21・事例22・事例23）

　事例21の基準上，赤信号違反の車との関係では，「青信号で横断歩道上を横断する歩行者が絶対的に保護され」，歩行者の過失割合は0である（同上，66頁）。事例22では，歩行者の黄信号横断および左右の安全確認義務の問題があるが，「赤信号に違反した車の過失の方がはるかに大きい」ので歩行者の過失割合は10とされる（同上，67頁）。事例23は信号がないが，事例17と同じく横断歩道を横断している歩行者は「絶対的に近い保護を受ける」ので，歩行者の過失割合は0とされる（同上，88頁）。

　これらの事例の回答中央値は基準とほぼ一致しており（表6-7左側），回答のばらつきも小さい（図6-26，図6-27，図6-28）。これらの事例は，優先・非優先要素の所在からみても歩行者に落ち度がない，あるいは少ないことが読み取りやすく（表6-7右側），基準との価値観の差や判断の迷いが生じにくかったと推測される。

4）自動車が右折と直進の場合の比較

　自動車と歩行者の信号関係は同じだが，自動車が右折か直進で基準が異なる事例がある。例えば，自動車青信号・歩行者赤信号の場合，自動車：歩行者は右折が50：50（事例13），直進は30：70（事例18）である。右折時は自動車によ

る歩行者の発見や停止が容易であることから，自動車の過失割合が直進時より大きく定められている。これらの事例の回答は，いずれも中央値が基準と一致する（表6-6，表6-7）。自動車が黄信号・歩行者赤信号の場合も同様の考慮のもとに基準が定められ（車：歩行者は70：30〔事例14〕，50：50〔事例19〕），一般人も直進車より右折車の過失割合を大きく判断する傾向がみられる。このため，一般人も対歩行者事故において，基準同様に信号だけでなく車の動き（右折，直進の違い）も考慮して過失割合を判断していると思われる。

第9節　従来型車両による事故に対する一般人の判断の特徴

　自動車相互の事故では11事例中6事例で，基準と回答に10以上の差がみられた。対歩行者事故で同様の差がみられたは12事例中3事例で数は多くないものの，回答のばらつきが大きく，落としどころの感覚の違い故，紛争の激化が見込まれる事例があることが示唆された。

　従来型車両における一般人の判断の特徴をまとめると以下のとおりである。

①弱者（歩行者）優先や右折時の直進車優先といった一般的な交通ルールは，感覚として共有されている。ただ，出会い頭事故における左方優先のように，認識されていない可能性がある交通ルールもある。

②歩行者や直進車の優先度合いに対する数値的な評価は個人差があり，判断にばらつきが生じる。

③当事者双方に優先・非優先となる要素がある事例では，回答と基準の差が大きく，また判断も多様となる傾向がある。特に，対歩行者事例は判断が多様化しやすい（なお，歩行者に衝突したのが右折車か直進車かというような個別の交通状況を考慮している例もみられる）。

③基準は事故態様に応じた個別的な危険性（例，高速道路の危険性や右折時の交通事情）を考慮するが，一般人は一般的注意事項（例，交差点進入時は注意する）や一見してわかりやすい信号の色を判断の手がかりとする。

④一般人の判断はバイアスの影響をうけやすい可能性がある（例，一般に，一般道より高速道路上の方が追突事故の被害が大きくなりやすく，また追突事故では追突側が主な原因となることが多い。このため，高速道路上では追突車が大きな

第6章　基準は従来型車両の紛争解決基準として機能しているか（調査1）

被害を生じさせた当事者と判断し，重い責任を帰属する。）

　次章以降ではこの結果を踏まえ，一方の当事者（主に1当）に運転支援ない
し自動運転の機能がある場合の過失割合等の判断について検討する。

（1）　内閣府，「令和3年版交通安全白書」124頁　https://www8.cao.go.jp/koutu/taisaku/
　　　r03kou_haku/pdf/zenbun/1-1-2-3.pdf（2021.10.30閲覧）。
（2）　なお，基準には市街地か否か，道路幅などさらに詳細な修正基準がおかれている。た
　　　だ，修正要素を全て取り込むと事例の説明文などの量が増加し，回答者の負担が大きく
　　　なることから，調査実施者の判断で特に重要と考えられる要素のみ示すこととした。
（3）　対歩行者事例では，基準は歩行者の過失相殺率のみ示しているため，自動車について
　　　は便宜的に100から歩行者の過失相殺率を引いた数字を示している。
（4）　「データを小さい順に並べて，下から1/4のところのデータを第1四分位数，2/4
　　　のところのデータを第2四分位数（これは中央値と同じ），3/4のところのデータを第
　　　3四分位数とい」う。「（第3四分位数−第1四分位数）の値のことを四分位範囲といい，
　　　中心付近のデータがどのくらい散らばっているかの目安として用いる。」（総務省統計局
　　　「統計学習の指導のために＞補助教材＞基本用語集　四分位数，四分位範囲」より）。
（5）　追突事故は，被追突車に過失がなく追突車側の一方的過失によるものである場合，被
　　　追突車の過失相殺率は0となる（東京地裁民事交通訴訟研究会，2014，293頁）。例えば，
　　　赤信号や一時停止の規制,渋滞のため停止した車両に追突した場合である(同上)。ただ，
　　　当該類型の追突事故は発生件数が多いものの，両当事者に落ち度があることを前提とし
　　　て過失相殺率が争われる事例ではないため，本調査の対象としていない。
（6）　内閣府大臣官房政府広報室，2020，「高速道路運転中にまさかの事故！　高速道路の
　　　安全ドライブ　3つのポイント」https://www.gov-online.go.jp/useful/article/201307/5.
　　　html（2021.10.30閲覧）。
（7）　事例4（いずれも黄信号）に関し，改訂前の全訂4版基準では，双方とも信号は対等
　　　で違反があるため50：50とされていたが，黄信号の場合，双方赤信号より直進車の優先
　　　性の程度に差があるため，第5版となる東京地裁民事交通訴訟研究会（2014）は，右折
　　　車60：直進車40に改めた。
（8）　交通事故総合分析センター，2020，「ITARDA INFORMATION　交通事故分析レポー
　　　トNo.136　四輪車同士の右折対直進の事故」https://www.itarda.or.jp/contents/8941/
　　　info136.pdf（2021.10.31閲覧）。
（9）　本基準は，見通しがきかない交差点で，一時停止の規制がなく，交差する道路の幅
　　　も両車の速度も同じ場合についてである。
（10）　岡本他（2006，30頁）は事例16と同じ事例について回答を得ており，同調査では回答
　　　と基準に差がみられないが，回答のばらつきは比較的大きいようである。この違いが生
　　　じた理由に関し，岡本他（2006）は大学生のみ調査対象者としていること，また基準と
　　　の比較に回答の平均値を用いていることが影響しているのかもしれない。
（11）　事例18に関し，岡本他（2006，30頁）は一般人の回答はほぼ車50：歩行者50という結
　　　果を報告している。前掲注（10）同様，岡本他（2006）は大学生を対象に回答の平均値
　　　を用いて分析しているのに対し，本調査は幅広い年代を対象に中央値を用いて検討した

ことが結果の違いに影響した可能性がある。なお，本調査の平均値は車41.07：歩行者58.93で，中央値よりも50：50に近い数値となる。

参照文献

岡本満喜子・神田直弥・石田敏郎，2006，「交通事故事例に関する過失割合の認定基準と大学生の責任判断との相違」『応用心理学研究』Vol. 32 No. 1 。

岡本満喜子・中平勝子，2017，「自動車運転の高度支援に伴う社会通念の変化と民事交通訴訟」『ヒューマンインターフェース学会誌』Vol. 19 No. 3 。

警察庁，2023，「3 - 6 - 2　事故類型別・道路形状別交通事故件数」『令和 4 年中の交通事故の発生状況』。

交通事故総合分析センター，2021a，「SIP事故パターン分析—四輪車車両相互事故—2019年死者数」。

交通事故総合分析センター，2021b，「SIP事故パターン分析—人対車両事故—2019年死者数」。

佐野誠，2018，「第Ⅱ部第 4 章　多当事者間の責任の負担のあり方」藤田友敬編『自動運転と法』有斐閣。

総務省統計局，「2017. 平成27年国勢調査抽出詳細集計　第 9 表　職業，年齢，男女別15歳以上就業者数及び平均年齢」。

東京地裁民事交通訴訟研究会，2014，「民事交通訴訟における過失相殺率の認定基準全訂 5 版」『別冊判例タイムズ38』。

松村良之，2018，「第Ⅱ部第 6 章　責任帰属をめぐる認知」唐沢穣・松村良之・奥田太郎編著『責任と法意識の人間科学』勁草書房。

三浦麻子・小林哲郎，2015，「オンライン調査モニタのSatisficeに関する実験的研究」『社会心理学研究』，第31巻第 1 号。

Walster, E., 1966, "Assigment of responsibility for an accident." *Journal of Personality and social Psycholigy* Vol. 3 No. 1 。

Weninger, R.A., 1994, "Jury Sentencing in Noncapital Cases: A Case Study of El Paso County, Texas." Journal of urban and contemporary law Vol.45.

第7章

運転支援車による事故の過失割合（調査２，調査３）

第１節　運転支援車と従来型車両の過失割合（調査２）
──第６章の事例との比較

（１）調査の目的─運転支援車と従来型車両に対する過失割合の判断の違い

　調査２は，第６章の事例を用いて運転支援車と従来型車両の過失割合の回答を比較し，両者の差異を俯瞰的に把握することを目的とする。その上で，調査３−１（第２節），調査３−２（第３節，第４節）では，運転支援機能の性能限界と不具合による事故を題材に，運転者と運転支援機能の事故への関与の仕方が異なる場合に，一般人は運転者と自動車メーカー（メーカー）の負担割合をどのように判断するのか検討する。

（２）調査方法─第６章を用いた事例における過失割合の判断の比較

１）実施時期，調査実施の手続

　本調査は2021年11月に，ウェブ調査会社を介してウェブ調査を行った。調査実施の手続は，調査１（第６章第２節（２））と同じである。

２）調査対象者

　調査対象者は第６章第２節（１）と同様の方法で決定した。調査対象者は，運転支援機能の性能の限界が事故に関与した事例について回答するグループ（性能限界Ｇ）と，同機能の不具合が事故に関与した事例について回答するグループ（不具合Ｇ）に分けた。調査対象者の負担を考慮し，性能限界Ｇと不具合Ｇをそれぞれ３つの小グループに分け，回答する事例数が７〜８事例になるよう割り振った。各小グループの人数は360人ずつである。性能限界Ｇの小グループ①は平均50.55歳（*SD*15.98），男性178人・女性182人，免許あり290人・なし

70人（性別と免許有無の人数は小グループ②〜⑥共通なので，以下平均年齢と*SD*のみ示す），同②は平均50.33歳（*SD*16.05），同③は平均50.69歳（*SD*16.10），不具合Gの同④は平均50.33歳（*SD*16.06），同⑤は平均50.53歳（*SD*16.19），同⑥は平均50.49歳（*SD*15.83）である。

3）質問紙の構成

教示文および調査に用いた事故態様は，第6章第2節（3）と同じである。

調査対象者には，事例の概要，見取り図，運転支援機能の内容，同機能の事故への関与に関する説明を提示し，両当事者の過失割合を合わせて100になるよう回答を求めた。各説明は，調査対象者の負担軽減のため簡潔な内容とした。具体的な内容は，結果で述べる。

運転支援機能の事故への関与は，性能限界による不作動と，不具合による誤作動・不作動とした。性能限界はシステムに異常はなく，その仕様として運転支援の作動条件に制約がある場合で，運転者はその制約を車両性能として理解しておく必要がある。このため，性能限界が事故に関与した場面では，運転者の落ち度として①従来の前方不注意等に加え，②車両性能の理解不十分や機能への過信といった落ち度も加わることになる。

不具合には，不作動と誤作動の場面を設けた。不作動は，運転支援機能が本来作動するはずの場面であったのに正常に作動しなかった場合であり，運転者に②理解不足という意味での落ち度はないことになる（①の落ち度はある）。誤作動は，運転支援機能が本来作動すべきでないときに作動した場合とした。なお，性能限界による誤作動も想定されうるが，事故に至るような誤作動は，仮にシステムの仕様として取扱説明書に書かれていても欠陥と評価され（窪田，2018，179-180頁），実質的に不具合による誤作動として扱われることから，条件には設けなかった。

以上より，不具合による誤作動事例としてⅰ）高速道路上の急ブレーキによる追突，性能限界および不具合による不作動の事例としてⅱ）右折車と直進車の事故，ⅲ）出会い頭衝突，ⅳ）対歩行者事故の事例とした。なお，本研究で用いる事故事例は，現在多発する事故類型を題材に，運転支援車が関わった事故の責任を思考するための仮定的な事例と位置づけている。

自動車相互の事故の場合，一方当事者が運転支援車，相手方は従来型車両と

した。過渡期の交通社会には従来型車両が相当数存在しうること，および比較の視点を明確にするためである。運転支援車とした当事者は，ⅰ）は被追突車，ⅱ）は右折車，ⅲ）は右方車，ⅳ）は自動車である。本調査でも第6章第2節（3）同様検出項目を設け，正しい回答が得られた場合のみ調査対象とした。

（3）結果の全体像—運転支援車，従来型車両に対する回答と基準の比較—

運転支援車に対する過失割合の回答を，調査1（第6章）の従来型に対する回答と比較した。結果の概要を表7-1に示す。左から順に，事故類型（追突，右折車と直進車の衝突，出会い頭事故，対歩行者），事例番号（第6章と同じ），事例の概要（追突・被追突車の別，各当事者が対面する信号の色ないし信号の有無。運転支援車である当事者は「（支援）」と示した），結果の概要である。結果の概要欄中「支援と従来型の比較」欄は，運転支援車と従来型車両（従来G）の過失割合の回答を比較するためにMann-WhitneyのU検定（事例1・2）ないしKruskal-WallisのH検定（事例3～23）を行った。車両相互事故で有意差がみられた事例では「＞」で大小の関係とそれぞれの回答中央値を示し[1]，差がみられない事例は共通する回答中央値を記載した。対歩行者事故は回答の中央値を示した。（　）は中央値に差があっても有意差がみられなかったことを示す。「支援回答と基準の比較」欄では，運転支援車に関する回答の中央値と基準の数値を比較し，10以上の差がみられた事例でいずれが大きかったかを「＞」で示した。「支援回答のばらつき」欄は，運転支援車に関する回答の四分位範囲を示した。なお，運転支援機能の事故への関与に関し，性能限界と不具合による不作動で顕著な差がみられなかった箇所は，両者合わせて「支援」と記載した。

（4）以降で事故態様別に結果を述べる。

（4）前車の急ブレーキによる追突（事例1・事例2）

本事例は，前車（被追突車）が，運転支援機能の誤作動により急ブレーキをかけたことによって生じた追突事故である（事例及び従来Gの結果は第6章第4節参照）。事例1は高速道路，事例2は一般道で発生したものとした。運転支援機能の内容，事故への関与の説明は次のとおりである。なお，本事例の作成に当たっては藤田（2018，146-147頁）を参考に事例を単純化した。

表7-1　調査対象事例および結果一覧

類型		事例の概要		結果の概要：被追突車の回答について		
		被追突（支援）	追突	支援と従来型の比較	支援回答と基準の比較	支援回答の四分位範囲
被追突	1	被追突車が理由のない急ブレーキ（高速）		支援50＞従来32.5	50	20-70
	2	同上（一般道）		支援50＞従来40	支援50＞基準30	10-78.75
右折車と直進車		対面信号		結果の概要：右折車について		
		右折車（支援）	直進車	支援と従来型の比較	支援回答と基準の比較	支援回答の四分位範囲
	3	青	青	80	80	70/65*-90
	4	黄	黄	60	60	50-80
	5	赤	赤	50	50	50-60/50*
	6	進入時青右折時赤	赤	支援30＞従来20	支援30＞基準10	10/20*-50
	7	信号なし		支援80＞従来70	80	60-90
出会い頭衝突		対面信号		結果の概要：右方車について		
		右方車（支援）	左方車	支援と従来型の比較	支援回答と基準の比較	支援回答の四分位範囲
	8	青	赤	10	支援10＞基準0	0-20
	9	黄	赤	20	20	10-30/40*
	10	赤	赤	50	50	50-50
	11	信号なし		50	基準60＞支援50	50-50
歩行者と右折車		対面信号		結果の概要：自動車について		
		自動車（支援）	歩行者	支援と従来型の比較	支援回答と基準の比較	支援回答の四分位範囲
	12	青	青	100	100	99/100*-100
	13	青	赤	（不具合52.5＞性能・従来50）	50	20-80
	14	黄	赤	60	基準70＞支援60	40-88.75/90*
	15	黄	黄	90	支援90＞基準80	76.25/70*-100
	16	赤	赤	70	基準80＞支援70	50-90
	17	信号なし		100	100	90-100
歩行者と直進車	18	青	赤	（支援40＞従来30）	支援40＞基準30	10-70
	19	黄	赤	（性能52.5,不具合60＞従来50）	不具合60＞基準50	30-80
	20	赤	赤	（性能・従来80＞不具合70）	基準80＞不具合70	50-90
	21	赤	青	100	100	100-100
	22	赤	黄	（性能99.5,不具合100＞従来95）	90	90-100
	23	信号なし		100	100	90-100

＊性能限界Gと不具合Gで数値が異なる場合，性能限界G/不具合Gの順に示す。

（出典，東京地裁民事交通訴訟研究会，2014に基づき筆者作成）

第7章　運転支援車による事故の過失割合（調査2，調査3）

運転支援機能の内容
　人が運転の主体だが，車や歩行者と衝突する危険があると，ドライバーに警告し自動ブレーキをかける機能があった。

同機能の事故への関与
　システムの設計に問題があったため誤作動を起こし，何もないところで急ブレーキをかけた。同車のドライバーは，このタイミングで急ブレーキがかかることは予想できなかった。

　運転支援車である被追突車の過失割合の回答について従来Gと不具合Gを比較すると，高速道路では有意に不具合Gの方が大きく（表7-1：事例1），一般道でも同様の傾向がみられ（同上：事例2），理由のない急ブレーキをかけた運転支援車の方が，人より過失割合が大きいと評価される結果となった。

　回答と基準との違いを検討する。被追突車の過失割合の回答中央値は高速道路（事例1），一般道（事例2）とも50であり，一般人は発生場所で過失割合を区別していないことがうかがえる。結果的に，高速道路の追突は回答と基準に差はみられない（基準・回答とも50）が，一般道は被追突車の過失割合について一般人の方が大きく評価している（基準30，回答50）。

（5）右折車と直進車の衝突（事例3～事例7）

　本事例は，運転支援機能の不作動が関与した事故で，右折車が運転支援車である（事例及び従来Gの結果は第6章第5節参照）。運転支援機能の内容および事故への関与について，次の点は性能限界G，不具合Gとも共通する。

　「人が運転の主体だが，人や車と衝突の危険があると警告を出し，自動ブレーキをかける機能がある。ただ，（性能限界あるいは不具合のため）相手車両と衝突の危険があったが，運転支援は働かなかった。信号は判別しない。ドライバーは事故当時，直進車に対し運転支援が働くと思っていた」。

　性能限界および不具合の説明は，次のとおりである。

145

> **性能限界**
> 　システムの性能上，右折時に直進車との衝突を防ぐ機能はなかった。このことは取扱説明書に書いてあった。

> **不具合**
> 　右折時に直進車と衝突の危険があるとシステムがドライバーに警告し，自動ブレーキをかける機能があった。しかし，システムの設計に問題があったため，直進車と衝突の危険があったが，どちらも働かなかった。

　右折車の過失割合の回答について，事例ごとに従来Ｇと性能限界Ｇ，不具合Ｇ（後二者を合わせて支援Ｇと表記）を比較したところ，事例6（右折車青から赤，直進車赤）・事例7（信号なし）で支援Ｇの回答が従来Ｇより有意に大きく[2]，また回答のばらつきも大きかった（表7-1）。これらの事例は，直進車との関係で非優先となる右折車に信号違反がない事例であった。

　基準と回答を比較すると，事例6で10以上の差がみられた（支援Ｇ＞基準）が，それ以外の事例では差がみられなかった。

（6）出会い頭事故（事例8～事例11）

　本事例も運転支援機能の不作動が関与した事故で，右方車が運転支援車である（事例および従来Ｇの結果は第6章第6節参照）。運転支援機能の説明中「人が運転の主体である。運転支援機能は信号を判別しない。ドライバーは事故当時警告が出ると認識していた」点は共通する。性能限界と不具合の内容は次のとおりである。

> **性能限界**
> 　交差点に交差車両を検知する設備があれば，システムが衝突を防ぐための警告を出す機能がある。しかし，現場の交差点にはその設備がなく，警告が出なかった。運転支援の内容は取扱説明書に書いてあった。

> **不具合**
> 　出会い頭衝突の危険があるときはシステムから警告が出る。しかし，システムの設計に問題があったため，警告が出なかった。

　右方車の過失割合の回答について，事例ごとに従来Ｇと性能限界Ｇ，不具合Ｇを比較したところ，いずれも有意差はみられなかった。同じ不作動でも自動

第7章　運転支援車による事故の過失割合（調査2，調査3）

ブレーキにより事故を回避しうる（5）右折車の事故事例と異なり，（6）出
会い頭事故事例8～事例11の運転支援は警告に留まる。このため機能的に従
来型と大差ないととらえられ，運転支援機能の有無で過失割合の判断に差が生
じなかったのかもしれない。

　基準と右方車の回答との間に10以上の違いがみられたのは事例8（支援回答
＞基準），事例11（基準＞支援回答）で，従来Gと同じ傾向の違いがみられた（表
6-2，表7-1）。一般人は基準ほど道交法上の優先関係（左方優先）を明確に意
識せず，信号や当事者の行為を重視しがちという従来型と同様の判断が行われ
た可能性がある。

（7）対歩行者事故（事例12～事例23）

　本事例も運転支援機能の不作動が関与している（事例及び従来Gの結果は第6
章第7節，第8節参照）。運転支援機能の説明中「人が運転の主体だが，歩行者
と衝突の危険があるとシステムが警告を出し，自動ブレーキがかかる機能があ
る。（同機能は）信号を判別しない。ドライバーは事故当時，歩行者に対し警告
が出ると認識していた。」点は共通する。性能限界と不具合の説明は次のとお
りである。

性能限界（右折車と歩行者との事故）
　システムの性能上，右折時に右折先の歩行者との衝突を防ぐ機能はなかった。
性能は取扱説明書に書いてあった。

性能限界（直進車と歩行者との事故）
　強い太陽の光が車に当たっていて，システムの性能上運転支援が働かない条件だった。性能
は取扱説明書に書いてあった。

不具合
　システムの設計に問題があったため，歩行者と衝突の危険があったが，どちらも（注：警告，
自動ブレーキ）機能しなかった。

　運転支援車の過失割合の回答について，事例ごとに従来G，性能限界G，不
具合Gと比較したところ，事例15以外有意差はみられなかった。回答のばらつ
きは，歩行者に信号違反がある事例（事例13～16，事例18～20）で特に大きく，
全体に自動車相互の事故よりも大きかった。基準と各Gの過失割合の回答を比
較すると，事例14（基準＞支援回答），事例15（支援回答＞基準），事例16（基準＞

支援回答）では，従来Ｇと同様の違いがみられた。事例18は支援回答，事例19は不具合Ｇの回答が基準より大きく，事例20は基準の方が大きかった。

（8）運転支援車に対する過失割合判断の全体傾向

　まず，基準と支援Ｇの回答の違いは，全体に従来Ｇの傾向と類似しており，一方当事者が運転支援車の場合，従来型車両の過失割合と類似の価値基準で判断が行われることがうかがえる。対歩行者事故は，自動車に対する過失割合の回答のばらつきが従来Ｇ同様に大きく，解決の落としどころの感覚が多様であるが故に紛争の激化が予想される。

　次に，運転支援車と従来型車両に対する過失割合の判断の違いについて検討する。運転支援機能の誤作動の場合（事例１，事例２），運転支援車に従来型車両より大きな過失割合が帰属される傾向がみられた。これに対し，不作動（事例３〜23。主にブレーキの不作動）は運転支援車の過失割合の方が大きく判断された事例もあるものの，一貫した傾向はみられない。有害な作為は不作為より大きく非難される（Spranca他，1991，pp. 76-105）が，運転支援システムに対してはこの傾向がより明確に表れるのかもしれない。なお，事例８〜11のように運転支援機能が警告のみの場合，従来型車両と機能面で大きな違いはないと評価され，過失割合の判断にも違いが生じなかった可能性がある。

第２節　運転者とメーカーの責任分担（調査３）

（1）運転者とメーカーの役割分担について

　運転支援車の挙動には，運転者と，メーカーが設計・製造した運転支援システム双方が関わっており，運転支援車に対する責任判断は両者の組み合わせということもできるであろう。

　では，運転者とメーカーの責任はどのように評価されるであろうか。誤作動は欠陥と評価でき（窪田，2018，179-180頁），メーカーの事故への関わりが大きいといえる。不作動は，その原因が性能限界か不具合かで両者の関わりは異なると思われる。性能限界の場面における車の制御は運転者の役割であるのに対し，不具合は機能すべき場面で適切に働かないシステムを作ったメーカーの事

故への関わりがより大きいともいえる。一方で，不作動の原因が何であれ運転の主体は運転者にあり，運転者が車を制御可能で事故を予見・回避する義務がある以上，全て運転者の責任だという考え方もあるだろう。そして，運転者とメーカーに対する責任判断の違いが，運転支援車側の過失割合の判断に影響を及ぼしている可能性もある。

　そこで，第2節では，第1節（調査2）で検討した事例の中から基準と回答，従来Gと支援Gの間で差がみられた事例，回答のばらつきが大きい事例を抽出し，運転者とメーカーの責任の負担割合に焦点を当てて検討する。対象とした事例は，①誤作動（高速道路上の急ブレーキによる追突），②不作動（信号が変わってから右折を始めた右折車と落ち度のある直進車との事故），③不作動（落ち度のある歩行者と落ち度のない自動車との事故）である。第2節で用いた事例は基本的に第1節と同じだが，運転者とメーカーの役割を読み取りやすくするため，やや具体的な説明を加えた。

（2）①高速道路上の急ブレーキによる追突（調査3-1・事例1）

1）実施時期，調査実施の手続

　2020年9月にウェブ調査の形で行った。調査実施の手続は第6章第2節（2）と同じである。

2）調査対象者

　調査対象者は，被追突車が運転支援車のグループ（不具合G）400名（内訳；平均年齢46.38，SD14.32，男性女性各200名，免許あり313名，免許なし87名），従来型車両のグループ（従来G）400名（内訳；平均年齢46.66歳，SD14.66，男性女性各200名，免許あり313名，免許なし87名）である。

3）質問紙の構成

　調査対象者には，事例の概要，見取り図，運転支援機能の内容，同機能の事故への関与に関する説明を提示し，両当事者の過失割合を合わせて100になるよう回答を求めた。[3] その上で不具合Gには，被追突車（運転支援車）の運転者とメーカーが分担すべき責任について，両者の負担割合を合計すると被追突車（運転支援車）の過失割合の数値となる形で回答を得た。

　事例，運転支援機能の内容および事故への関与の仕方は，東京地裁民事交通

訴訟研究会（2014）293頁，485頁に加え，車両の周囲に電波を強く反射するものがあるときにセンサーが正しく検知できない場合があるとする運転支援車の取扱説明書の記載[4]，および藤田（2018, 152頁, 156頁）が用いた事例を参照し作成した。なお，事故の原因となった行為は同じでも，被害の大きさによって責任判断が影響を受けうる（Walster, 1966, pp.73-79）。このため，両当事者の被害は「両車のドライバーと車に被害が出た」で統一した。具体的な事例は結果で示す。

　また，一般人は，結果を「回避できなかったことに対して道徳的に悪いと断ずる傾向」があり（奥田他, 2018, 294頁），結果回避可能性の認識が過失割合や責任分担の判断に影響する可能性がある。そこで，運転支援車の運転者とメーカーが事故を回避できたと思う程度を，「1 そのとおりと思う」から「6 全くそう思わない」の6件法で回答を得た。

4）不具合Gと従来Gの過失割合の回答比較

　事例の説明は次のとおりである。

当事者の説明（不具合G）

追突車	人だけが運転し，運転支援の機能はついていない。
被追突車*	運転するのは人。高速道路で車間距離や速度を一定に保ち，障害物を検知したら，自動的にブレーキがかかる運転支援の機能がある。 メーカーは，機能には限界があるとしつつ，事故を防げる，安全性が高まるとホームページに書いているとする。

＊従来Gは，追突車・被追突車とも「人が運転し，運転支援の機能はついていない」とした。

事例の説明

不具合G
（事故時の状況：晴れ・昼間）　先行車のドライバーが，高速道路の走行車線を制限速度の80km/hで走行中，同車の運転支援のシステムが追越車線を併走するトラックに反射した電波を障害物と誤って認識し，急ブレーキをかけた。実際は道路に障害物はなかった。その直後，先行車の後ろを80km/hで走行していた後続車が，先行車に追突した。
後続車は先行車のブレーキランプを見て，自分もブレーキを踏んだが間に合わなかった。

従来G
上欄の下線部分が，ドライバーは「道路の脇でビニール袋がはためいたのに驚き，急ブレーキをかけた」となる。それ以外は同じである。

第7章　運転支援車による事故の過失割合（調査2，調査3）

図7-1①　被追突車に関する従来G・不具合Gの過失割合回答（箱ひげ図）　　図7-1②　不具合Gにおけるメーカーと運転者の負担割合の回答比較（箱ひげ図）

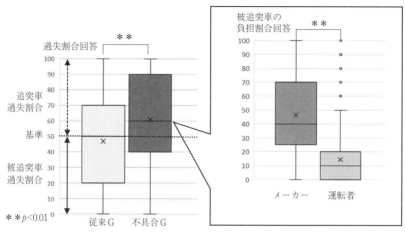

（出典　筆者作成）

　不具合Gと従来Gの被追突車に対する過失割合の回答について正規性の検定を行ったところ，正規分布に従わなかったため，両グループの回答をMann-Whitneyの U 検定を用いて比較した。結果を箱ひげ図で示す（図7-1①）。従来Gは白（左側），不具合Gは濃いグレー（右側）とした。平均値は×で示した。図中の点線は基準を示しており，点線の下が被追突車側，上が追突車側の過失割合である。比較の結果，不具合Gの方が過失割合を高く回答した（$Z=6.84$, $p<0.01$）。

　被追突車に関する基準（50）と回答を比較すると，不具合Gは10大きい60であり，従来Gは50で差がみられなかった（図7-1①）。回答のばらつきはいずれのグループも大きかった。

5）不具合Gの運転者とメーカーの負担割合

　不具合Gの運転者とメーカーの負担割合に関する回答を図7-1②に示す。Wilcoxonの符号順位和検定を用いて両者を比較したところ，有意にメーカーが高かった（回答中央値メーカー40，ドライバー10）。

6）被追突車の過失割合の回答，負担割合，回避可能性の相関

　被追突車（運転支援車）の過失割合とメーカー・運転者それぞれの負担割合，回避可能性との関連をみると，過失割合とメーカーの負担割合のみ強い関連がみられた（ρ=0.86）。また，メーカーの負担割合と同社の回避可能性（ρ=−0.31），運転者の負担割合と同人の回避可能性（ρ=−0.45）に負の相関がみられ，メーカーあるいは運転者が事故を回避可能と認識されるほど，その負担割合が大きく評価された。回避可能性と過失割合の回答には相関がみられなかった。

（3）②右折車と直進車の衝突（調査3−2・事例2）

1）実施時期，調査実施の手続

　本調査は2020年11月にウェブ調査の形で行った。調査実施の手続は第6章第2節（2）と同じである。

2）調査対象者

　右折車が運転支援車であり，性能限界G239名（内訳；平均年齢50.72歳，*SD*16.51，男性121名・女性115名・その他3名，免許あり191名・なし48名），不具合G240名（内訳；平均年齢50.46歳，*SD*16.61，男性117名・女性121名・その他2名，免許あり193名・なし47名），従来G232名（内訳；平均年齢50.54歳，*SD*16.24，男性112名・女性119名・その他1名，免許あり179名・なし53名）である。

3）質問紙の構成

　提示した事例等の説明方法，過失割合と負担割合の回答方法，結果回避可能性の設問は第2節（2）3）と同様である。[5]

　本事例は，右折車が交差点進入時は青信号，右折時は黄信号，直進車は黄信号で交差点に進入した事例である。岡本他（2006, 25-35頁）では過失割合の回答と基準（東京地裁民事交通訴訟研究会，2014, 229頁）に大きな差がみられ，両当事者に優先・非優先要素があり判断困難という特徴がある事例である。条件は，右折車が従来型車両（従来G），運転支援車で性能の限界による不作動が事故に関与した条件（性能限界G），不具合による不作動が関与した条件（不具合G）とした。直進車はいずれのグループでも従来型車両とした。性能限界の場面について，Shimazaki他（2018, pp.221-229）が一般人の理解が十分でないことを示した場面（自動ブレーキは運転者の操作により解除されることがある）を参考に設

第7章　運転支援車による事故の過失割合（調査2，調査3）

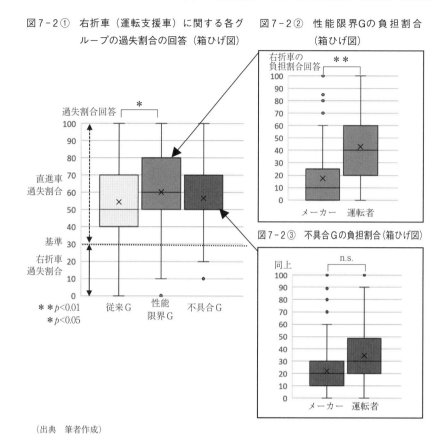

(出典　筆者作成)

定した。第2節（2）3）同様，両当事者の被害は「右折車と直進車が衝突し両方のドライバーと車両に被害が生じた」で統一した。具体的な事例は結果とともに示す。

4）運転支援Gと従来Gの回答比較

まず，事例の説明は次のとおりである。

153

当事者の説明

右折車*	人が運転の主体である。ただ,右折先の直進車を検知して,まずドライバーに警告し,衝突の危険があるときは自動的にブレーキをかける運転支援機能がある。メーカーは,この機能で事故を防げる,機能には限界があるとホームページに書いている。
直進車*	人だけが運転し,運転支援の機能はない。

＊従来型は,右折車・直進車とも「人だけが運転し,運転支援の機能はない」とした。

―――― 事例の説明（性能限界G,不具合G）――――

性能限界G,不具合G共通（事故当時の状況：晴れ,昼間）
　右折車ドライバーは青信号で交差点に入り,右折を待っている間に黄信号に変わった。ドライバーは,直進車が来ても,衝突の危険があるなら自動ブレーキがかかるだろうと思って,右折を始めた。直進車ドライバーは直進中,黄信号で交差点に入った。
【性能限界または不具合の説明】

【性能限界の説明】

　右折車のシステムは,直進車を検知して自動ブレーキをかけた。しかし,早く右折したかったドライバーは直進車に気づかないまま,右折先の道路に目を向けて,ハンドルを切りながらアクセルを強く踏み続けたので自動ブレーキが解除され,同車は右折を続けた。自動ブレーキ作動中にドライバーがハンドルを操作したり,アクセルを強く踏むと自動ブレーキが解除されることは取扱説明書に書いてあった。ドライバーはこのことを覚えていなかった。

【不具合の説明】

　右折車の自動ブレーキには設計上の問題があったため直進車を検知せず,衝突の危険があったが,自動ブレーキが働かなかった。早く右折したかったドライバーは,直進車に気づかないまま,右折先の道路に目を向けて,右折を続けた。右折車ドライバーは,自動ブレーキが働いていないことに,気づいていなかった。

事例の説明（従来型）

　右折車ドライバーは青信号で交差点に入り,右折を待っている間に黄信号に変わった。ドライバーは,黄信号に変わった後,右折を始めた。直進車ドライバーは直進中,黄信号で交差点に入った。早く右折したかった右折車ドライバーは,直進車に気づかないまま,右折先の道路に目を向けて右折を続けた。

性能限界G,不作動G,従来型Gの右折車に関する過失割合の回答を比較す

るためにKruskal-WallisのH検定を行ったところ有意差がみられ（$p<0.05$），多重比較の結果，従来型Gより性能限界Gの方が高かった（図7-2①）。回答のばらつきは比較的大きかった（四分位範囲は従来G40-70，性能限界G50-80）。

基準と回答の差に関し，本事例は従来Gでも差が大きい事例だが，性能限界Gは従来Gより過失割合を大きく回答したこともあり，さらに差が広がった。

5）運転者とメーカーの負担割合

運転者とメーカーの負担割合について，性能限界G（図7-2②），不具合G（図7-2③）の回答を示す。グループ別に第2節(2)5）と同様の方法で運転者とメーカーの負担割合の回答を比較したところ，性能限界Gで有意差がみられ（$p<0.01$），運転者の負担割合がメーカーより高かった。不具合Gでは差はみられなかった。

6）右折車の過失割合の回答，負担割合，回避可能性の相関

右折車の過失割合との相関をみると，性能限界Gは運転者の負担割合のみ正の相関がみられた（$\rho=0.65$）のに対し，不具合Gはメーカーおよび運転者双方の負担割合と正の相関がみられた（過失割合とメーカー負担割合 $\rho=0.36$，運転者負担割合 $\rho=0.60$）。過失割合と回避可能性との相関はみられなかった。

（4）③対歩行者事故（調査3-2・事例3）

1）実施時期，調査実施の手続，調査対象者

調査の実施時期，調査実施の手続，調査対象者は，第2節(3)1）2）と同じである。

2）質問紙の構成

提示した事例等の説明方法，過失割合と負担割合の回答方法，結果回避可能性の設問は第2節(2)3）と同様である。

本事例は，赤信号で横断歩道を渡り始めた歩行者と，青信号で走行していた自動車が衝突した事例である。本事例も第2節(3)で述べた右折車と直進車の衝突事故同様，岡本他（2006，25-35頁）で基準と回答の差が大きく，両当事者に優先・非優先となる要素がある事例である。条件は第2節(3)3）と同様，従来G，性能限界G，不具合Gとした。性能限界の場面は，2016年に発生したアメリカでの死亡事故[7]，およびセンサーの機能が逆光により左右されうること[8]

を参考に設定した。

3）運転支援Gと従来Gの回答比較

まず，事例の説明を示す。

当事者の説明

車の仕組み	運転支援あり（性能限界，不具合共通） 　人が運転の主体である。ただ，歩行者を検知するとドライバーに警告し自動的にブレーキがかかる運転支援の機能がある。メーカーは，この機能で事故を防げる，機能には限界があるとホームページに書いている。町を走る車の9割以上に自動ブレーキがついていて，一般的に「車には自動ブレーキがついている」と認識されている。 従来型 　人だけが運転し，運転支援の機能はない。
歩行者	健康状態に問題はない成人（全て共通）

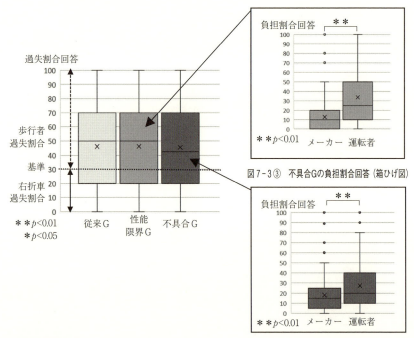

図7-3①　自動車に関する各グループの過失割合の回答（箱ひげ図）

図7-3②　性能限界Gの負担割合回答（箱ひげ図）

図7-3③　不具合Gの負担割合回答（箱ひげ図）

（出典　筆者作成）

第7章　運転支援車による事故の過失割合（調査2，調査3）

―― 事例の説明（性能限界G，不具合G）――

性能限界，不具合共通（事故当時の状況：晴れ，昼間）
　ドライバーが一般道を，制限速度の30キロで走っていた。ドライバーは横断歩道に近づいたが，自分の信号が青なので歩行者はいないだろうし，歩行者がいても自動ブレーキで車が自動的に止まるだろうと思い，目的地の看板を探していた。
　歩行者は車に気づかないまま，赤信号で横断歩道を渡り始めた①。
　【性能限界または不具合の説明】
　ドライバーは直前で歩行者に気づいてブレーキをふんだが間に合わず，車と歩行者が衝突し，歩行者がけがをした。車と歩行者の間隔は，車の自動ブレーキが本来の機能どおりに働いていれば，またはドライバーが前を見ていてブレーキをかければ，止まれる距離だった。歩行者は，車に気づいて渡るのを止めていれば，衝突を避けられた。

　【性能限界の説明】

　車のセンサーに正面から強い西日が当たっており，センサーが歩行者を検出できず，衝突の危険があったが，自動ブレーキが働かなかった。このような場合に自動ブレーキが正常に作動しない可能性があることは，取扱説明書に書いてあった。ドライバーはこのことを覚えていなかった。

　【不具合の説明】

　車の自動ブレーキには設計上の問題があったため，歩行者を検知せず，衝突の危険があったが，自動ブレーキが働かなかった。

事例の説明（従来型）

　ドライバーが一般道を，制限速度の30キロで走っていた。ドライバーは横断歩道に近づいたが，自分の信号が青なので歩行者はいないだろうと思い，目的地の看板を探していた。歩行者は車に気づかないまま，赤信号で横断歩道を渡り始めた。
　ドライバーは直前で歩行者に気づいてブレーキをふんだが間に合わず，車と歩行者が衝突し，歩行者がけがをした。車と歩行者の間隔は，ドライバーが前を見ていてブレーキをかければ止まれる距離だった。歩行者は，車に気づいて渡るのを止めていれば，衝突を避けられた。

　自動車の過失割合について，第2節（3）4）と同様の方法で従来G，性能限界G，不具合Gの回答を比較したが，有意な差はみられなかった（図7-3①）。

4）運転者とメーカーの負担割合

　性能限界G（図7-3②）と不具合G（図7-3③）における運転者とメーカーの負担割合の回答を示す。グループ別に第2節（2）5）と同様の方法で運転者とメーカーの負担割合を比較したところ，いずれも運転者の負担割合が大きく，

157

特に性能限界Gでその傾向が強かった。

　5）自動車の過失割合の回答，負担割合，回避可能性の相関

　自動車の過失割合との相関をみると，性能限界G（過失割合とメーカー負担割合について $\rho=0.38$，運転者負担割合について $\rho=0.84$），不具合G（過失割合とメーカー負担割合について $\rho=0.51$，運転者負担割合について $\rho=0.85$）ともメーカーおよび運転者の負担割合と正の相関がみられた。過失割合と回避可能性との関連はみられなかった。

（5）歩行者の車に対する認識と過失割合の判断（事例4・調査3-2）

　事例3の歩行者は，車の接近を認識していない事例とした（車認識なし）。現在の基準では，歩行者が車に気づいて横断を開始したか否かは考慮されない（佐野，2018，214頁）。ただ，自動運転装置が広く普及し，保有される自動車の大半に装着されるに至った場合，歩行者が車の方が衝突被害軽減ブレーキで止まってくれると期待・信頼し，車を避けなかったとき，その信頼が保護に値するとして過失割合を減じる可能性も指摘される（同上，212-213頁）。

　この評価が一般人に受け入れられるなら，衝突被害軽減ブレーキが広く普及していることを前提に，歩行者が車を認識しつつ車の方が止まるだろうと思って横断を始めた場合，車の認識がないときより歩行者の過失割合を軽減し，反対に車の過失割合が重く判断されることになる。

　そこで，事例3の性能限界，不具合事例について，第2節（4）3）で示した性能限界，不具合共通の説明中下線①を「歩行者は車に気づいたが，車には自動ブレーキが着いているので，車の方が止まるだろうと思っていた」（車認識あり）とする事例を設け，同（4）1）2）と同じ方法で調査を行った。

　性能限界G中，歩行者の車認識なし事例（事例3）と車認識あり事例（事例4）における車の過失割合の回答を比較したところ，有意な差はみられなかった。同様に不具合Gでも比較したが，差はみられなかった。一般人は，歩行者の車に対する認識が違っても過失割合の判断を変えないことがうかがえる。運転支援車に関する説明で，「町を走る車の9割以上に自動ブレーキがついていて，一般的に『車には自動ブレーキがついている』と認識されている」旨示したが，歩行者の赤信号無視という行動は変わらないから，歩行者の主観で区別する必

第7章　運転支援車による事故の過失割合（調査2，調査3）

要はないと判断された可能性がある。また，現在の交通社会は，運転支援機能のある車両が普及しつつある過渡期にあり，調査対象者が上記の状況を現実的に想定するのが困難であった可能性が考えられる。

第3節　運転支援車の過失割合とメーカー・運転者の 責任分担のまとめ

（1）基準と一般人の感覚の違い

　基準と一般人の判断に違いがみられる事例の傾向は，全体に従来型も運転支援車も類似していた。一般人は，運転支援車を従来型と同様，ないしその延長線上にある存在ととらえている可能性がある。ただ，高速道路上の急ブレーキによる追突や右折車と直進車の事故のように，運転支援車の過失割合が従来型より大きく評価され，基準との乖離がより大きくなる事故態様もあることには注意が必要であろう。また，対歩行者事例は，従来型同様，回答のばらつきが大きく紛争の激化が示唆された。高度な運転支援車が普及していく今後の交通社会において，納得のいく紛争解決を導くためには，基準と一般人の判断の違いについて数値的な差に加え，両者が着目する判断要素や要素の評価を比較することを通じ，基準との差が生じる理由をより詳細に明らかにしていく必要があると思われる。

（2）従来型車両と運転支援車の過失割合判断の比較

1）誤作動

　誤作動（理由のない急ブレーキ）の場合，誤って急ブレーキをかけた人より，誤作動を起こしたシステムに対する過失割合が大きく判断された。また，一般人の回答ではメーカーの負担割合が被追突車の過失割合と強く関連した。誤作動は事例上システムに起因し，人は関与していない。このことから誤作動は主にメーカーの問題ととらえられたことがうかがえる。このため，誤作動の責任が重く判断された理由は，高度な自動運転車に求める安全水準の高さ（Liu他，2021, pp.125-133），個人的関連性の少なさや信頼の裏切り（Hong, 2020, pp.1768-1774）等の理由が当てはまる可能性がある。

　なお，奥田他（2018, 294頁）は，回避可能性の高さが責任判断に影響すると

159

しているが，本調査で過失割合の回答と回避可能性には直接の関連はみられず，回避可能性と関連がみられたのは各関係者（運転者ないしメーカー）それぞれの負担割合であった。被追突車の過失割合は運転者とメーカーを合わせた検討が必要であり，各関係者の責任に直結する負担割合とは異なる判断が求められたため，回避可能性と過失割合の判断に直接の関連がみられなかった可能性がある。

2）自動車相互の事故における不作動

自動車相互事故における不作動事例の判断は，事故態様等によって異なる。運転支援システムが物理的な事故防止機能を有し（例，自動ブレーキ），性能の限界のために自動ブレーキが不作動だった場合，運転支援車の方が従来型車両より過失割合が大きく判断される事例がみられた（例えば，落ち度のない右折車〔運転支援車〕と直進車の事故）。この場合，過失割合の判断に強く関連するのは右折車運転者の負担割合である。行為者によって講じられる事故防止措置が少ないほど，言いかえれば落ち度の大きな行為者ほど責任が重く評価されることが知られる（Karlovac他，1988，pp.287-318）。運転者には前方不注意に加え，機能への過信・理解不足があることから，より落ち度が大きいと評価され，従来型より責任が重いと判断されたのかもしれない。

一方，上記事例で不具合による不作動の場合，運転支援の有無で過失割合の判断に違いはみられなかった。不作動はシステムに起因する問題であり，誤作動と同様に運転支援車の責任が重く評価されそうである。しかし，不作動の場面は，本来人が注意を払っていれば事故を予見回避できる場面であり，誤作動のように運転者の予見回避が困難な場面ではない。この人の制御が及ぶか否かという点が上記の違いに影響した可能性がある。

なお，運転支援機能が警告に留まる場合は過失割合の判断に顕著な違いはみられなかった。機能的に従来型と大きな違いがないと評価された可能性がある。

3）対歩行者事故における不作動

対歩行者事故は回答のばらつきが大きく，紛争解決に関する価値観が多様であるが故に紛争が激化する可能性がある。

なお，この結果は対歩行者事故において人（従来型）の方が強く非難されるとするAwad他（2020, pp.134-143）とは異なる結果となった。Awad他（2020）は，

結果発生に必要な条件がいくつかある場合，人の意図的な行動が原因として特に重視される（ハート他，1991，145-150頁）ことから，機械的な要因より人の要因が原因としてより重視され，重い責任が帰属されるとする。しかし，Awad他（2020）が用いた事例は運転者が「歩行者の存在を知りつつ避けない」という設定で人の意図性が看取しやすかったのに対し，本調査のドライバーは歩行者に気づいておらず，衝突への意図性は少ない。意図的な行為は意図しない行為よりも責任が重く判断される（Shulz他，1991，p.261）が，Awad他の意図性を看取しやすい事例では人の落ち度が重視されたのに対し，意図性の少ない本事例ではこの意味での強い因果性や重い責任判断にはつながらなかった可能性がある。

また，対歩行者事故では，性能限界と不作動で判断に大きな違いはみられなかった。自動車相互の事故では機能への過信等が考慮され，両グループで異なる判断が行われる事例もみられたが，対歩行者事故の場合は弱者保護など自動車相互事故とは異なる価値判断が行われている可能性がある。

(3) 従来型車両と運転支援車に対する過失割合の判断のまとめ

第2節で述べた結果を中心にまとめたのが表7-2である。本章では，事故態様，運転支援機能の事故への関与（誤作動，不作動〔性能限界，不具合〕），運転

表7-2 運転支援車と従来型車両の過失割合判断と影響する要因のまとめ

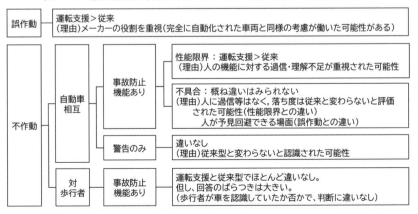

（出典　筆者作成）

者とメーカーの負担割合の判断が，過失割合の評価にどのように関わるかを中心に検討した。

　次章では，本章で検討した事例を対象に，因果関係，道義的非難，規範からのずれ，支払うべき賠償額（与えられるべき罰）の判断が過失割合の判断にどのような影響を与えるか，また一般人は事故の事実関係中，どのような要素に着目し過失割合の判断を行っているかの検討を行いたい。

（1）　調査2，調査3の過失割合の回答はいずれも正規分布に従わなかったため，ノンパラメトリックな手法を用いて検定を行った。
（2）　調査2事例3（両車とも青）は有意差はみられたものの，回答中央値は支援G，従来Gとも80であった。
（3）　調査3-1では，本事例含め5事例を提示し回答を得たが，本書では高速道路上の急ブレーキ事例の結果を示す。
（4）　例えばHONDA「安全運転支援システム　衝突軽減ブレーキ」https://www.honda.co.jp/hondasensing/feature/cmbs/（2024.2.17閲覧）。
（5）　調査3-2では第2節（3）（4）（5）で述べた事例を含む5事例を提示し回答を得た。
（6）　運転支援機能に影響を及ぼす条件は悪天候などもあげられているが，悪天候による視界不良は基準の数値に影響を与えることがあるため，場面の設定には用いなかった。
（7）　TESLA, 2016, "A Tragic Loss" https://www.tesla.com/jp/blog/tragic-loss?redirect=no（2022.2.22閲覧）.
（8）　JAF,「ASVに関するQ&A」https://jaf.or.jp/common/safety-drive/new-technology/asv/faq（2024.2.19閲覧）。

参考文献

岡本満喜子・神田直弥・石田敏郎，2006，「交通事故事例に関する過失割合の認定基準と大学生の責任判断との相違」『応用心理学研究』Vol.32 No.1。

奥田太郎・唐沢穣・松村良之，2018，「第Ⅲ部第11章　責任と法意識をめぐる人間科学的考察」唐沢穣・松村良之・奥田太郎編著『責任と法意識の人間科学』勁草書房。

窪田充見，2018，「第Ⅱ部第3章　自動運転と販売店・メーカーの責任」藤田友敬編『自動運転と法』有斐閣。

佐野誠，2018，「第Ⅱ部第4章　多当事者間の責任の負担のあり方」藤田友敬編『自動運転と法』有斐閣。

東京地裁民事交通訴訟研究会，2014,「民事交通訴訟における過失相殺率の認定基準全訂5版」『別冊判例タイムズ38』。

ハート，H.L.A.，オノレ，T.，1991／井上祐司・真鍋毅・植田博共訳『法における因果性』九州大学出版会。

藤田友敬,2018,「第Ⅱ部第2章　自動運転と運行供用者の責任」藤田友敬編『自動運転と法』有斐閣。

Awad, E., Levine, S., Weiner, K.M., Dsouza, S., Tenenbaum, J.B., Shariff, A., Bonnefon, J.F.,

第 7 章　運転支援車による事故の過失割合（調査 2 ，調査 3 ）

Rahwan, I., 2020, "Drivers are blamed more than their automated cars when both make mistakes." *Nature Human Behaviour* Vol. 4 .

Hong, J.W., Wang, Y., Lanz, P., 2020, "Why Is Artificial Intelligence Blamed More? Analysis of Faulting Artificial Intelligence for Self-Driving Car Accidents in Experimental Settings" *International Journal of Human-Computer Interaction* Vol. 36.

Karlovac, M., Darley, J.M., 1988, "Attribution of responsibility for accidents: A negligence law analogy." *Social Cognition* Vol. 6 .

Liu, P., Du, Y., 2021, "Blame attribution asymmetry in human-automation cooperation." *Risk Analysis* Vol. 42.

Shimazaki, K., Ito, T., Ishida, T., 2018, "The public's understanding of the functionality and limitations of automatic braking in Japan." IATSS Research Vol.42.

Shulz, T.R., Darley, J.M., 1991, "An information-processing model of retributive moral judgments based on "leagal reasoning." Kurtines,W.M., Gewirtz,J.L., Handbook of moral behavior and development Vol. 2 , pp.247-278. Lawrence Erlbaum.

Spranca, M., Minsk, E., Baron, J., 1991, "Omission and commission in judgment and choice." *Journal of Experimental Social Psychology* 27.

Walster, E., 1966, "Assigment of responsibility for an accident." *Journal of Personality and social Psycholigy* Vol. 3 No. 1 .

第8章

運転支援車に対する責任判断の背景（調査4）

第1節　基準と一般人の判断，運転支援車と従来型車両の
責任判断に違いが生じる理由とは

（1）責任判断に差が生じる背景

　第6章では従来型車両による事故，第7章では運転支援車と従来型車両の事故における過失割合と，ドライバーおよびメーカーの負担割合に焦点を当てて比較した。その結果，基準と一般人の回答，また運転支援車と従来型車両の責任判断で違いがみられる事故態様があった。では，なぜこのような差が生じるのであろうか。先行研究で責任判断に影響するとされる要素，過失割合判断の特殊性，そして過失割合判断時に一般人が着目する要素という観点から問題の所在を整理したい。

（2）運転支援車と従来型車両の責任判断に影響する要素とは

　第7章で検討した過失割合，負担割合は，当事者が負担すべき損害額という意味での責任を決定する要素である。一方，「責任」の意味は多義的で（萩原，1977，19頁），責任判断には原因（因果性），（狭義の）責任，非難，制裁等の要素が関わることを前提に，これらの関係を整理して「判断過程の包括的なモデルが作られ」ている（例えばShulz他，1991，pp. 247-278.；膳場他，2018，7頁）。前章で検討したのは両当事者の過失割合及び運転者とメーカーの負担割合に限られることから，運転支援車と従来型車両の責任判断において，原因や非難，制裁といった要素の判断がどのように行われ，それがどのように過失割合の判断に関連しているかは明らかではない。また，Shulz他（1991）のモデルではふれられていないが，過失割合は事故の場で当事者がすべきであったこと（法令を遵守した行為）と，「実際の行為とのずれ」を考慮し決定されることが指摘され

165

る（窪田，1994，194頁）。一般人はこの「ずれ」を意識しているか，また，ずれの判断が過失割合にどのように影響するかも，判断に影響しうる要素の1つとして検討しておく必要があろう。

（3）当事者単独での責任判断と過失割合

　従来の研究は，行為者の責任を行為者単独で評価するものが多く，結果発生に関与した別の行為者の影響を検討対象とする研究は多くない。しかし，過失割合は，事故の相手方の行動等により評価が変化しうる点，従来の責任の評価と異なるといえる[1]。

　この点，複数人で一定の結果を出した場合の，1人に対する「責任」の帰属を検討した研究がある。Lagnado他（2013，pp.1036-1073）は，複数人ABCDで作業（ゲーム）をする場合，Aの責任は他者との関係においてAがゲームの成功や失敗に当たり果たした役割の重要性と，結果に直接影響を与えた程度で決まるとする。また，Kominsky他（2015，pp.196-209）は，当事者Aが規範違反のない行為をすることを前提に，他者Bが規範違反の行為をした場合，Bに違反がない場合に比べAの責任（因果性）が低く判断されるとする[2]。

　ただ，Kominsky他（2015）は当事者Aに規範違反がない場合を想定しているのに対し，過失割合が問題になる場面は当事者双方に何らかの落ち度がある場面である。また，同研究は複数人が同等の立場で同様の行動する場面を想定しているが，交通事故は対面信号や優先非優先の関係等，立場や取っている行動が異なる行為者が関与しており，Kominsky他（2015）の研究がそのまま妥当するか明らかでない。加えて，上記の研究は複数人が作業する中での個人の責任に焦点を当てており，他者との割合という点に直接焦点を当てていない。このため，行為者単独をみて評価した責任と，過失割合の判断は異なる可能性があり，この点を明らかにする必要がある。

（4）過失割合の判断の際に一般人が着目する要素

　第6章，第7章では過失割合の数値に着目したが，一般人が判断に際し着目した事実関係に関する詳細な調査は行っていない。この点を明らかにすることで，運転支援車と従来型車両に対する過失割合の判断，また基準と一般人の判

断に差が生じる理由をより詳細に明らかにできる可能性がある。

（5）本章の目的

以上を踏まえ，第8章では次の点を明らかにしたい。

①従来型車両と運転支援車で，原因，非難，すべきこととのずれ，負担額（罰），過失割合の評価は異なるのか。また，これらの判断は過失割合とどのように関連しているのか。

②同じ当事者に対する評価でも，当事者を単独で評価する原因，非難，ずれ，負担額と，相手との関係性も考慮する過失割合で違いがあるか

③一般人はどのような事実に着目して，過失割合の判断を行っているのか

第2節　運転支援車に対する責任判断に影響する要素の調査方法

（1）調査方法，調査対象者，調査実施の手続

本調査は2022年2月に，ウェブ調査会社を介して同社に登録するモニターを対象にウェブ調査を行った。

調査対象者の決定方法は，第6章第2節（1）と同じである。調査対象者は運転支援車が起こした事故について回答するグループ（支援G）と，従来型車両による事故について回答するグループ（従来G）とした。各グループの内訳は結果で示す。調査実施の手続は，第6章第2節（2）と同じである。

（2）質問紙の構成

1）事例の内容および提示方法

ここでは①高速道路で前車が理由のない急ブレーキをかけ，後続車が追突した事例（事例4-1），②右折車と直進車の衝突（右折車は交差点進入時青信号，右折時赤信号，直進車は赤信号で交差点に進入）事例（事例4-2），③歩行者と直進車の衝突事故（歩行者のみ赤信号違反あり）（事例4-3）の3事例を取り上げる[3]。調査対象者には，文章で当事者となった車両の機能（運転支援の有無と機能の概要），対歩行者事例は歩行者に関する情報，事例の説明と見取り図を示した。また，調査1と同様に検出項目を設け，正しい回答が得られた場合のみ調査対象とし

た。

2）原因，非難，ずれ，賠償額，過失割合に関する質問項目

質問項目は，Shulz他（1991, pp. 247-278）を参照し，原因，非難，賠償額について，各当事者を単独で評価したときの回答を得た。また，窪田（1994, 194頁）に基づき，ずれに関する問を設けた。その上で過失割合，および，メーカーとドライバーが事故を防ぐために果たすべき役割（支援Gのみ）に関する回答を得た。内容は次のとおりである。

①原因：当事者それぞれについて，当該当事者の動きが事故原因になった程度を「まったく原因がない」を0，「すべて原因がある」を100とし，0から10刻みの11段階で回答を得た。

②非難：各当事者がどの程度，道義的な意味で非難されるかについて，原因と同様に回答を得た。

③ずれ：事故の場で当事者がすべきであったことと，実際行ったことのずれに関し「全くずれていない」を0，「完全にずれている」を100として0から10刻みの11段階で回答を得た。

④当事者が負担すべき賠償額：判断を容易にするため各当事者に100万円の損害が発生したと設定し，相手からいくら弁償してもらうべきかを何万円という数字で回答を得た。本設問は，例えば「被追突車Yは追突車Xからいくら弁償してもらうべきと思いますか」という問となる。分析に当たっては，「追突車Xがいくら弁償すべきか」というように，追突車X側の負担額に読み替えた。

⑤当事者の役割：運転支援があった当事者について，事故を防ぐ役割を車メーカーと運転者のいずれが負っていたかについて，運転者側を0，車メーカー側を100として0から10刻みの10刻みの11段階で回答を得た。

⑥過失割合：両当事者の過失割合を，合計して100になる形で回答を得た。

3）過失割合判断の手がかりとなる要素

調査対象者が，過失割合の判断に当たり手がかりとした要素を明らかにするために，各事例で基準の決定要素として東京地裁民事交通訴訟研究会（2014）があげる主な交通状況等を列挙した。その上で，調査対象者が判断の際に特に

重要と思った要素を3つ選び，重要度順に順位をつける形で回答を得た。列挙する要素の提示順はランダムとした。

第3節　高速道路上の急ブレーキによる追突事故の結果（事例4-1）

（1）事例の概要

高速道路上での追突事故に関し，事例の見取り図を図8-1に示す。両当事者とも自家用車を想定した。なお本事例の作成には，藤田（2018, 146頁）を参照した。当事者及び事例の概要は次のとおりである。従来Gは，両当事者とも自動ブレーキ等の運転支援機能のない車両とした（事例4-1から事例4-3共通）。

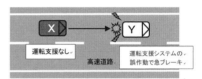

図8-1　事例見取り図（運転支援の事例）

（出典　藤田〔2018, 146頁〕；東京地裁民事交通訴訟研究会〔2014, 486頁〕を参照し筆者作成）

当事者の説明	
支援G	追突車は，自動ブレーキなどの運転支援がない。 被追突車は人が運転の主体だが，人を補助するため障害物に衝突しそうなときは自動的にブレーキがかかる運転支援がある。

事例の概要	
支援G	先行車が高速道路を制限速度で走行していたところ，自動ブレーキのシステムが誤作動を起こし急ブレーキがかかった。道路に障害物はなかった。そこへ制限速度で走行していた後続車が追突した。先行車のドライバーは，この急ブレーキは予想できなかった。
従来G	先行車が高速道路を制限速度で走行していたところ，道路脇でビニールがはためいたのに驚き急ブレーキをかけた。道路に障害物はなかった。そこへ制限速度で走行していた後続車が追突した。

調査対象者について，支援G360人（内訳：平均年齢50.71歳，SD15.85，男性178人・女性182人，免許あり290人・なし70人），従来G360人（内訳：同50.34歳，SD16.11，性別と免許有無の人数は支援Gと同じ）であった。

（２）原因，非難，ずれ，負担額と過失割合の回答
　１）支援Gと従来Gの違い
　被追突車Y（支援Gでは運転支援車）について，原因，非難，ずれ，負担額，過失割合に関する支援Gと従来Gの回答の分布を比較するためMann-WhitneyのU検定を行ったところ，いずれも支援Gの方が有意に大きかった（図8-2）。
　追突車Xについて同様に検定を行ったところ，いずれも従来Gの方が有意に大きく（図8-3），被追突車の急ブレーキの理由によって追突車の原因等評価

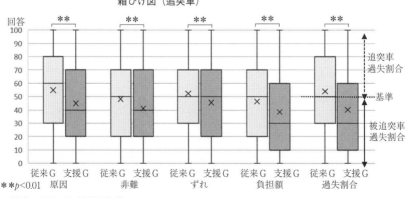

図8-2　原因・非難・ずれ・負担額・過失割合の回答比較
　　　　箱ひげ図（被追突車）

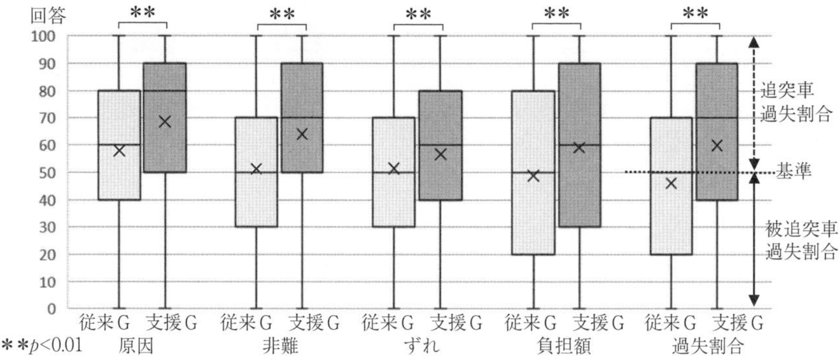

（出典　東京地裁民事交通訴訟研究会，2014，486頁に基づき筆者作成）

図8-3　原因・非難・ずれ・負担額・過失割合の回答比較
　　　　箱ひげ図（追突車）

（出典　同上に基づき筆者作成）

170

第8章　運転支援車に対する責任判断の背景（調査4）

表8-1　当事者，グループ別原因，非難，ずれ，負担額，過失割合の回答比較

当事者	グループと支援機能の有無	結果の概要
被追突車	①支援G（運転支援あり）	原因＞　　　非難　　＞過失割合・負担額
	②従来G（運転支援なし）	原因＞非難・ずれ＞過失割合・負担額
追突車	③支援G（運転支援なし）	原因・ずれ＞非難・負担額・過失割合
	④従来G（運転支援なし）	過失割合・原因・ずれ＞非難・負担額

（出典　筆者作成）

にも違いがみられた。

2）原因，非難，ずれ，負担額の判断と過失割合の違い

支援Gにおける被追突車の原因，非難，ずれ，負担額，過失割合の回答の分布を比較するためにFriedman検定およびBonferroni法による多重比較を行ったところ，最も大きく評価されたのが当事者単独で評価された原因，次いで非難であり，過失割合はそれより小さかった（表8-1①）。過失割合の評価は，原因や非難に対する単独評価を減じる方向で調整されていることがうかがえる。被追突車に関する従来Gも，ほぼ同様の結果であった（同②）。

追突車に関し，同様に多重比較を行った結果，支援Gは原因・ずれより，過失割合が小さく評価されている（同③）。従来Gは，非難・負担額より過失割合が大きい（同④）。

なお，負担額と過失割合の回答には大きな差がみられず，一般人の感覚として金銭的な責任評価と過失割合の判断は連動していることがうかがえる。

3）基準と回答の比較，当事者の役割

図8-2中，過失割合の回答箇所（右端）に本事例の基準を示す（図中の点線，追突車50：被追突車50。東京地裁民事交通訴訟研究会，2014，486頁）。支援Gは，被追突車の中央値が70であり基準とは20の差がみられ，回答の分布も大きい。従来Gは回答の分布は大きいものの，中央値は基準と差はみられなかった。

運転支援車である被追突車について，本事故を防ぐために負っていた役割は，運転者より自動車メーカーが大きく（回答中央値80〔四分位範囲50-100〕），メーカー起因の事故と認識されていることがより明確になったといえる。

171

（3）過失割合の回答に影響する要因

被追突車（支援G）の過失割合を従属変数、原因、非難、ずれ、賠償額の各回答を独立変数として、スッテプワイズ法による重回帰分析を行った結果(4)、原因、非難、負担額が大きいほど過失割合の回答が大きく判断された（図8-4）。

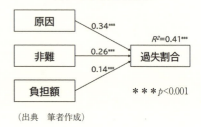

図8-4　支援G・被追突車の過失割合に関する重回帰分析結果

（出典　筆者作成）

被追突車（従来G）について同様に重回帰分析を行った結果、原因（β=0.31***）(5)、非難（同0.32***）、負担額（同0.18***）が過失割合の回答に有意に影響を与えていた（R^2=0.47***）。

（4）過失割合の判断時に重視された要素

1）判断時に着目された要素の数

過失割合の判断に当たり手がかりとなる要素は、東京地裁民事交通訴訟研究会（2014）485-486頁の記載から、基準の数値の決定上考慮されている事実関係を抽出して作成した。要素の内容は図8-5に示す。

過失割合の判断上着目された要素の個数に関し、支援Gは、被追突車（運転支援車）に関わる要素550個、追突車の要素410個に対し、従来Gは、被追突車の要素417個、追突車の要素519個であった。支援Gが着目した要素は被追突車に関するものが追突車より140個多く、過失割合の判断において被追突車をより重視していることがうかがえる。逆に従来Gは追突車の方が102個多く、追突車をより重視した可能性がある。

2）判断時に着目された要素の内容

調査対象者が過失割合の判断時に重視した要素の内容を図8-5に示す。回答のうち1番重視された要素は3点、2番目は2点、3番目は1点として重み付けしその合計を示している。支援Gで重視された要素は棒グラフの上側に濃い灰色で、従来Gは下側に白で示した。図8-5上の角取り四角内が追突車、下が被追突車に関わる要素、四角で囲っていない要素は両者に共通するものである。

図8-5　過失割合の判断時に重視された要素（高速道路での追突事故）

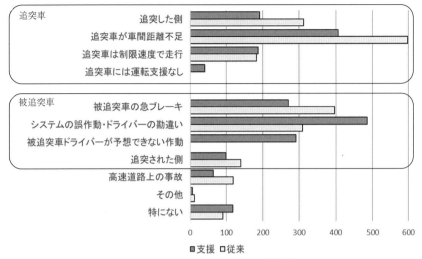

（出典　東京地裁民事交通訴訟研究会，2014，485-486頁に基づき筆者作成）

　追突車についてみると，支援G，従来Gとも車間距離不足が最も多く，次いで追突側であることが重視された点は共通する。ただ，重視する程度はいずれも従来Gの方が大きい。

　被追突車では，支援Gと従来Gで重視された要素に違いがみられる。従来Gは，被追突車が急ブレーキをかけたことを最も重視した。これに対し，支援Gはシステムの誤作動，次いでドライバーが予想できない作動であったことが重視された。急ブレーキの原因で比較すると，支援Gの「システムの誤作動」が，従来Gの「ドライバーの勘違い」よりも過失割合の判断に当たり重視されたことがうかがえる。

第4節　右折車と直進車の事故の結果（事例4-2）

（1）事例の概要

　右折車と直進車の事故に関し，事例の見取り図を図8-6に示す。支援Gで運転支援があるのは右折車であり，当事者及び事例の概要は次のとおりである。

図8-6　事例見取り図（運転支援の事例）

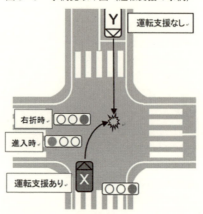

（出典　東京地裁民事交通訴訟研究会，2014，232頁を参照し筆者作成）

　運転支援が機能しなかった状況は，運転者の落ち度が大きいと考えられる性能限界（第7章第1節(2)3）参照）とした。
　調査対象者について，支援G 360人（内訳：平均年齢50.63歳，SD16.04，性別と免許有無の人数は第3節(1)と同じ），従来G 360人（内訳：平均年齢50.63歳，SD16.25，性別と免許有無の人数は支援Gと同じ）であった。

当事者の説明	
支援G	右折車は人が運転の主体だが，人を補助するため，右折時に直進車に衝突しそうになったら自動的にブレーキがかかる運転支援がある。 直進車は，運転支援がない。

事例の概要	
支援G	右折車は青信号で交差点に入り，右折を待ち，赤信号で右折を始めた。 直進車は制限速度で直進中，赤信号で交差点に入った。 右折車と直進車が衝突した。事故のとき，右折車の性能上，運転支援が働かない道路の状況だったので，自動ブレーキが働かなかった。このことは取扱説明書に書いてあった。右折車のドライバーは，危険なら自動ブレーキがかかると思っていた。
従来G	右折車は青信号で交差点に入り，右折を待ち，赤信号で右折を始めた。 直進車は制限速度で直進中，赤信号で交差点に入った。 右折車と直進車が衝突した。

（2）原因，非難，ずれ，負担額と過失割合の回答

1）支援Gと従来Gの違い

右折車（支援Gは運転支援車）について，原因，非難，ずれ，負担額，過失割合に関する支援Gと従来G回答の分布を比較するためにMann-WhitneyのU検定を行ったところ，負担額を除き全ての項目で有意差がみられ，いずれも支援Gの方が大きかった（図8-7）。

直進車（両グループとも従来型車両）は，従来Gの方がいずれも大きかった（図8-8）。本事例でも高速道路上の追突事例（事例4-1）と同様，右折車（相手方）の運転支援機能の有無で，直進車の原因等の評価にも違いが生じた。

2）原因，非難，ずれ，負担額の判断と過失割合の違い

支援Gにおける右折車の原因，非難，ずれ，負担額，過失割合の回答の分布を比較するため第3節（2）2）と同様に比較を行ったところ，最も大きく評価されたのがずれ，次いで原因・非難であり，過失割合はそれより小さかった（表8-2①）。従来Gの右折車（同②），支援G（同③），従来G（同④）の直進車でも類似の傾向がみられた。追突事故（事例4-1）同様，負担額と過失割合の回答には，ほぼ差がみられなかった。

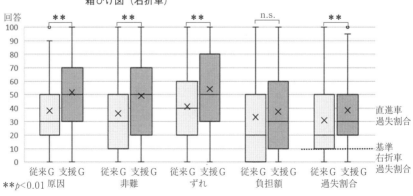

図8-7　原因・非難・すべきこととのずれ・負担額・過失割合の回答比較　箱ひげ図（右折車）

（出典　東京地裁民事交通訴訟研究会，2014，232頁に基づき筆者作成）

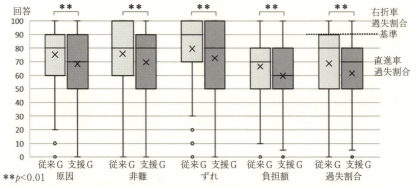

図8-8 原因・非難・ずれ・負担額・過失割合の回答比較 箱ひげ図（直進車）

（出典 同上に基づき筆者作成）

表8-2 当事者，グループ別原因，非難，ずれ，負担額，過失割合の回答比較

当事者	グループと支援機能の有無	結果の概要
右折車	①支援G（運転支援あり）	ずれ＞原因・非難＞過失割合・負担額
	②従来G（運転支援なし）	原因・非難・ずれ＞過失割合・負担額
追突車	③支援G（運転支援なし）	ずれ＞原因・非難＞過失割合・負担額
	④従来G（運転支援なし）	ずれ＞原因・非難＞過失割合・負担額

（出典 筆者作成）

3）基準と回答の比較，当事者の役割

図8-7，図8-8中，過失割合の回答（右端）の箇所に，本事例の基準を示す（図中の点線，右折車10：直進車90。東京地裁民事交通訴訟研究会，2014，232頁）。基準と過失割合の回答を比較すると，従来G，支援Gとも右折車の過失割合が基準より10以上大きく，特に支援Gでは20の差が生じており，基準と一般人の意識との差が大きい事例といえる。

運転支援車である右折車について，本事故を防ぐために負っている役割は，運転者が大きいとする回答が多かった（回答中央値は30〔四分位範囲0-50〕）。

（3）過失割合の回答に影響する要因

右折車（支援G）の過失割合の回答に影響する要素について，第3節（3）

第 8 章　運転支援車に対する責任判断の背景（調査 4 ）

と同様に重回帰分析を行った。その結果，原因（$\beta=0.27^{***}$），ずれ（同 0.17**），負担額（同 0.33***）が大きいほど，過失割合が多いと判断された（$R^2=0.42^{***}$）。

　右折車（従来 G ）についても同様に重回帰分析を行った結果，支援 G と同じ要素が過失割合に同様の影響を及ぼしていた（原因 $\beta=0.27^{***}$，ずれ同 0.17**，負担額同 0.33***）。

（4）過失割合の判断時に重視された要素
1 ）判断時に着目された要素の数

　過失割合の判断に当たり手がかりとなる要素は，東京地裁民事交通訴訟研究会（2014）227頁，232頁の記載から，基準の数値の決定上考慮されている事実関係を抽出して作成した。要素の内容は図 8 - 9 に示す。

　調査対象者が過失割合の判断を行うときに着目された要素の個数に関し，支援 G は右折車（運転支援車）に関わる要素504個，直進車の要素482個，従来 G は右折車の要素491個，直進車の要素516個であった。支援 G は右折車，従来 G は直進車に関する要素の数がやや多いが，追突事故（事例 4 - 1 ）のような明確

図 8 - 9 　過失割合の判断時に重視された要素（右折車と直進車の事故）

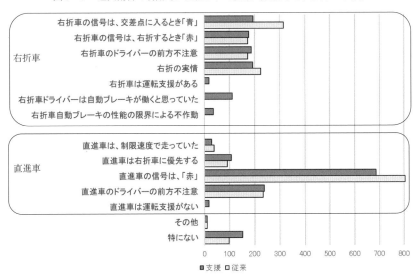

（出典　東京地裁民事交通訴訟研究会，2014，227頁，232頁に基づき筆者作成）

な違いはみられなかった。

2）判断時に着目された要素の内容

調査対象者が過失割合の判断時に重視した要素の内訳を，図8-9に示す。回答および重み付けの方法は第3節（4）2）と同様である。右折車に関し，従来Gの「交差点進入時信号が青」がやや多いことを除けば，どちらのグループでも「右折時は信号が赤」「前方不注意」「右折の実情」が同じ程度重視された。支援Gでは運転支援機能への認識に関し，「自動ブレーキが働くと思っていた（過信）」も重視されているが，ブレーキの誤作動（第3節）ほど多くはなかった。直進車は，いずれのグループでも「直進車の信号が赤」が特に多く，次いで「前方不注意」であった。

第5節　対歩行者事故の結果（事例4-3）

（1）事例の概要

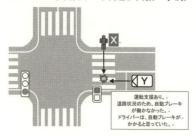

図8-10　事例見取り図（運転支援の事例）

（出典　東京地裁民事交通訴訟研究会，2014，70頁に基づき筆者作成）

事例は，歩行者と自動車の衝突事故である。見取り図を図8-10に示す。運転支援機能が働かなかった理由は，右折車と直進車の事故（事例4-2）同様，性能限界（第7章第1節（2）3）参照）とした。

調査対象者について，支援G360人（内訳：平均年齢50.61歳，SD16.32，性別と免許有無の人数は第3節（1）と同じ），従来G360人（内訳：平均年齢50.51歳，SD16.19，性別と免許有無の人数は支援Gと同じ）であった。

当事者の説明	
支援G	車は人が運転の主体だが，人を補助するため，歩行者に衝突しそうなときは自動的にブレーキがかかる運転支援がある。
歩行者	健康な大人（支援G，従来G共通）

第8章 運転支援車に対する責任判断の背景（調査4）

事例の概要	
支援G	車（運転支援あり）は制限速度で走っていて，青信号で交差点に入った。 歩行者は，赤信号で横断歩道を渡り始めた。歩行者と車が衝突した。 事故の時，車の性能上，運転支援が働かない道路の状況だったので，自動ブレーキが働かなかった。このことは取扱説明書に書いてあった。 車のドライバーは，事故の時，危険なら自動ブレーキがかかると思っていた。
従来G	車は制限速度で走っていて，青信号で交差点に入った。 歩行者は，赤信号で横断歩道を渡り始めた。歩行者と車が衝突した。

（2）原因・非難・ずれ・負担額・過失割合の回答

1）支援Gと従来Gの違い

　自動車について，原因，非難，ずれ，負担額，過失割合に関する支援Gと従来Gの回答の分布を比較するためのMann-WhitneyのU検定を行ったところ，原因，非難，ずれの大きさは支援Gが大きいが，負担額，過失割合は有意な差がみられなかった（図8-11）。

　歩行者は，どの質問項目でも差がみられなかった（図8-12）。

2）原因，非難，ずれ，負担額の判断と過失割合の違い

　支援Gにおける自動車の原因，非難，ずれ，負担額，過失割合の回答の分布

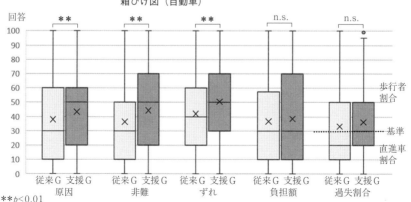

図8-11　原因・非難・ずれ・負担額・過失割合の回答比較
箱ひげ図（自動車）

**$p<0.01$

（出典　東京地裁民事交通訴訟研究会，2014，70頁に基づき筆者作成）

179

図8-12　原因・非難・ずれ・負担額・過失割合の回答比較箱ひげ図（歩行者）

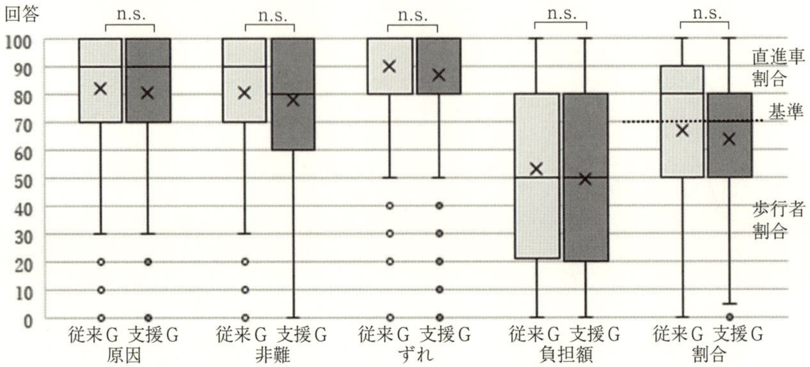

回答

n.s. n.s. n.s. n.s. n.s.

100
90
80
70
60
50
40
30
20
10
0

直進車割合
基準
歩行者割合

従来G 支援G　従来G 支援G　従来G 支援G　従来G 支援G　従来G 支援G
　原因　　　　　非難　　　　　ずれ　　　　　負担額　　　　　割合

（出典　同上に基づき筆者作成）

表8-3　当事者，グループ別原因，非難，ずれ，負担額，過失割合の回答比較

当事者	グループと支援機能の有無	結果の概要
自動車	①支援G（運転支援あり）	ずれ＞原因・非難＞過失割合・負担額
	②従来G（運転支援なし）	ずれ＞　　原因　　＞過失割合・負担額
歩行者	③支援G（運転支援なし）	ずれ＞原因・非難＞過失割合＞負担額
	④従来G（運転支援なし）	ずれ＞原因・非難＞過失割合＞負担額

（出典　筆者作成）

を比較するため第3節（2）2）と同様に比較を行ったところ，最も大きく評価
されたのがずれ，次いで原因・非難であり，過失割合はそれより小さかった（**表
8-3①**）。従来Gの自動車も，ずれ，原因が大きく評価され，過失割合の評価
が小さい点で共通する（同②）。自動車は，過失割合と負担額の評価には違い
がみられなかった。

　歩行者は，支援G従来Gいずれも，最も大きく評価されたのがずれ，次いで
原因・非難であり，過失割合がそれより小さく，負担額の評価がさらに小さい
のが特徴である（同③④）。

3）基準と回答の比較，当事者の役割

　図8-11，図8-12における過失割合の回答箇所（右端）に，本事例の基準を
示す（歩行者70，自動車30。東京地裁民事交通訴訟研究会，2014，70頁）。基準と過
失割合の回答を比較すると，従来Gは歩行者に関する回答は10大きく，自動車

は10小さい。支援Gは基準と回答の差はみられない。ただ，いずれも回答のばらつきは比較的大きい。

　支援Gで，自動車（運転支援車）が本事故を防ぐために負っていた役割は，自動車メーカーより運転者の方が大きいと評価された（回答中央値30〔四分位範囲0-50〕）。

（3）過失割合の回答に影響する要因

　自動車（支援G）の過失割合の回答について，第3節（3）と同様に重回帰分析を行った。その結果，原因（β=0.14*），非難（同0.27***），ずれ（同0.15**），負担額（同0.29***）が大きいほど過失割合も大きく回答された（R^2=0.51***）。

　自動車（従来G）の過失割合について同様に重回帰分析を行った結果，非難（β=0.31***），ずれ（0.16*），負担額（0.22***）が大きいほど，過失割合が大きいという判断であった（R^2=0.31***）。

（4）過失割合の判断時に重視された要素
1）判断時に着目された要素の数

　過失割合の判断に当たり手がかりとなる要素は，東京地裁民事交通訴訟研究会（2014）70頁の記載から，基準の数値の決定上考慮されている事実関係を抽出して作成した。要素の内容は図8-13に示す。

　調査対象者が過失割合の判断を行うときに着目した要素の個数に関し，支援Gは自動車（運転支援車）に関わる要素492個，歩行者の要素517個，従来Gは自動車の要素483個，歩行者の要素557個であった。両グループとも歩行者の要素に多く着目されているが，従来Gの方がこの傾向が強くみられた。

2）判断時に着目された要素の内容

　調査対象者が過失割合の判断時に重視した要素の内容を，図8-13に示す。回答及び重み付けの方法は第3節（4）2）と同じである。

　歩行者に関しては，両グループとも「歩行者の信号は赤」が最も重視された。重視する要素やその傾向は，両グループではほぼ違いがみられない。

　自動車に関し，両グループとも「車の信号は青」，「ドライバーの前方不注意」の順に重視しているが，車の信号は従来Gの方がより重視している。また，従

図8-13 過失割合の判断時に重視された要素（対歩行者事故）

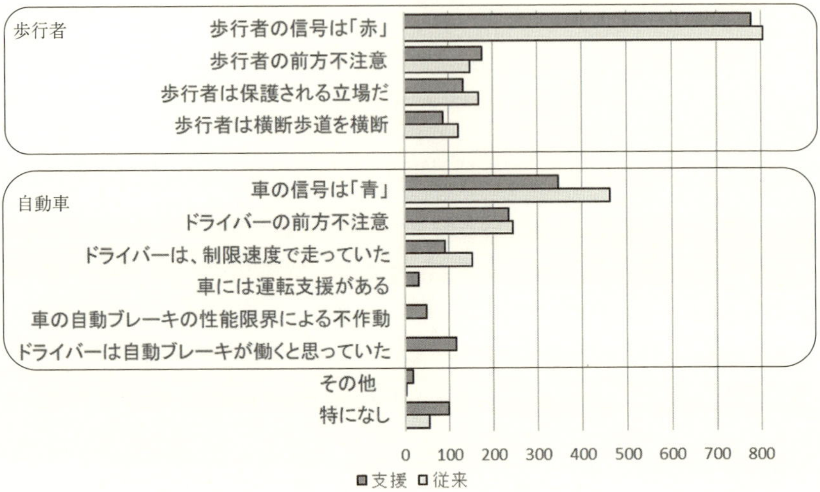

歩行者
- 歩行者の信号は「赤」
- 歩行者の前方不注意
- 歩行者は保護される立場だ
- 歩行者は横断歩道を横断

自動車
- 車の信号は「青」
- ドライバーの前方不注意
- ドライバーは、制限速度で走っていた
- 車には運転支援がある
- 車の自動ブレーキの性能限界による不作動
- ドライバーは自動ブレーキが働くと思っていた

その他
特になし

0 100 200 300 400 500 600 700 800

■支援 □従来

（出典 東京地裁民事交通訴訟研究会，2014，70頁に基づき筆者作成）

来Gは支援Gより「ドライバーは制限速度で走っていた」を重視した。支援G
は「ドライバーは自動ブレーキが働くと思っていた（過信）」を3番目に重視
する他，ブレーキの不作動にも一定数着目されているように，運転支援機能に
対する運転者の認識や支援が機能したかという要素も取り入れて判断を行った
ことがうかがえる。

第6節　判断に差が生じた理由の検討

（1）誤作動（高速道路上の急ブレーキ：事例4-1）

1）運転支援車と従来型車両に対する判断の違い

　高速道路上で前車が急ブレーキをかけたため後続車が追突した事例で，誤作
動を起こした運転支援車の過失割合は，人に操作ミスがあった従来型車両より
大きいと判断された。この傾向は第7章の調査2事例1，調査3-1事例1で
もみられ，当該事例で運転支援車の責任を重く評価することには一貫した傾向
がみられるといえよう。

第8章　運転支援車に対する責任判断の背景（調査4）

　責任概念に関わる要素の単独評価をみると，原因，非難，すべきこととのずれ，負担額いずれも運転支援車の方が大きい。そして，原因，非難，負担額が大きく判断されると過失割合も高くなるという形で影響する。これらの評価が，運転支援車に対する過失割合の評価に反映されていることがうかがえる。

　では，この違いはなぜ生じるのであろうか。本事故を防ぐ役割は第3節（2）3）で述べたように主にメーカーが負っていると認識されており，一般人は本事故の原因を，運転者の過失とは異質なものととらえていることがうかがえる。また，判断に当たり着目した要素は両グループで異なっており，従来Gは追突車の車間距離不足を最も重視したのに対し，支援Gは被追突車の予期できない誤作動を特に重視した。そして，運転支援機能の予期できない誤作動は，人の落ち度より原因，非難，ずれが大きいと評価され，最終的に重い過失割合の評価が行われた可能性がある。本事例は運転支援車を想定してはいるが，急ブレーキに人は関与しておらず，責任判断に関してはより高度な自動運転車に関する研究が当てはまりうると考えられる。そして，システムの誤作動が人の落ち度より責任等が重いと評価される理由は，システムに求められる高い安全性（Liu他，2019, pp. 315-325），否定的感情バイアス（Liu他，2021, pp. 1 -15），個人的・状況的関連性やシステムに対する信頼の裏切りという感覚（Hong他，2020, pp. 1768-1774）等が考えられる。

2）負担額と過失割合の評価

　支援G，従来Gともほぼ負担額と過失割合の回答に差はみられず（第3節（2）2）），負担額の判断と過失割合の回答との間に関連がみられることから，負担額と過失割合の判断は同様の価値判断で行われていることがうかがえる。紛争解決の手続において，過失相殺は被害者の事情を考慮して「賠償額の調整」（藤村，2014, 303頁）をする機能を有し，賠償額と過失割合は密接に関連しているといえるが，この認識は一般人も共通して有している可能性がある。

3）基準と回答の違い

　被追突車に関し，基準と過失割合の回答の違いをみると，調査1から調査4を通じ，従来Gは基準と同じかそれより小さく，支援Gは基準と同じかそれより大きく判断される傾向がみられる。

　また，事例4-1は回答のばらつきが大きいのが特徴である。図8-5をみる

と，事例4-1は事例4-2，事例4-3に比べ重視された要素が多様である。すなわち，事例4-2は直進車，事例4-3は歩行者の赤信号違反が特に重視されたのに対し，本事例では追突車，被追突車に関する複数の要素がそれぞれ重視され，かつ支援Gと従来Gで重視の程度が異なる要素が多い。また，高速道路上での事故であることへの着目は少なく，基準は考慮しても一般人があまり重視しない要素があることがうかがえた。

4）追突車に対する判断

追突車は従来G支援Gとも従来型車両だが，原因，非難，ずれ，賠償額，過失割合いずれも支援Gの方が小さいとされた（図8-3）。過失割合は被追突車との関係で相対的に決まるため，支援Gの方が被追突車の過失割合が大きいなら，追突車の割合は同グループの方が小さくなるのは当然の帰結といえる。しかし，原因，非難，ずれ，賠償額は，相手（被追突車）との関係は考慮しない単独評価であり，追突車の機能及び追突という行為が同じである以上，どちらのグループも評価は変わらないことになりそうである。

この点に関し，第6節（1）1）で述べたシステムには人より高い安全水準が求められる，あるいは事故をシステムへの信頼の裏切り等ととらえる先行研究，および調査4で運転支援車（被追突車）の方がすべきこととのずれが大きいと評価されたことをあわせて検討すると，運転支援車の方が規範違反の程度が大きいと評価された可能性がある。一方の行為者に規範違反があると，これがない場合より他方当事者への責任非難が減少することが示されている（Kominsky, 2015, pp.196-209）。そして，運転支援車（被追突車）の規範違反が大きいので，その相手方である支援Gの追突車の原因等の評価は小さくなった反面，従来型車両（被追突車）の規範違反は相対的に運転支援車より小さいので，従来Gの追突車に対する原因等の評価は，支援Gより大きくなった可能性がある。

（2）右折車と直進車の事故における不作動（事例4-2）

1）運転支援車と従来型車両に対する判断の違い

右折車が青信号で交差点進入後，赤信号で右折し，赤信号で直進してきた車両と衝突した事例で，性能上運転支援機能が作動しなかった右折車の過失割合は，従来型車両より大きく判断された。この傾向は第7章の調査2事例6，調

査3-2事例2でもみられ，当該事例で運転支援車の責任を重く評価することには一貫した傾向がみられるといえよう。

責任概念に関わる要素の単独評価をみると，原因，非難，すべきこととのずれは運転支援車の方が大きい。そして，原因，ずれ，負担額が大きく判断されると過失割合も高くなるという形で影響する。これらの評価が，運転支援車に対する過失割合の評価に影響している可能性がある。

では，この違いはなぜ生じるのであろうか。本事故を防ぐ役割は主に運転者が負うと認識されており，運転者の落ち度の評価がこの違いに影響した可能性がある。これに関し過失割合の判断上重視された要素をみると，支援Gは従来Gより右折車に有利な要素（進入時青信号，直進車赤信号）への着目が減り，自動ブレーキへの過信が加わっている。右折車の前方不注意の重視度合いは両グループでほぼ変わらないので，支援Gの右折車の運転者には過信という落ち度が加わったと評価されたことがうかがえる。Karlovac他（1989, p.313）は，事故防止対策が多く取られ，行為者が事故防止に注意を払う程責任が少なく評価されることを示す。裏を返せば，できたはずの対策を取らず落ち度の大きい行為者にはより重い責任が課せられるといえるであろう。運転支援車の機能を過信せず周囲に注意することが求められる中，前方不注意に加え過信という落ち度がある支援G右折車の運転者は落ち度がより大きいと評価され，より大きな責任が帰属された可能性がある。

2）負担額と過失割合の評価

負担額と過失割合の評価はいずれのグループでも違いはみられず（第4節（2）2)），車両相互の事故については，高速道路上の追突（事例4-1）同様，過失割合が負担額を決するという認識が浸透している可能性がある。

3）基準と回答の違い

調査1から調査4共通して，事例4-2と同種の事故態様における右折車の過失割合は，従来G支援Gとも基準より10から30大きく回答された。この理由に関し，図8-9をみると一般人は右折車が赤信号で右折したことを一定程度重視し，右折車に信号無視があるという前提で回答したのに対し，基準は信号違反がない前提で数値を決定している（東京地裁民事交通訴訟研究会, 2014, 232頁, 229頁）という判断の前提の違いが影響した可能性がある。また，回答のばら

つきに関し，図8-9をみると右折車に関し信号の変化，前方不注意，右折の実情，支援Gは自動ブレーキへの過信と同程度重視された要素が複数存在していることから，判断に際し考慮に入れる要素の多さ，またその要素に対する数値的な評価が多様であることが回答のばらつきに影響した可能性がある。

4）直進車に対する判断

直進車は支援G従来Gとも従来型車両であり，車両の機能も直進という行動も変わりはないが，支援Gの方が原因，避難，ずれ，負担額，過失割合とも小さく判断されている（図8-8）。この傾向は（1）高速道路の追突（事例4-1）と同様である。第6節（2）1）で述べたように，支援G右折車の落ち度は前方不注意に過信が加わる分従来Gより大きく，規範違反の程度も大きいと評価された可能性がある。このためKominsky（2015, pp.196-209）の結果が妥当し，規範違反が大きい支援G右折車の相手方である直進車について，その因果性等が小さく判断された可能性がある。

（3）歩行者と車の事故における不作動（事例4-3）

1）運転支援車と従来型車両に対する判断の違い

歩行者が赤信号で横断歩道を渡る途中，青信号で進入した車と衝突した事例では，運転支援の有無で過失割合の回答に顕著な差はみられなかった。同様の傾向は第7章の調査2事例18，調査3-2事例3でもみられた。責任概念に関わる要素の単独評価をみると，原因，非難，ずれは運転支援車の方が大きく評価された（図8-11）。

この違いについて検討する。本事故を防ぐ役割は，主に運転者が負っていると認識されている。判断に当たり着目された要素は支援G従来Gとも類似しており，（1）高速道路での追突（事例4-1）ほど大きな違いはみられない（図8-13）。ただ，車側の要素に関し，支援Gの方が車に有利な要素（対面信号が青，制限速度遵守）への着目が少なく，運転者の過信に着目している。運転者の前方不注意への着目度合いは両グループで変わらず，それに加えて過信があることで，第6節（2）1）同様運転者の落ち度がより大きいと判断され，運転支援車の原因，非難，ずれが大きいと判断された可能性がある。ただ，過失割合の回答に違いはみられない。支援Gで運転支援車に有利な要素への着目の減少と

第8章　運転支援車に対する責任判断の背景（調査4）

過信への着目は事例4-2と類似しており，そうであれば過失割合にも違いがみられそうである。しかし対歩行者事故の場合，原因，非難，ずれは運転者の過信を考慮し，運転支援車の方が大きいと評価するが，具体的な賠償額を考慮するときには歩行者保護や救済といった観点から異なる判断が行われた可能性がある。

　なお，負担額と過失割合の評価に差はみられず（第5節（2）2）），過失割合が負担額を決するという認識があることがうかがえる。

2）基準と回答の違い

　調査1から調査4共通して，回答のばらつきは大きかった。図8-13をみると一般人は信号を判断の主な手がかりとする傾向があるものの，本事例はそれ以外にも各当事者の前方不注意や行動，歩行者保護の要請というように評価すべき対象が多い。判断対象の多さと，各要素に対する評価の違いが回答のばらつきに関与した可能性がある。

3）歩行者に対する判断

　歩行者の過失割合及び責任の各要素に関する判断は，支援Gと従来Gで差がみられない（図8-12）。一方，本事例の運転支援車の原因，非難，ずれの判断は従来型車両より大きく，運転支援車運転者の規範違反の程度が大きいととらえるのであれば，第6節（2）事例4-2の直進車同様，支援Gにおける歩行者の責任が小さく判断されそうである。しかし，事例4-2は車両相互事故であるのに対し，本事例は車と歩行者（交通弱者）という当事者の立場の違いが明らかであり，このような場面にはKominsky他（2015, pp. 196-209）の示す結果は当てはまらないことが示されたと言いうる。

　また，歩行者に対する責任判断の特徴として，歩行者単独でみたときの原因，非難の評価は大きく，特にずれは（すべきことから）「完全にずれている」に近い評価だが，賠償額や過失割合の判断はそれよりは低く抑えられている（図8-12）。歩行者の賠償を決定する際は，単純な責任非難の判断とは異なる価値判断が行われていることがうかがえる。結局，歩行者は赤信号無視というすべきでないことをしたという認識は一致しているが，弱者である歩行者をどのように救済するかという判断が多様であり，これが回答のばらつきにつながっている可能性がある。

（4）相対説，絶対説への親和性

　第6節（1）（2）で述べたように，車両相互事故では一方の当事者の規範違反の程度が他方の責任判断に影響し，いわば相対的に責任の大きさが決まっていることがうかがえる。これは，過失割合の決定において，両当事者の過失の対比で責任が決まるとする相対説の考え方になじみやすいと思われる。

　一方，同（3）対歩行者事故の過失割合の判断にあたっては，自動車側の規範違反の程度が歩行者の過失割合の判断に影響しておらず，むしろ歩行者の落ち度は前提としつつどのように保護を図るかという観点で検討されていることがうかがえる。このような検討過程は歩行者（被害者）の過失のみを単独で評価する絶対説の考え方になじむといいうる。現在の基準は，車両相互事故は相対説の発想で両当事者の落ち度を対比して決せられ，対歩行者事故は絶対説の発想で歩行者の落ち度を考慮する（東京地裁民事交通訴訟研究会，2014，44頁）という形をとっているが，一般人もこれに沿う責任の感覚を有しているといえるであろう。

（1）　一方当事者（自動車）に赤信号違反があっても，相手の信号違反の程度により両者の過失割合は異なり（例，東京地裁民事高越訴訟研究会，2014，208-212頁），また同じ赤信号違反でも行為者が歩行者か自動車かで評価が異なる（同上，70頁，208頁）。
（2）　Kominsky他（2015）は，例えばAが左側のブックエンドを入手し，Bが右側のブックエンドを購入した（規範違反がない）場合と盗んだ（規範違反がある）場合を比較し，Aの行為は同じでもBの規範違反の程度によりAの因果性の評価に違いが生じるとしている。但し，A：Bという割合に着目しているわけではない。
（3）　第3節，第4節，第5節で述べる調査では，調査対象者に本文に取り上げた事例に加えもう1事例，計2事例を提示し回答を得ている。本文では，第7章の結果を踏まえ，運転支援車と従来型車両の比較と基準と回答の比較において差がみられた事例，あるいは回答のばらつきが大きかった事例3例を取り上げた。もう1事例の内訳は，第3節の調査では調査1事例5，第4節は同事例21，第5節は同事例10と同様である。また，本章では触れていないが，歩行者と車がいずれも赤信号で交差点に入り両者が衝突した事故，見通しの悪い信号のない交差点での出会い頭の事故についても第2節の方法で別途調査を行った。同調査の対象者は支援G360人（平均年齢50.43歳 SD15.98），従来G360人（平均年齢50.49歳，SD15.78），性別と免許有無の人数は第2節と同じである。
（4）　重回帰分析はデータが正規分布することを前提とする分析方法である。本調査のデータには正規分布しないものもあるが，参考のため記す。
（5）　***は$p<0.001$，**は$p<0.01$，*は$p<0.05$を示す。以下同じ。

参考文献

窪田充見，1994，『過失相殺の法理』有斐閣。

膳場百合子・唐沢穣・後藤伸彦，2018，「第Ⅰ部第1章　社会心理学における責任判断研究」唐沢穣・松村良之・奥田太郎編著『責任と法意識の人間科学』勁草書房，3-36頁。

東京地裁民事交通訴訟研究会，2014，「民事交通訴訟における過失相殺率の認定基準全訂5版」『別冊判例タイムズ38』。

萩原滋・曽野佐紀子・佐野勝男，1977，「日本人の『対人行動』の実験社会心理学的研究」『組織行動研究』3号。

藤田友敬，2018，「第Ⅱ部第2章　自動運転と運行供用者の責任」藤田友敬編『自動運転と法』有斐閣，127-158頁。

藤村和夫・山野嘉朗，2014，『概説交通事故賠償法（第3版）』日本評論社。

Hong, J.W., 2020 "Why Is Artificial Intelligence Blamed More? Analysis of Faulting Artificial Intelligence for Self-Driving Car Accidents in Experimental Settings" *International Journal of Human-Computer Interaction* Vol. 36 Issue 18.

Karlovac, M., Darley, J.M., 1988, "Attribution of responsibility for accidents: A negligence law analogy." Social Cognition Vol. 6.

Kominsky, J.F., Phillips, J., Gerstenberg, T., Lagnado, D., Knobe, J., 2015, "Causal superseding." Cognition Vol. 137.

Lagnado, D.A., Gerstenberg, T., Zultan, R., 2013, "Causal Responsibility and Counterfactuals" *Cognitive Science* Vol. 37 Issue 6 .

Liu, P., Du, Y., 2021, "Blame attribution asymmetry in human-automation cooperation" *Risk Analysis.*

Liu, P., Yang, R., Xu, Z., 2019, "How safe is safe enough for self-driving vehicles?" Risk Analysis Vol. 39 No. 2.

Shulz, T.R., Darley, J.M., 1991, "An information-processing model of retributive moral judgments based on "leagal reasoning"" Kurtines, W.M., Gewirtz, J.L., "*Handbook of moral behavior and development* Vol. 2", Lawrence Erlbaum Associates, Inc.

第9章

より高度な自動運転車に対する責任判断（調査5）

第1節　本章のねらい
——より高度な自動運転車に対する一般人の責任判断とは

　第8章では運転支援車による事故を想定し検討を行ったが，今後はさらに高度な自動運転車が実用化されていくであろう。現在の道交法上のレベル4は特定自動運行主任者の監視が必要だが，いずれはそれも不要な，完全自動の車両も実現すると思われる。このため，より高度な自動運転車を想定し，人々の責任に関わる意識を探ることは，自動運転にまつわる法制度を検討する上で避けて通れないといいうる。

　では，どのような場面で，より高度な自動運転車の事故が特に問題となり得るであろうか。第2章で検討したように，高度な自動運転車でも i ）自動車の設計・製造上の問題，ii ）安全検証が不十分等システム構築上の問題，iii ）機器設定の誤り，iv ）ユーザーの点検整備の問題によりシステムに不具合が生じ，異常な作動をする可能性は否定できない。また，自動運転システムが正常に機能していても v ）人への運転交替後の人のエラー，vi ）自動運転中の監視者の不注意，vii ）車両側の技術では対応困難で，対応できなくなった自動運転車が立ち往生する等により事故の危険を生じさせる場面も想定される。viii ）レベル3ではシステムの介入要求に人が適切に対応できないことも起こりうる。

　i ）から iv ）は，原因は異なるが自動運転車側の問題による異常作動といえる。この場面に関しては，第4章第4節で述べた先行研究でも従来型車両との責任判断の違いが示されているため，検討が必要な場面といえる。また，vii ）に関し，対応困難な状況に陥った自動運転車が（急ブレーキではなく）停車し，そこに他車が追突等した場合，基本的に追突車に落ち度があることになる。ただ，自動運転車が障害物に過敏に反応して人なら停止しないような場面で停止

し，これが事故の引き金となった場合，従来なかった危険を自動運転車が作り出したとみることもできる。この場合の責任は，新たな問題として検討の余地があると思われる。また，上記は自動運転車側が原因に関与したケースであるが，自動運転車がもらい事故の当事者となる場合もある。この場合に，従来同様の責任判断が行われるかも検討する必要があるであろう。なお，v）vi）viii）は基本的に人のエラーであるため，今回の検討対象とはしなかった[1]。

　また，自動運転車と人に対する責任判断に関する先行研究（第4章第4節）で，判断の違いとその理由が示されているが，一貫した結論は得られていない。

　そこで，本章では，第4章第4節で述べた先行研究を踏まえ，我が国ではより高度な自動運転車に対しどのような責任判断が行われるか，またそのような判断が行われる理由を探ることを目的とする。その上で，一般人の責任判断が，紛争解決を図る上でどのような形で課題となりうるのかを検討したい。

第2節　より高度な自動運転車に対する責任判断の調査方法（調査5-1）

（1）調査方法，調査対象者，調査実施の手続

　本調査は，2023年1月に，ウェブ調査会社を介して，同社に登録するモニターを対象にウェブ調査を行った。

　調査対象者は，高度な自動運転車が事故に関わった事例について回答するグループ（自動G）と，従来型車両による事故について回答するグループ（従来G）に分けた。調査対象者の内訳は，結果（第3節，第4節，第5節）で示す。調査実施の手続は第6章第2節（2）と同じである。

（2）質問紙の構成

1）前半部分と後半部分の概要

　質問紙は前半と後半に分けた。前半部分では高度な自動運転車による事故事例を提示し，各当事者の原因，非難の程度，過失割合の回答を得た。後半部分は，自動運転車に対する一般的な認識と，前半部分で提示した事例を前提に人と自動運転システムのいずれが重い責任を負うべきかを直接比較する設問を設けた。

第9章 より高度な自動運転車に対する責任判断（調査5）

2）前半部分で提示した事例の概要と設問

ここでは，自動運転システムの不作動による歩行者との衝突（事例5-1），自動運転車の過敏な反応が事故の誘因となった事例（右折車と直進車の事故。事例5-2），自動運転車がプログラムどおりに作動し事故が起きた事例（高速道路でMRMにより停止した車両に後続車が追突した事例。事例5-3）の3事例を取り上げる。詳細は本章第3節，第4節，第5節で示す。

各当事者に関し，事故の原因となった程度を第8章第2節2）同様，「原因になっていない」を0，「原因になった」を10とし，0から11段階で回答を得た。非難の程度についても同様である。また，両当事者の過失割合を，合計して100になる形で回答を得た。

3）後半で提示した設問

後半では，自動運転車と人に対する責任判断に関する先行研究から責任判断に差が生じる理由を抽出し，これらに関する認識を問う設問15問，および人とシステムに対する責任を直接比較する設問を設けた。また，調査1と同様に検出項目を設け，正しい回答が得られた場合のみ調査対象とした。

第3節，第4節，第5節では質問紙前半，および後半の設問中，事例を前提に人とシステムに対する責任を直接比較する設問1問に関する結果，第6節ではその考察を述べる。以上を調査5-1とする。

第7節では調査5-2として質問紙後半の結果について説明する。

第3節　自動運転システムの不作動による歩行者との衝突（事例5-1）

（1）事例の概要および調査対象者

本事例は，赤信号で横断を始めた歩行者と，青信号で交差点に入った自動車が衝突した事例である。第7章第2節（4），第8章第5節で回答のばらつきが大きいことが示されており，また先行研究（Awad他，2020，pp.134-143）で同種の事例が用いられていることから選定した。事例の見取り図を図9-1に示す。事例，当事者の説明は次のとおりである。なお，歩行者は「健康な大人」とした（両グループ共通）。

調査対象者について，自動G300人（内訳：平均年齢49.64歳，*SD*16.50，男性150人・

193

図9-1　事例5-1見取り図（自動G）

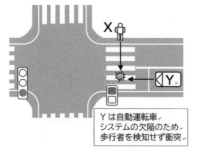

（出典　東京地裁民事交通訴訟研究会, 2014, 70頁に基づき筆者作成）

女性150人, 免許あり114人・なし36人), 従来G 300人（内訳：平均年齢49.76歳, SD 16.74, 性別と免許有無の人数は自動Gと同じ）であった。

当事者の説明	
自動G	自動車：自動運転車である。人が目的地を設定すれば，車のシステムが自動的に運転し，人は運転する必要がない。
従来G	自動車：人だけが運転する車。運転支援はない。

事例の概要	
自動G	歩行者Xは，赤信号で横断歩道を渡り始めた。Y車は自動運転中，青信号で交差点に入ろうとした。Y車は，横断歩道に歩行者がいれば停まるはずだったが，システムに欠陥があったため，歩行者が検知できなかった。XとY車が衝突した。
従来G	歩行者Xは，赤信号で横断歩道を渡り始めた。Y車のドライバーは，青信号で交差点に入ろうとしており，前方不注意のため歩行者の発見が遅れた。Y車とXが衝突した。

（2）原因，非難，過失割合の回答比較

　自動車が原因となった程度について，自動Gと従来Gの回答の分布を比較するためにMann-WhitneyのU検定を行ったところ有意差がみられ，自動運転車の方がより原因になったという回答であった（図9-2）。非難，過失割合についても同様に比較したところいずれも有意差がみられ，同様に自動運転車の方がより非難され（図9-2），過失割合が大きかった（図9-3）。調査3-2事例3（第7章第2節(4)），調査4事例4-3（第8章第5節）は，過失割合について

第9章　より高度な自動運転車に対する責任判断（調査5）

図9-2　自動車の原因および非難の回答比較　　図9-3　自動車の過失割合回答の比較

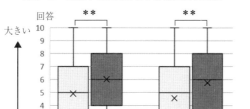
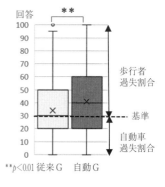

（出典　東京地裁民事交通訴訟研究会，2014，70頁に基づきいずれも筆者作成）

従来Gと支援Gの差がみられなかったが，運転支援車とは異なる結果となった。

歩行者について同様に自動Gと従来Gの回答を比較したところ，原因と非難の程度について有意差はみられなかった。過失割合は，自動Gが自動運転車の割合を大きく評価したため，相対的に自動Gの歩行者の過失割合は小さくなった。

（3）基準と過失割合の回答の比較

過失割合の基準上，歩行者70，自動車30となる（東京地裁民事交通訴訟研究会，2014，70頁）。回答をみると，従来Gは基準と一致するのに対し，自動Gは自動車が10大きく，歩行者が10小さく回答された（図9-3）。同種事例の自動車の過失割合に関し，調査3-2事例3（第7章第2節(4)）は従来G支援Gとも基準より20程度大きく，調査4事例4-3（第8章第5節）は，支援Gは基準と差がないのに対し従来Gは10小さく，やや異なる結果がみられた。また，どちらのグループも回答のばらつきが大きいが，自動Gの方がさらに大きかった。

（4）自動運転車の過失割合の回答に影響を与える要素

自動Gについて，歩行者および自動運転車が原因となった程度，非難の程度を独立変数，自動運転車の過失割合の回答を従属変数として重回帰分析を行っ

195

た。その結果，歩行者が原因になった程度（$\beta = -0.36^{**}$），および歩行者への非難の程度（$\beta = 0.23^{**}$）が低いほど，また自動運転車が原因になった程度（0.29^{**}），および自動運転車への非難の程度（0.15^{*}）が高いほど，自動運転車の過失割合が大きく判断された（$R^2 = 0.58^{**}$）。

（5）人と自動運転システムに対する責任の直接比較

　自動Gには従来Gの事例を提示し，両方の事例をみた上で，自動車メーカーと人間の運転者の責任に関し，「1．自動車メーカーの方が人間のドライバーより重い責任を負うべきだ」から「5．人間のドライバーの方が，自動車メーカーより重い責任を負うべきだ」の5段階で評価してもらった。従来Gには自動Gの事例を提示し，同様に評価するよう依頼した。その結果，自動Gの回答平均値は2.90，従来Gは2.77で両グループ間に有意差はみられず，どちらもほぼ「自動運転車も人間も責任は同じだ」に近い結果であった。

第4節　自動運転車の過敏な反応が事故の誘因となった事例（右折車と直進車の事故：事例5-2）

（1）事例の概要および調査対象者

　事例5-2は，自動運転車の過敏な反応が事故の誘因となった事例である。

　本事例は基準が設けられた事例ではなく，東京地裁平成31年1月24日判決（LEX/DB文献番号25558206）の事実関係を参考に作成した。本事例は，右折車Yが直進車Xの通過を待つために交差点中央付近で一旦停車し，両車のすれ違いが終わる前にY車が右折を始めたが，その直後，X車は前方の駐車車両に気づいて交差点内で停まり，両車が衝突した事例である。駐車車両は交差点出口から数m離れたところにあり，直進車Xが交差点内で停止する必要はなかった。事例の見取り図を図9-4に示す。

　この事例を参考に，自動運転車の事例を作成した。自動運転車が対処困難な状況として，民家の植栽に反応し自動停止するという事例が報告されている[2]。そこで，自動Gは直進車Xを自動運転車とし，民家の植木にセンサーが反応して交差点内で不必要な停止をした事例とした。自動Gと従来Gの当事者の説明は，本章第3節（1）と同じである。事例の概要は次のとおりである。

第9章 より高度な自動運転車に対する責任判断(調査5)

図 9-4 事例 5-2 の見取り図(自動 G)

(出典 東京地裁平成31年1月24日判決に基づき筆者作成)

事例の概要	
自動 G	Y車は右折しようとしており，直進車Xが来たので，交差点の中央で一旦とまった。X車は自動運転で交差点を直進し，Y車のそばを通りすぎる途中，交差点の中で突然停止した。X車のセンサーが，道に少しはみ出した植木に反応したからだ。実際は植木に当たる危険はなく，とまる必要はなかった。このことは，人が運転していれば判断できた。 Y車は，すれ違いが終わる前に，X車がそのまま通りすぎると思って右折を始めた。X車とY車が衝突した。
従来 G	Y車は右折しようとしており，直進車Xが来たので，交差点の中央で一旦とまった。X車は交差点を直進し，Y車のそばを通りすぎる途中，交差点の中で突然停止した。道路の先にとまっている車が気になったからだ。実際は，駐車車両に当たる危険はなく，とまる必要はなかった。 Y車は，すれ違いが終わる前に，X車がそのまま通りすぎると思って右折を始めた。X車とY車が衝突した。

　調査対象者について，自動 G 300人(内訳：平均年齢49.52歳，*SD*16.38，性別と免許有無の内訳は本章第3節(1)と同じ)，従来 G 300人(内訳：平均年齢49.77歳，*SD*16.18，性別と免許有無の内訳は本章第3節(1)と同じ)であった。

（2）原因，非難，過失割合の回答比較

　直進車Xが原因となった程度について，自動Gと従来Gの回答の分布を比較するためにMann-WhitneyのU検定を行ったところ有意差がみられ，自動運転車の方がより原因になったという回答であった（図9-5左側）。非難，過失割合について同様に比較したところ有意差はみられなかった（図9-5右側，図9-6）。右折車Yについて同様に比較したところ，原因と非難で有意差がみられ，いずれも自動Gの方が原因および非難の程度が小さかった（図9-7）。過失割合の回答には差がみられなかった（図9-8）。

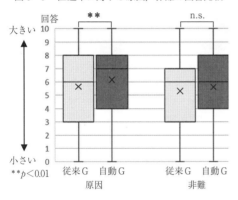

図9-5　直進車に対する原因，非難の回答比較

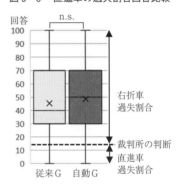

図9-6　直進車の過失割合回答比較

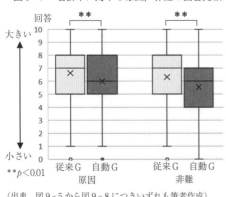

図9-7　右折車に対する原因，非難の回答比較

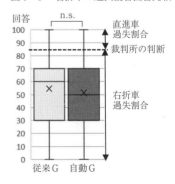

図9-8　右折車の過失割合回答比較

（出典　図9-5から図9-8につきいずれも筆者作成）

第9章　より高度な自動運転車に対する責任判断（調査5）

　なお，本事例でも本章第3節（5）同様，人のドライバーと自動運転システムを製造するメーカーの責任を直接比較する質問を行ったところ，「自動運転車も人間も責任は同じだ」に近い回答が得られた。

（3）過失割合の回答に影響を与えた要素

　自動Gについて，直進車X（自動運転）および右折車Yが原因となった程度，非難の程度を独立変数，直進車X（自動運転）の過失割合の回答を従属変数として重回帰分析を行ったところ，直進車Xの原因（β=0.34**）および非難の程度（0.16**）が高いほど，また右折車Yの原因（β=−0.21**）および非難の程度（β=−0.27**）が低いほど，直進車X（自動運転車）の過失割合が大きいと回答された（R^2=0.60**）。

（4）裁判所の判断と過失割合の回答の比較

　判決は，右折車Yには対向直進車の動静を十分確認していない過失，直進車Xには狭い交差点内でY車の側方を通過中に突然停止すれば，X車がそのまま通過すると予測して動き出した右折車Yと接触する危険があったのに，交差点内で突然停止したという過失があるとして，直進車X：右折車Yの過失割合は15：85と判断した。信号のない交差点における右折車と直進車の事故に関する基準は直進車20：右折車80であるが，基準は，過失割合の判断に当たっては交差点の形態が重要な意義をもち，個別的事情の検討が必要とする（東京地裁民事交通訴訟研究会，2014，236-237頁）。本判決は，対向直進車の動静を十分確認しなかった右折車の過失が大きいことを指摘し，基準より右折車の責任を重く判断している。一方，過失割合の回答（中央値）をみると，従来Gは直進車40：右折車60，自動Gは50：50であり，裁判所の判断とは大きく異なる。

第5節　自動運転車がプログラムどおりに作動し事故が起きた事例（高速道路でMRMにより停止した車両に後続車が追突した事故：事例5-3）

（1）事例の概要および調査対象者

　事例5-3は，自動運転車がプログラムどおりに作動したことに起因して事

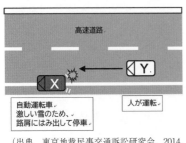

図9-9 事例5-3見取り図（自動G）

（出典 東京地裁民事交通訴訟研究会，2014，484頁を参照し筆者作成）

故が起きた事例である。自動運転車は，システムが対応できない状況になった場合，速度を落として安全に停止する（MRM）。高速道路では路肩等に停車することになるであろう。そして，後車がやむを得ない理由で路肩等に駐停車中の前車に追突した場合，原則として全て後車の過失によるものとされる（東京地裁民事交通訴訟研究会，2014，483頁）。そこで，前車と後車双方の過失割合が問題となる事例とするため，MRMにより路肩からはみ出して停止した自動運転車に後続車が追突した事例（自動G）と，同様に人が判断して停止し追突事故となった事例（従来G）を設定した。自動Gと従来Gに関する当事者の説明は，本章第3節（1）と同じである。事例の見取り図（図9-9）と事例の概要を示す。

事例の概要	
自動G	X車が自動運転で高速道路を走っていたら，急に激しく雪が降り始め，自動運転を続けるには危険な状態になった。X車のシステムは，路肩が広いところまで走り続けるのは危険と判断し，ハザードランプをつけ，スピードを落として路肩に寄り，路肩から本線にはみ出して停車した。Y車は制限速度で走っていたが，雪のため前がよく見えなかった。Y車がX車に追突した。
従来G	X車が高速道路を走っていたら，急に激しく雪が降り始め，運転を続けるには危険な状態になった。X車は，路肩が広いところまで走り続けるのは危険と判断し，ハザードランプをつけ，スピードを落として路肩に寄り，路肩から本線にはみ出して停車した。Y車は制限速度で走っていたが，雪のため前がよく見えなかった。Y車がX車に追突した。

調査対象者について，自動G300人（内訳：平均年齢49.54歳，SD16.51，性別と免許有無の内訳は本章第3節（1）と同じ），従来G300人（内訳：平均年齢49.56歳，SD16.33，性別と免許有無の内訳は本章第3節（1）と同じ）であった。

(2) 原因，非難，過失割合の回答比較

被追突車Xが事故の原因となった程度，および非難の程度について，自動G

第9章　より高度な自動運転車に対する責任判断（調査5）

図9-10　被追突車Xに対する原因，非難の回答比較　図9-11　被追突車Xの過失割合回答比較

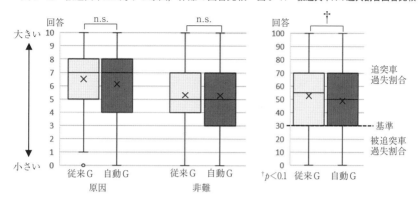

（出典　東京地裁民事交通訴訟研究会，2014, 484頁を参照しいずれも筆者作成）

と従来Gの回答の分布を比較するためにMann-WhitneyのU検定を行ったところ有意差はみられなかった（図9-10）。過失割合の回答について同様に比較したところ有意傾向がみられ，自動Gの過失割合が小さかった（図9-11）。

追突車Yの回答について同様に比較したところ，原因と非難の程度には有意差がみられず，過失割合は自動Gの方が大きい傾向がみられた。

なお，本事例でも本章第3節（5）同様，人の運転者と自動運転システムを製造するメーカーの責任を直接比較する質問を行ったところ，「自動運転車も人間も責任は同じだ」に近い回答が得られた。

(3) 過失割合の回答に影響を与える要素

自動Gについて，被追突車X（自動運転車）および追突車Yが原因となった程度，非難の程度を独立変数，自動運転車の過失割合の回答を従属変数として重回帰分析を行ったところ，被追突車Xの原因（$\beta=0.38^{**}$）および非難の程度（0.31^{**}）が高いほど，また追突車Yの原因（$\beta=-0.19^{**}$）および非難の程度（$\beta=-0.17^{**}$）が低いほど，被追突車X（自動運転車）の過失割合が大きいと回答された（$R^2=0.63^{**}$）。

（4）基準と過失割合の回答の比較

　やむを得ない理由で路肩等に駐停車中の前車に追突した場合，原則として全て追突車の過失となる（東京地裁民事交通訴訟研究会，2014，483頁）が，前車が路肩から本線にはみ出して駐停車していた場合，後車は20％減算され，さらに視認不良の場合10％減算される（同上，484頁）。本事例では，前車は降雪のため危険を感じ，やむを得ず路肩からはみ出して停車した場合なので，追突車70：被追突車30と設定した。被追突車Xの過失割合は，両グループとも基準より20以上大きく回答しており（図9-11），被追突車Xに対して厳しい評価となった。

第6節　より高度な自動運転車の責任判断──事例検討のまとめ

　自動運転車と従来型車両のドライバー（人）に対する責任判断に関し，自動運転車の方が原因，非難の程度や過失割合が大きいと判断される事故態様がある（事例5-1，事例5-2）一方，逆に小さいと判断される事故態様もみられた（事例5-3）。このように，自動運転車だからといって一律に責任が重いと判断されるのではなく，事故態様により判断が異なることがうかがえる。

第7節　自動運転車に対する認識（調査5-2）

（1）調査の目的─責任判断に違いが生じる理由とは─

　では，なぜ本章第3節から第6節で述べたような違いが生じるのであろうか。
　責任判断に違いが生じる理由は，第4章第4節で示した先行研究で検討が行われている。ただ，先行研究で示された理由全般を視野に入れ，法的責任のあり方という観点から，我が国の自動運転に関する意識を調査した研究は見当たらない。
　責任判断に違いが生じる理由と法的責任の関連性として，次のことが考えられる。
　国土交通省は自動運転車の法的責任に関し，従来の運行供用者責任を維持・修正する，ないし新たな責任制度の創設等の方向性を示す。[3]前者によるとして，

第9章　より高度な自動運転車に対する責任判断（調査5）

　佐野誠は，自動運転装置が「保有ベースでも大半の自動車に普及」した段階を前提に，歩行者（被害者）が自動運転車（加害者）の制動を信頼・期待し，自ら適切に回避しなかったとしてもその信頼が妥当と評価され，運行供用者責任の免責要件（被害者の過失）を充たさなくなる可能性を示唆しているが（佐野，2018，211-213頁），その場合運行供用者責任の成立範囲が広がる可能性がある。また，製造物責任や運行供用者責任の過失相殺でも被害者の信頼が考慮され，被害者の過失割合を減少させる可能性が示される（同上，213頁）。人々が自動運転車を人より安全と信頼するのであれば，被害者の信頼を基礎とする上記の考慮がより重要性を増すと思われる。一方，人々が自動運転システムを，Ratan（2019, pp.2774-2792）のいう自ら意図を持ち主体的に行動する存在，Hong他（2020, pp.1768-1774）の示す人と異なる存在ととらえるなら，システム供用者に直接責任を課す後者の考えを受け入れる素地があるともいえるであろう。

　また，いずれの方向性でも，自動運転車メーカーが負うべき責任は従来どおりで社会の納得が得られるかも問題となりうる。自動運転車へのネガティブ感情（Liu他，2021, pp.1-15）のような漠然とした感覚に対しては，法制度への反映の前に，「消費者の情報量を増やし，理解度を上げ」協調しつつ課題解決を探る社会受容に向けた取り組み（宮木，2023，41頁）がまず重要と思われる。一方Franklin他（2021, pp.1-8）やLiu他（2019, p.315-325）が示すように自動運転車には人より高い安全水準が求められたり，資力あるメーカーがより重い責任を負うべき[4]という価値判断が強ければメーカー責任加重の方向で，逆に技術開発阻害の懸念（藤田，2018，284頁）が強ければ責任抑制の方向で，社会受容の取り組みとともに法のあり方も見直す必要があるのではないだろうか。そこで，第7節では自動運転車の責任判断が行われる理由に着目し，現在示されている法的な論点との関連を検討したい。

（2）調査5-2における質問項目の作成

　Hong他（2020, pp.1768-1774），Sunder他（2019, pp.1-9）は，人は，機械ないし自動運転車の運転を人より安全と信頼することを前提とする一方，Franklin他（2021, pp.1-8）は自動運転車に対する信頼は人より低いとしており，矛盾した結果が示されている。そこでこの点を明らかにするため，人と自動運転車

の運転能力の認識（①②）および信頼する度合い（③）に関する質問を設けた。なお，運転能力に関し，一般的に安全に運転するという側面と，交通状況に合わせて臨機応変に対応する側面があると思われるため，この両面に関する質問とした。次に，Hong他（2020, pp.1768-1774）は自動運転システムへの高い信頼故に，事故はその裏切りととらえられることが重い責任非難の原因とする。そこで，事故を信頼の裏切りと感じる度合いに関する質問を設けた（④）。これに対し，Franklin他（2021, pp.1-8）は，自動運転車が公道を走るときは高い安全水準が求められ（Liu他，2019, pp.315-325），それ故に重い責任が帰属されるとする。そこで，人あるいは自動運転車に求める要求水準の高さに関する質問を設けた（⑤）。次に感情的反応に関し，事故に対するおそれの感覚（Liu等，2021, pp.1-15），また怒り感情が責任判断に影響する（Bright他，2006, pp.183-202）ことが示されているため，事故に対する恐怖と怒りの質問を設けた（⑥⑦）。さらに，自動運転システムを，人と異なる独立した存在ととらえるかどうかも責任判断に関わる。Hong他（2020, pp.1768-1774）は，自動運転システムは意図的に行動する主体として人とは異なる存在ととらえられ，異なる原因帰属が行われて，これが同システムへの重い責任評価につながるとする。一方，Copp他（2021）は，システムが意図をもつとしても，その反応を決定したのはメーカーの技術者等であり，技術者等の事故への関与はいわば「遠い」が，人（運転者）は事故現場で直接に関与することから人の責任が重く評価されるとする。そこで，本調査では河合（2020, 32頁）を参照し人と自動運転車の意図性（⑧）[(5)]，また人と自動運転車のいずれが事故に直結するエラーを犯していると評価できるかの質問を設けた（⑨）。また，「目につきやすい」つまり原因としてわかりやすい対象に，原因が帰属されやすいことが指摘される（Storms, 1973, pp.165-175）。そこで，人あるいは自動運転車の事故いずれが，誰の責任かわかりやすいかに関する質問を設けた（⑩）。

　以上①〜⑩の質問は，主語を従来Gでは「人は」として人の運転者に対する感覚，自動Gでは「自動運転車は」として自動運転車に対する感覚の回答を得た。選択肢は1「まったくそう思わない」から6「強くそう思う」の6件法とした。

　以上に加え，コンピュータはミスをしないと認識されるので，人では許容さ

第9章　より高度な自動運転車に対する責任判断（調査5）

表9-1　調査5-2の質問項目一覧

項目	内容
運転能力	①人/自動運転車は，安全に運転する能力がある ②人/自動運転車は，その場の状況に合わせて，臨機応変に対応する能力がある
信頼	③人/自動運転車は，事故を起こさないと信頼している ④人/自動運転車は，事故を起こすと，信頼を裏切られたと思う
要求水準	⑤自動運転車/人は，公道を走る以上，人/自動運転車より高い安全水準を満たすべきだ
否定的感情	⑥人/自動運転車が事故を起こすことに，恐怖を感じる ⑦人/自動運転車が事故を起こすことに，怒りを感じる
意図性	⑧人/自動運転車は，自分で判断し，意図的に行動している
責任の所在	⑨人/自動運転車は，事故に直結するエラーを犯している ⑩人/自動運転車の事故は，誰の責任かがわかりやすい
ミスに関する認識	⑪コンピューターは失敗をしない ⑫人間は間違いをする生き物だ
現実的な価値判断	⑬自動運転車が事故を起こしたときに，自動車メーカーに重い責任を負わせると，技術開発を妨げる ⑭自動車メーカーは経済力があって，被害者に確実にお金を払えるから，人のドライバーより重い責任を負うべきだ

（出典　本文記載の文献に基づき筆者作成）

れるミスでも許容されない（Madhavan他，2007，pp. 277-301）ことが責任判断に影響する（Hong他，2020，pp. 1768-1774）可能性が示されることから，両グループ共通の質問として「コンピュータは失敗しない」，「人間は間違いをする生き物だ」という質問を設けた（⑪⑫）。現実的な価値判断も同様に，技術開発の阻害（⑬）とメーカーの資力故に重い責任を負うべき（⑭）という設問を設けた。[6] これらの設問は自動G，従来Gとも同じ設問とし，①〜⑩同様選択肢1を「まったくそう思わない」，選択肢6を「強くそう思う」として回答を得た。質問項目の一覧は表9-1のとおりである。

　調査対象者は，第3節（事例5-1を提示），第4節（事例5-2を提示），第5節（事例5-3を提示）の自動Gと従来Gである。回答に当たっては，各事例を前提とせず，一般的に「人が目的地を設定すれば車のシステムが自動的に運転し，人は運転する必要がなく，一般道も走れる」自動運転車が開発され，販売されるようになったと想定して回答するよう依頼した。

205

（3）結果—自動運転車に対する認識—
1）運転能力の評価と信頼，求める水準

　調査5-2の回答が，調査5-1に影響を受けている可能性があるため，自動Gの中で事例5-1を提示したグループ，事例5-2を提示したグループ，事例5-3を提示したグループの回答を比較するため分散分析を行ったところ，有意差がみられる質問もあった（質問⑤⑥⑦⑨）がいずれも効果量は小さかった。同様に従来Gでも比較を行ったところ，有意差のある質問もみられた（質問④⑦）が効果量は小さく，いずれも顕著な違いがみられなかった。このため，自動G従来Gとも上記3グループを合わせて検討する。

　質問①から⑤の結果を図9-12に示す。①安全に運転する能力は自動Gと従来Gで有意差がみられた（$t(1798)=4.36$, $p<0.01$）が効果量（Cohenの$d=0.21$）は小さかった。②臨機応変に対応する能力は人の方が大きく評価された（$t(1701.89)=21.96$, $p<0.01$, $d=1.04$）。③信頼（$t(1766.70)=9.96$, $p<0.01$, $d=0.40$），信頼の裏切りの程度（$t(1798)=9.96$, $p<0.01$, $d=0.47$）は自動運転車の方が数値的には大きく回答されたが，効果量は大きくはない。回答平均値をみると，信頼は人，自動運転車いずれも低い。

　一方，⑤求める安全水準は自動運転車の方が高く（$t(1791.89)=14.52$, $p<0.01$, $d=0.68$），比較的大きな差がみられた。回答平均値をみても自動G 4.83であり，そう思う度合いが従来Gより強いことがうかがえる。

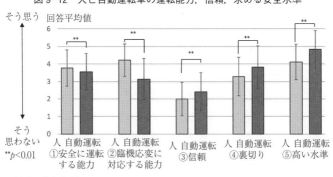

図9-12　人と自動運転車の運転能力，信頼，求める安全水準

（出典　筆者作成）

2）意図性，責任所在のわかりやすさ

質問⑧⑨⑩の結果を図9-13に示す。いずれも人の方が⑧意図的に行動し（$t(1669.20) = 19.44, p<0.01, d=0.92$），⑨事故に直結するエラーを犯しており（$t(1669.20) = 13.48, p<0.01, d=0.64$），⑩責任の所在がわかりやすい（$t(1758.53) = 21.38, p<0.01, d=1.01$）という大きな差がみられた。

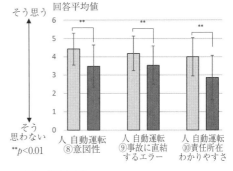

図9-13 人と自動運転車の意図性，事故に直結するエラー，責任所在のわかりやすさ

（出典 筆者作成）

3）事故に対する感情的反応

感情的反応に関し，事故を起こすことへの恐怖は，自動G 4.59，従来G 4.59，怒りは，自動G 3.66，従来G 3.95と「そう思う」に近い回答で，調査対象者が交通事故に対し否定的な感情を有していることがわかる。自動Gと従来Gの回答を比較すると，恐怖には差がみられず，怒りは有意差がみられたものの効果量は小さかった。

4）ミスへの反応および責任のあり方

本設問は全グループ共通であり，調査対象者の認識を広く探ることが目的なので，全グループあわせた平均値を示す。⑪「コンピュータは失敗しない」は2.20（「そう思わない」に近い），⑫「人は間違いをする生き物だ」は5.14（「そう思う」）であり，コンピュータ，人ともに失敗や間違いを犯す存在ととらえられている。

責任のあり方について，⑬「自動車メーカーに重い責任を負わせると技術開発を妨げる」の回答平均値は3.31でどちらともいえないに近く，⑭「自動車メーカーは資力があるため人のドライバーより重い責任を負うべき」は3.18で「どちらかというとそう思わない」に近い回答であった。

（4）自動運転車に対する意識—結果のまとめ—

以上の結果をまとめると，一般人は，人もコンピュータも誤りを犯すと認識

し，人より自動運転車の運転が安全と信頼しているわけではない。この点は，Madhavan他（2007, pp. 277-301）やHong他（2020, pp. 1768-1774），Sunder他（2019, pp. 1 - 9 ）とは異なるといえる。また，Liu他（2021, pp. 1 -15）が示すような，自動運転車（による事故）に対する強いネガティブ感情はみられない。この点は，自動運転車に対する日本人の肯定的な態度（例，Nomura他，2017, pp. 534-538）による可能性がある。ただ，自動運転車が公道を走る以上，人のドライバーより高い安全水準が求められる。自動運転車を信頼していないが要求水準は高い点は，Franklin他（2021, pp. 1 - 8 ），Liu他（2019, pp. 315-325）の結果と同様といえる。

なお，意図性という点では人の方が意図的で責任の所在がわかりやすいと認識されており，Hong他（2020, pp. 1768-1774）やCopp他（2021），Ratan（2019, pp.2774-2792）が示すような，自動運転システムが独自に意図をもって行動する主体であるという認識はうかがえなかった。

現実的な価値判断に関し，メーカーの技術開発を阻害する点はメーカーの責任を軽減し，メーカーの資力を重視する考えはその責任を重くすることにつながる価値判断だが，いずれかを特に重視する傾向はみられず，この価値判断が責任判断の決め手にはなっていないようである。

第 8 節　調査 5 のまとめ：自動運転車と従来型車両の責任判断の背景

（ 1 ） 要求される高い安全水準と自動運転車への重い責任帰属

調査 5 - 1 で示された結果をみると，事例 5 - 1 は自動運転車の原因，非難，過失割合，事例 5 - 2 は自動運転車の原因となった度合いが従来型車両より大きいとされ，逆に事例 5 - 3 では過失割合が小さいと判断されている。

事例 5 - 1 （対歩行者事故）は自動運転システムの不具合，事例 5 - 2 （右折車とのすれ違い時の事故）はシステムが植栽に過敏に反応して不要な停止をしたことが原因となっている。[7] これらの事例のように，システムの不適切といいうる作動に起因する事故に関しては，自動運転車に人より高い安全水準を求める人々の認識（Franklin他，2021, pp. 1 - 8 ；Liu他，2019, pp. 315-325）が影響するのかもしれない。[8] なお，運転支援車ではあるが，システム不具合に起因する高速道路上での急ブレーキによる追突事故（第 7 章第 2 節 （ 2 ），第 8 章第 3 節）も

第9章　より高度な自動運転車に対する責任判断（調査5）

人が運転に関わらず生じたという点で，より高度な自動運転車による事故と状況が類似するため，同様の認識が当てはまると推察される。

このような意識と法律上の論点との関連を検討すると，一般人が自動運転車に高い安全水準を求めることは，消費者の製品の安全性に対する期待が高いとも言いうる。そして，消費者の期待は，製造物責任の欠陥のとらえ方と関連する。すなわち，自動運転車の欠陥は「平均的な自然人である運転者」を基準に決せられ（浦川，2017，34頁），一般的な運転者より運転操作が遅ければ欠陥が認められるとされる（舩見，2021，182頁）。この考えを貫くと，平均的な人の運転能力では避けられない事故を自動運転車が避けられなかった場合，そのシステムは一般的な運転者に比べて「安全性を欠く」とはいえないので，欠陥を否定することにつながる。しかし，消費者は自動運転車に人より高い安全性を期待しているので，この結論には納得が得られず紛争が激化する可能性がある。法制度を検討する際には，この消費者の認識を考慮する必要があると思われる。なお，一般人は自動運転車を人より特に安全と信頼する傾向はみられず，被害者の自動運転車に対する信頼を基礎とする運行供用者責任の免責範囲の限定や過失相殺上の被害者割合の減額（佐野，2018，211-213頁）を直ちに考慮するべき段階には至っていないようである。また，人の方が意図的に行動し事故に直結するミスを犯すととらえられており，現状では交通事故の責任は人の運転者の延長線上でとらえる考え方が馴染みやすいようである。

（2）事例を単独でみたときの責任判断と双方の比較を行った判断の違い

各事例を単独で提示され，当事者の責任等について判断を行った場合は，自動運転車と従来型車両に対する過失割合や原因の判断が異なりうるが，自動運転車と従来型車両の両事例をみた上で，両者の責任を直接比較する形で責任を検討すると，責任の重さは同じとすべきという回答であった。

複数の選択肢がある場合に，選択肢を個別に評価したときと，同時に並べて評価したときの判断は異なるとされる（Hsee，1998，pp.247-257；ベイザーマン他，2011，129-133頁）。すなわち，人は選択肢を個別に評価するときは「感情的な選考に従って行動し，複数の選択肢を同時に評価するときには合理的な分析をしようとする」ことが指摘される（ベイザーマン他，2011，132頁）。そうだとす

ると，調査対象者は単独評価のときは，事故を起こすような自動運転車は望ましい安全水準を満たさないとして厳しい評価をしたが，両者を比べて評価すると「起きた事故は同じなので責任を区別すべきではない」というある意味合理的な判断を行い，責任は同じという回答になった可能性がある[10]。後者のように考えると，一般人は両者の責任を区別すべきでないという感覚であるため，単独評価での違いに特段の注意は不要とも考えられる。しかし，仮に自動運転車が事故を起こした場合，当該事故単独で注目を集めて責任判断が行われるのであり，「従来の車と比べて」責任や非難を考えるという発想にはなりづらいだろう。このため，単独評価をしたときの自動運転車と従来型車両の違いには，やはり注意が必要と思われる。

（3）自動運転車への責任帰属が減少する場合

　なお，事例5-3のように，自動運転車の過失割合の方が小さく判断される事例もあり，自動運転車に対して高い安全水準が求められるとしても，常に自動運転車への重い責任帰属に結びつくとは限らないようである。本事例のように自動運転車の判断や行動に特段落ち度がない場合，一般人は，人間に対してより意図性や責任の所在を看取することから，人の責任が重く，逆にシステムの責任が軽く判断されるのかもしれない。ただ，そうであれば原因や非難の評価にも違いが生じるように思われるが，今回は差がみられなかった。この点については，さらなる調査が必要であろう[11]。

（1）　ⅴ）に関し，人への交替後は従来型車両あるいは運転支援車と同様にとらえることが可能であろう。ⅵ）の場合，特定自動運転主任者は運転免許を保有することが要件とされていない。レベル4の自動運行中，特定自動運転主任者が監視を怠って事故が起きた場合の責任のあり方は今後検討が必要であろう。ⅷ）に関し，システムから人が運転を引き継ぐ過程で事故が起きた場合，人とシステム（自動車メーカー）はどのような責任を負うかも課題となると思われる。

（2）　自動走行に係る官民協議会　内閣官房 日本経済再生総合事務局, 2019,「地域移動サービスにおける自動運転導入に向けた走行環境条件の設定のパターン化参照モデル（2020年モデル）」https://www.kantei.go.jp/jp/singi/keizaisaisei/jidousoukou/pdf/model.pdf（2023.2.26参照）。

（3）　国土交通省, 2018,「自動運転における損害賠償責任に関する研究会報告書」7頁

第9章　より高度な自動運転車に対する責任判断（調査5）

https://www.mlit.go.jp/common/001226452.pdf（2023.3.4閲覧）。

（4）　東京高裁昭和48年5月30日判決（判例時報707号59頁）は，自動車メーカーに資力があることを前提に，運行供用者責任の免責要件である自動車の構造上の欠陥または機能の障害の範囲を広く判断している。また，自動車メーカーのような企業は資力がありより高い賠償金を払う可能性が高く（Vidmar, 1999, pp.849-899），個人より大きな責任を問われる（MacCoun, 1996, pp.121-161）とする研究もある。

（5）　システムの意図性に関連し，擬人化という観点から研究が行われている。擬人化とは，「想像上の，あるいは実際に存在する非人間的エージェントに対して，人間らしい特徴や動機付け，意図，感情を帰属すること」と定義され（上出他，2017，1頁；Epley他，2007，pp.864-886），対象に対し人が心を認知する2つの次元（例，行為の主体性，感覚の経験性。Gray他，2011，p.619）を測定するための尺度が示されている（日本語版について上出他，2017，222-223頁）。また，谷辺他（2021，14頁）は，自律的な機械に対する心の知覚（人工物の振る舞いの背後に，意図等心の機能が存在すると知覚すること）傾向の因子構造を示している。システムが自律的な存在ととらえられているかは，これらの尺度を用いて測定を行うとより正確な結果が得られると思われる。ただ，本研究は，自動運転車による事故について納得感の得られる紛争の解決方法を探るため，幅広い観点から探索的に一般人の自動運転車や責任に関する認識を調査することを目的とした。このため設問では特定の心理測定尺度は用いていない。質問数が増え，回答者の負担が大きくなることが懸念されたためである。より精密な調査を行うためには，上記のような尺度を用いた調査も必要となるであろう。

（6）　「人間が起こした交通事故は人が意図的にした行為の結果だが，自動運転車による事故はコンピューターの処理の結果だ」という設問も設けたが，1つの設問に2つの内容を含むことから，分析対象としていない。

（7）　事例5-2では過失割合の回答に差はみられなかったが，原因の判断は過失割合の判断に影響しうるため，過失割合も重く判断される可能性は否定できない。

（8）　調査5-2では，個別事例の回答を前提とせず，自動運転車という存在に対する認識を一般的に問う設問としたので，調査5-1と調査5-2の回答の関連は検討を行っていない。

（9）　製品の安全性に関する期待の程度が変化しうることを示唆する判例もある（土庫，2018，87頁；大阪高裁平成24年5月25日判決〔LEX/DB文献番号25481410〕；神戸地裁平成22年11月17日判決〔判例時報2096号116頁〕）。こんにゃくゼリーの欠陥が争われた同判決では，事故が起きた当時の当該商品に対する消費者の認識（こんにゃくゼリーが市場に広く流通し，通常のゼリーと異なる性質を有することが広く認識されている）を前提に欠陥を否定しているが，仮に製品が発売直後で，消費者にその特性や危険が認識されていない時期は，より高い安全性が求められる余地もあることを示す判決といえる。

（10）　本調査では，単独評価では過失割合の数値を回答し，比較評価では「どちらが重い責任を負うべきか」に関する選択肢5つの中から1つを選ぶ形式なので，厳密にいえば同じ選択肢の比較ではない。

（11）　先行車（自動運転車）が進路変更を行い，後方から同車を追い抜こうとした車両と衝突した事例について同様の調査を行ったところ，自動G従来Gの回答に差はみられなかった。システムの誤作動起因の事故としたが，このような結果となった理由はさらなる検討が必要であろう。

211

参考文献

上出寛子・高嶋和毅・新井健生, 2017, 「日本語版擬人化尺度の作成」『パーソナリティ研究』第25巻第3号。

浦川道太郎, 2017, 「自動走行と民事責任」『NBL』No. 1099。

河合祐司, 2020, 「ロボットへの原因と責任の帰属」『日本ロボット学会誌』Vol. 1 。

佐野誠, 2018, 「第Ⅱ部第4章　他当事者間の責任の負担のあり方」藤田友敬編『自動運転と法』有斐閣。

谷辺哲史・唐沢かおり, 2021, 「自動運転による事故とメーカー, ユーザーに対する責任帰属」『実験社会心理学研究』第61巻第1号。

土庫澄子, 2018, 『逐条解説　製造物責任法第2版』勁草書房。

東京地裁民事交通訴訟研究会, 2014, 「民事交通訴訟における過失相殺率の認定基準全訂5版」『別冊判例タイムズ38』。

藤田友敬, 2018, 「第Ⅱ部第7章　自動運転をめぐる民事責任法制の将来像」, 藤田友敬編『自動運転と法』有斐閣。

舩見菜々子, 2021, 「自動運転に関する損害賠償責任」『立命館法政論業』第19号。

ベイザーマン, M.H., ムーア, D.A., 2011／長瀬勝彦訳『行動意思決定論』白桃書房。

宮木由貴子, 2023, 「自動運転移動サービスの『社会受容』とは何か」, 国際交通安全学会誌, Vol.48. No. 2 。

Awad, E., Levine, S., Weiner, K.M., Dsouza, S., Tenenbaum, J.B., Shariff, A., Bonnefon, J.F., Rahwan, I., 2020, "Drivers are blamed more than their automated cars when both make mistakes." Nature Human Behaviour Vol. 4.

Bright, D.A., Delahuntry, J.G., 2006, "Grusome evidence and emotion: Anger, blame, and jury decision- making." *Law and Human Behavior* Vol. 30 No 2.

Copp, C.J., Cabell, J.J., Kemmelmeier, M., 2021, "Plenty of blame to go around: Attributions of responsibility in a fatal autonomous vehicle accident" *Current Psychology* https://doi.org/10.1007/s12144-021-01956-5.

Epley, N., Waytz, A., Cacioppo, J.T., 2007, "On seeing Human: A three factor theory of anthropomorphism" *Psychological Review* 114.

Franklin, M., Awad, E., Lagnado, D., 2021, "Blaming automated vehicles in difficult situations" *iScience* Vol. 24.

Gray, H.M., Gray, K., Wegner, D.M., 2007, "Dimensions of mind perception" *Science* Vol. 315 Issue 5812.

Hong, J.W., Wang, Y., Lanz, P., 2020, "Why Is Artificial Intelligence Blamed More? Analysis of Faulting Artificial Intelligence for Self-Driving Car Accidents in Experimental Settings" *International Journal of Human-Computer Interaction* Vol. 36.

Hsee, C.K., 1996, "The Evaluability Hypothesis: An Explanation for Preference Reversals between Joint and Separate Evaluations of Alternatives" *Organizational Behavior and Human Decision Processes* Vol. 67 Issue 3.

Liu, P., Du, Y., 2021, "Blame attribution asymmetry in human-automation cooperation." *Risk Analysis* Vol. 42.

Liu, P., Yang, R., Xu, Z., 2019, "How safe is safe enough for self-driving vehicles?" *Risk Analysis* Vol. 39 No. 2.

MacCoun, R.J., 1996, "Differential treatment of corporate defendants by juries: An examination of the "deep-pockets" hupothesis" *Law and Society Review* Vol. 30.

Madhavan, P., Wiegmann, D.A., 2007, "Similarities and differencesbetween human-human and human-automation trust: An integrative review." *Theoretical Issues in Ergonomics Science* Vol. 8 No. 4.

Nomura, T., 2017, "Cultural differences in social acceptance of robots" *2017 26th IEEE International Symposium on Robot and Human Interactive Communication (RO-MAN)*.

Ratan, R., 2019, "Cars and Contemporary Communication| When Automobiles are Avacars: A Self-Other-Utility Approach to Cars and Avatars," *International Journal of Communication* Vol. 13.

Storms, M.D., 1973, "Videotape and the attribution process: Reversing actors' and observers' points of view" *Journal of Personality and social Psychology* Vol. 27 No. 2.

Sunder, S.S., Kim, J.,2019, "Machine Heuristic: When We Trust Computers More than Humans with Our Personal Information." *Proceedings of the 2019 CHI Conference on human factors in computing systems*.

Vidmar, N., 1999, "The performance of the American civil jury: An empirical perspective" *Arizona Law review* Vol. 40

第10章

自動運転車の責任のあり方と市民感覚

第1節　自動運転車と責任に関する意識調査の必要性

　自動運転車等の普及は進みつつあるが，事故発生時の法的責任が不明確であることが不安視されることを示す研究は多い（例えば鈴木他，2023，71-76頁；唐沢，2020，52-56頁；宮木，2018，35-42頁；Piao他，2016，pp. 2168-2177）。そして，責任のあり方を含む自動運転車等に対する不安・心配が賛否の意識（西堀他，2019，696-702頁）に影響することが示されている。自動運転の社会実装を進め，技術の普及と発展を加速させるには，坂井康一他や宮木由貴子が指摘するように法的な課題解決に向けた法整備が不可欠といえる（坂井他，2018，19-24頁；宮木，2023，52-56頁）。自動運転に関わる法制度に関し主に第5章で述べた論点が指摘され検討が行われている。ただ，同章の研究は従来の法理論や制度との整合性を中心に検討されており，一般人，特に消費者の責任感覚に意識を向けているとは言い難い。一方，一般人の自動運転への意識は社会受容という観点から様々な研究が行われているが，上記の賛否意識や行動意図（唐沢，2020，52-56頁）を問う研究が多く，法制度自体に対する理解度や納得度合いを直接検討した研究は多くない。

　そこで本章では，第5章の法律に関わる議論のうち，ⅰ）事故に関わっていない自動運転車の搭乗者（所有者）が運行供用者として一次的に責任を問われ，自分の保険を使って被害者に賠償することを許容できるか，ⅱ）最終的な事故の責任者は誰とすることが望ましいか，ⅲ）主に欠陥概念との関わりにおいて，一般人は自動運転車に何を期待するのかに焦点を当て，一般人の法制度への感覚を明らかにしていきたい。なお，一般人の認識や感覚が，制度のあり方を直ちに決定するわけではない。しかし，社会の納得の得られる制度の構築のため

215

には，一般人の意識を探り，可能な範囲で制度に反映していくことは重要と考える。

第2節　第一次的および最終的な責任負担者の感覚（調査6）

（1）調査対象者及び調査実施の手続

　調査6は，2023年3月にウェブ調査会社を介して，同社に登録するモニターを対象にウェブ調査を行った。調査対象者は第6章第2節（1）と同様，法律関係の資格保持者，法科大学院在学生および修了者，自動車損害保険業務の取り扱い者以外とした。

　同調査では，都市圏と過疎化が進むとされる地域からそれぞれ回答を得た。高齢化，人口減少が進む過疎地域では，公共交通機関の廃止に伴い，免許返納後の高齢者等交通弱者の移動手段の確保が課題とされ（鎌田，2019，69頁），自動運転車は特に上記地域で移動サービスの手段として期待が寄せられる（加藤，2019，22-28頁）。自動運転車の個人的ベネフィット（利得）は「移動」の面が指摘される（唐沢，2020，52-56頁）。そうすると，過疎化が進むとされる地域ではリスクより移動のベネフィットが大きく認知され，メーカー等の責任強化よりも普及を促進する方向の回答が多い可能性がある。一方で，自動運転車による事故（中川，2022，25頁）や安全確保が課題となる場面（中川，2021，28-34頁他）が指摘されるように事故の他，個人情報の漏洩等安全面のリスクも認知されている（唐沢，2020，52-56頁）。そして，都市圏では公共交通機関が比較的発達していることから，移動のベネフィットよりもリスクが強く感じられ，これがメーカー等の責任を厳しく問う意識につながる可能性がある。このような違いが，自動運転車の責任に対する認識の違いにも反映される可能性がある。そこで，総務省が過疎地域の市町村数割合および人口割合が大きいとする6道県（過疎地域割合の大きい地域。北海道，秋田県，島根県，岩手県，鹿児島県，大分県），三大都市圏の中でこれらが小さい5都府県（都市圏。愛知県，埼玉県，東京都，大阪府，神奈川県）の在住者を対象に調査を行った。

　調査対象者の内訳は，過疎地域割合の大きい地域374名（平均年齢50.49歳，*SD*16.31，男性186名・女性188名，免許あり284名・なし90名），都市圏424名（平均年

齢50.00歳，*SD*16.33，男性217名・女性207名，免許あり332名・なし92名）である。

（2）調査実施の手続

調査実施の手続は第6章第2節と同様である。質問紙の内容は，（3）以降に結果と共に示す。

（3）運行供用者の一次的な責任負担に対する納得感

1）自分の保険を使用するか否かの判断

調査6では，自動運転車の所有者が自分の車に乗って走行中，当該車両が事故を起こした場面を想定し，回答を得た。国土交通省が示すように現在の運行供用者責任制度を維持する場合[2]，事故が自動運転車の欠陥による場合でも，運行供用者が「一次的な責任主体」となる（藤田，2018，278頁）。ここでは，自ら運転に関与しない所有者が被害者から言わば真っ先に責任を問われることについて，社会の納得が得られるか検討したい。

まず，次のように車両の自動化レベルと道路事情に関する説明を提示した。

自動化レベルと道路事情に関する説明
　完全に自動運転の車が開発されました。
　この車は，目的地を入力してスタートボタンを押せば，自動的に目的地まで走ります。自動運転中，人は運転する必要がありません。
　世の中の道路には，自動運転車だけでなく，自動運転でない車，自転車，歩行者などが入りまじっています。

その上で，池田（2018，265-266頁）が引用する東京海上日動火災保険のアンケート調査を参考に，自動運転車がシステムの欠陥による事故を起こした事例を提示し（事例1），自分が自動運転車の所有者Xだったら自分の保険を使って被害者の損害を賠償してよいと思うかを，「1　まったくそう思わない」から「6　強くそう思う」の6件法で回答を得た。

> **事例1**
>
> 　Xさんは自動運転車Xを所有し，ふだんの生活に使っています。
>
> 　XさんがX車に乗り，自動運転で走っていたら，システムの欠陥のため誤作動を起こし，赤信号で交差点に入って歩行者Yに衝突しました。
>
> 　この事故で，Yに1000万円の被害が生じました。
>
> 　Xさんは自動車保険に入っています。
>
> 　保険を使うと，翌年以降の保険料が上がります。

　その結果，自分の保険を使用したくないとする意見（「どちらかというとそう思わない」～「まったくそう思わない」を合わせた数）は過疎地域割合の大きい地域43.32％，都市圏39.62％であり，保険を使用してよいという意見（「どちらかというとそう思う」～「強くそう思う」を合わせた数）は前者56.68％，後者60.38％と肯定的な意見がやや多かった。ただ，池田（2018，265-266頁）が引用する調査時（約65％）より肯定的な回答の割合が低く，特に過疎地域割合の大きい地域で約10％少なかった。

2）自分の保険を使用してよいとする理由

　自分の保険を使用してよいと回答した調査対象者には，そのように考えた理由に関する選択肢を示し，最も当てはまるもの1つの回答を得た。選択肢は，北河他（2017，22頁）を参考に，運行供用者の運行支配（①），運行利益（②），また運行支配は危険責任的側面から導かれる要件なので危険責任（③）に関する選択肢とした。また，第9章の調査では事故を起こした自動運転車側に重い因果性，非難が問われており，所有者にも法的な意味合いより「事故を起こした」こと自体の道義的責任が問われる可能性がある。そこで，道義的責任に関する選択肢④を加えた。当てはまる選択肢がない場合は，その他欄に自由記述の形で回答を得た。なお，これ以降の調査では，居住地の違いで回答に顕著な違いがみられなかったため，両者を合わせた結果を示す（図10-1）。

　保険を使用してよいとする理由は，④所有者の道義的責任を問う回答が最も多く（64.1％），次いで③所有者の危険責任（車を動かすことで事故の危険を作出）が重視された（25.21％）。自由記述として，現行の制度がそのように定められている，システムの欠陥による事故も含めて保険で万が一に備えているはず，賠償額が高額なので保険の手続により迅速に解決すべきという趣旨の回答がみられた。

図10-1　所有者の保険で賠償してよいとした理由

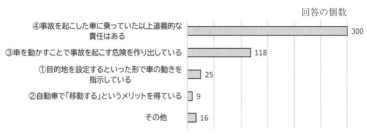

図10-2　所有者の保険で賠償したくないとした理由

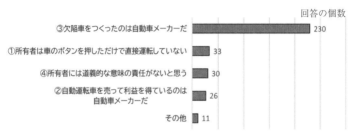

（出典　筆者作成）

3）自分の保険を使用したくないとする理由

　自分の保険を使用したくないと回答した調査対象者にも，その理由に関する選択肢を示し，最も当てはまるもの1つの回答を得た（図10-2）。理由は，2）の選択肢の逆の内容とした。

　保険での賠償をしたくない理由は，③欠陥のある自動運転車を製造したのはメーカー（危険責任。危険を作出したのはメーカー）とする回答が最も多かった（69.70％）。①所有者の運行支配（10％）および④所有者の道義的責任を否定する回答（9.09％），②メーカーの報償責任とする回答（7.88％）は一定数みられたが，③メーカーの危険責任に比べると少なかった。自由記述では，自動運転車を認可したのは国だから自分の保険は使いたいと思わない（複数意見）という趣旨の回答がみられた。

（4）②最終的な責任負担者は誰か

1）最終的な責任負担者は所有者かメーカーか

　現在の法制度では所有者（運行供用者）に敗訴リスクが集中し，事故原因が不明の場合所有者が最終的な責任を負うことになると指摘される（藤田，2018，278頁）。なお，（3）では，その後求償が可能としても所有者（運行供用者）が最初に責任を問われることを検討対象としていたが，（4）では事故原因について主張立証が尽くされそれでも真偽不明の場合，現行制度では事実上運行供用者の責任となることを検討対象とする。

　まず，予備知識のない状態で調査対象者に事例2を示し，事故が原因不明の場合に被害者に賠償するのは車の所有者かメーカーのどちらかに決めなければいけないとしたとき，誰が賠償すべきかについて，「所有者，自動車メーカー，いずれでもない」の中から1つ選んでもらった。[3]

事例2
　自動運転車が，自動運転で道路を走っていたところ被害者に衝突する事故を起こし，被害者に500万円の被害が生じました。
　事故の原因について，車の所有者のメンテナンスに問題があったのか，自動車メーカーが車を作るときに問題があったのか，調べてもわかりませんでした。

　その結果，所有者が賠償すべきが40.98％，メーカーが44.86％とほぼ同じであった（その他は14.16％）。

2）最終的な責任負担者を選択した理由

　次に，賠償責任を所有者負担としたときに想定される事項，メーカー負担としたときに想定される事項を提示し，責任の負担者を回答するに当たり重視したことを3つまで回答を得た。想定される事項は，第5章第2節第3節で述べた先行研究に基づき作成した。第1に，メーカーの安全な車作りに対するインセンティブが異なる可能性が示される（藤田，2018，278-289頁；落合，2018，26頁）。最終的な責任がメーカーならメーカーに対しインセンティブが働きやすく，裏を返せば所有者なら働きにくいという危惧は表裏の関係にあるので，**図10-3**では合わせて示す（安全へのインセンティブ）。表裏の関係にある選択肢を合わせて示すのは，以下も同様である。第2に，最終的な責任が所有者だとすると運転にかかわらない者が責任を問われる（藤田，2018，278頁）が，メーカーな

第10章　自動運転車の責任のあり方と市民感覚

図10-3　最終的な責任負担者の判断理由

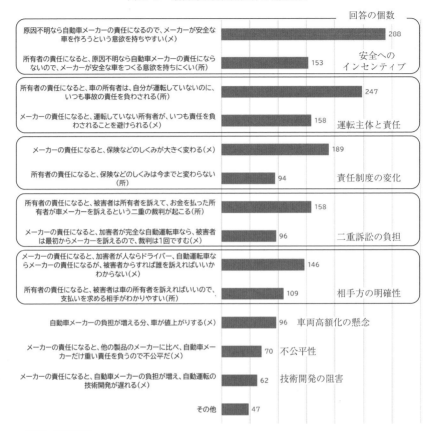

（出典　筆者作成）

らこの問題を回避しうる（同上，283頁）（運転主体と責任）。第3に，所有者の責任とすれば現在の運行供用者制度を維持でき，「法制度に特に大きな修正を加える必要はない」（同上，277頁）が，メーカーの責任とすると製造物責任の修正や新たな立法等大幅な見直しを迫られるとされる（同上，283-284頁）。そこで，制度の変化に伴う社会の混乱に関する項目を設けた（責任制度の変化）。第4に，責任が所有者だと二重の訴訟手続が必要で社会的コストの問題が生じる（同上，283頁）が，メーカー責任だとこの問題を回避しうる（同上，283頁）。そこで，二重訴訟の負担に関する事項を加えた（二重訴訟の負担）。第5に，メーカーの

責任とすると，被害者は加害車両の自動化レベルによって損害賠償の相手方や法律構成が異なり，相手方の選択が困難という問題が生じる（窪田，2018, 190頁）が，所有者の責任なら基本的にこの問題を回避しうる。そこで，相手方の明確性に関する項目を設けた（相手方の明確性）。その他，メーカーの責任とした場合，メーカー負担が車両価格に転嫁されることに伴う車両価格の高額化の懸念（池田，2018, 260頁）（車両高額化），他製品のメーカーに比べ自動車メーカーのみ重い責任を負う不公平性[4]，技術開発の阻害の懸念（藤田，2018, 284頁）を選択肢とした。各選択肢と回答の個数を図10-3に示す。図中，「（所）」は所有者負担としたときに想定される事項，「（メ）」はメーカー負担としたときに想定される事項である。

判断理由として，メーカーの安全へのインセンティブ（合計441個，23.05％）が最も重視され，次いで運転主体と責任（合計405個，21.17％）であった。責任制度の変化（同283個，14.79％），二重訴訟の負担（同254個，13.28％），相手方の明確性（同255個，13.33％）は同程度重視された。メーカーの責任とされることに伴い懸念される車両高額化，不公平性，技術開発の阻害は，全体の3～5％の回答に留まった。

3）情報提示後の最終的な責任負担者の判断

2）の情報を提示し，重視した要素を回答した後，再度「所有者，自動車メーカー，その他」から最終的に責任を負担すべき者の回答を得た。「その他」は自由記述とした。その結果，所有者29.82％，メーカー54.64％であり，メーカーが最終的な責任負担者とする割合が高くなった（その他15.54％）。

第3節　欠陥概念（調査7）── 一般人は自動運転車に何を期待するのか

（1）自動運転車に対する消費者の期待

1）消費者の期待を検討する必要性

第4章で述べたように製造物責任法にいう「欠陥の判断を基礎づける有用な考え方」として，消費者期待基準と危険効用基準があるとされる[5]（土庫，2018, 84頁）。山口斉昭は，自動運転車の欠陥に関してみると，前者的視点に立てば自動運転車が従来の人の「ドライバーと同様の動作をする限り欠陥でない」と

いう考え方，後者的視点に立てばある局面では自動運転車の動作が通常より危険であっても，「あらゆる場面を平均して総合的にみれば通常の人間ドライバーの運転より安全になっている場合は欠陥がない」という考え方がありうるとする（山口，2019，55頁）。では，一般人の感覚としていずれの考え方が受け入れやすいであろうか。消費者期待基準的視点で考えた場合，「現在の自動車」（同上）や「平均的運転者」（浦川，2017，34頁）を基準に安全を考え，「予見能力と回避能力において『平均的な自然人である運転者』と自動走行車の反応時間の優劣を比較」し（同上），「自動運転車の反応時間が平均的なドライバーよりも遅い場合は欠陥の存在が認められる」（舩見，2021，182頁）とされる。この考え方では，自動運転車が従来の人の運転と同程度の安全性を備えているかが欠陥判断の基準とされるように読める。

　しかし，一般に人は，自動運転車に人の運転者の4〜5倍の安全性（Liu他，2020, pp.692-704；Liu他，2019, pp.315-325），最も優れた運転者レベルの安全性（Nees, 2019, pp.61-68）を求めることが示されている。このため，従来型車両の安全性を判断の視座におき，製造物責任等の成立を判断するのでは，社会の納得を得られないのではないだろうか。

　もちろん，消費者期待基準にいう期待は「製造者，消費者も含めた社会にあるべき期待の内容」の具現化を意味し（消費者庁消費者安全課，2018，193頁），期待度は「裁判官によって『正当に期待しうべき』ものと評価されるもの」である必要がある（好美，1995，13頁）ので，人々が自動運転車に高い安全性を求めるからといって，直ちにこれが欠陥の判断基準となるわけではない。ただ，一般人がこのような期待を寄せる理由も合わせて解明し，紛争解決のあり方を検討する必要はあると思われる。そこで，第3節では自動運転車に求められ安全レベルとその理由について調査を行った。

2）調査対象者

　調査7は，2023年3月にウェブ調査会社を介して，同社に登録するモニターを対象にウェブ調査を行った。対象は調査6同様，法律関係の資格保持者，法科大学院在学生および修了者，自動車損害保険業務の取り扱い者以外とした。また，調査6と同様に過疎地域割合の大きい地域と都市圏の在住者を分けて調査を行った。調査対象者の内訳は，過疎地域割合の大きい地域390名（平均年齢

49.84歳，*SD*16.56，男性195名・女性195名，免許あり302名・なし88名），都市圏437名（平均年齢49. 27歳，*SD*16.51，男性217名・女性220名，免許あり341名・なし96名）である。質問紙の内容は，第3節（2）以降で結果と共に示す。調査実施の手続は第6章第2節と同じである。

3）一般人が自動運転車に期待する安全レベル

自動運転車がどの程度安全なら使いたいと思うかについて，「自動運転車が人の運転よりとても安全なら使いたい」から「とても安全でなくても使いたい」の5段階の選択肢を設け，回答を得た。また，Nees（2019, pp. 61-68）の調査では自動運転車を受け入れないとした調査対象者が一定数存在したことから，「どれだけ安全でも自動運転車を使いたくない」という選択肢を設けた。

その結果，「人の運転よりとても安全なら使いたい」が最も多く，回答の66.75％を占めた（**図10-4**）。次に多いのが，「どれだけ安全でも自動運転車を使いたくない」で，16.93％を占めた（同）。なお，65歳以上の調査対象者に限ると，居住地域によって「どれだけ安全でも自動運転車を使いたくない」の回答数にやや違いがみられ，過疎地域割合の大きい地域（92名）では16.30％だったのに対し，都市圏（102名）では23.53％とやや多かった。谷口綾子は2022年の調査で，自動運転車の社会導入条件として一般市民の回答者の35.1％がゼロリスクを求める旨示している（谷口，2023，37頁）。選択肢が異なるため単純な

図10-4　自動運転車を使いたいと思う安全レベル

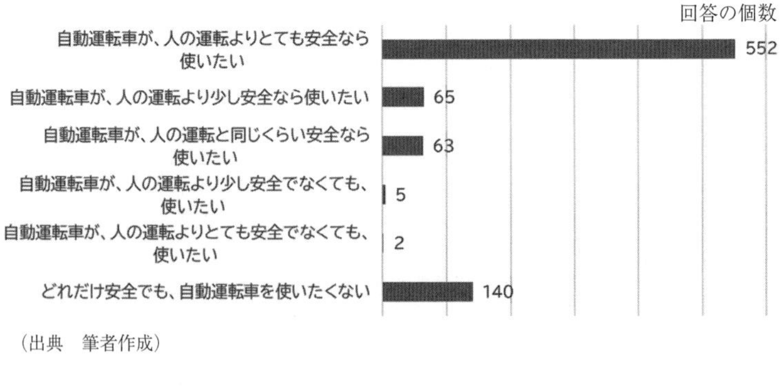

（出典　筆者作成）

第10章　自動運転車の責任のあり方と市民感覚

比較はできないが、一般人は自動運転車に人よりも相当高いレベルの安全性を求める共通の傾向がうかがえる。

4）自動運転車に人より高い安全レベルを求める理由

自動運転車に求める安全レベルについて、回答の理由を選択肢の形で示し、最も当てはまるものを1つ選ぶ形で回答を得た。自動運転車による交通事故削減効果や[6]、高価な車体価格に見合う安全性を備えることを重視するのであれば、人より高い安全性を求める回答につながりやすいと思われる。また、第9章の結果から、自動運転車は緊急時等臨機応変な対応が人より不安視されており、このような事態を招かないようにするため、従来の車両より高い安全性が求められる可能性がある。加えて、一般人は自動運転車の方が一概に安全に運転する能力を持つと思っているわけではないが、公道に出る以上高い安全水準を満たすべき、つまり（実際はともかく）より安全という前提で存在すると認識されている可能性があり、この認識が求める安全レベルに影響することも考えられる。一方、交通弱者の移動手段確保や物流の担い手確保[7]、産業の発展（佐藤他、2019、45-50頁）、社会的距離を保持した移動（朝日新聞、2020）、移動時間の有効活用（唐沢、2020、52-56頁）というメリットを重視すれば、人と同様あるいは

図10-5　自動運転車に人の運転より高い安全レベルを求める理由

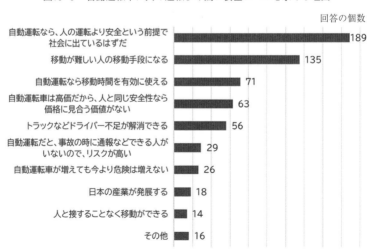

（出典　筆者作成）

より安全でなくても自動運転車を使いたいという意欲につながる可能性がある。以上の理由で選択肢を設けた。具体的な選択肢は図10-5で示す。なお，選択肢に当てはまらない場合は，その他欄に自由に記述してもらった。

　3）自動運転車を使いたいと思う安全レベルに関し，人の運転より低い安全レベルを許容する回答が少なかったため，人の運転より高いレベルを求める（人の運転より少し安全，とても安全なら使いたい）を選んだ調査対象者を抽出し，4）の分類対象とした。

　その結果，自動運転車は人より安全という前提で社会に出てきているはずという回答が最も多く（30.63%），次いで移動困難者の移動手段の確保（21.88%），移動時間の有効活用（11.51%），価格に見合う価値（10.21%），物流の担い手確保（9.08%）と続く結果となった（図10-5）。なお，人と同程度かそれより安全でなくても使いたいとする理由は，移動困難者の移動手段の確保，移動時間の有効活用が多かった。

（2）従来にない危険を生じさせる自動運転車への受け止め方
1）事故削減効果はあるが従来にない事故を生じさせる車両の許容性

　欠陥の判断基準に関する危険効用基準は，「製品の危険と効用を比較考量し，効用よりも危険の方がより大きい場合には」欠陥があるとする考え方であり（土庫，2018，89頁），本基準を取り入れて判断を行った判決もある。[8]

　消費者期待基準的視点に立ち，従来の人の運転との比較で自動運転車に求められる安全性を決するとした場合，事故率は下がるが，従来ではあり得ない態様で事故を起こす自動運転車は欠陥があることになるが，これを欠陥車として市場から排除すべきかという点に疑問が示されている（栗田，2019，32頁）。この点，危険効用基準を貫き，一般的な事故削減効果という効用が従来にない態様での事故惹起という危険を上回ると評価できるなら，欠陥が否定される可能性もある一方，効用や「今後の限りない発展を強調することによって，現在における個別の重大な被害を社会が容認してしまうおそれ」も指摘される（山口，2019，58頁）。

　では，一般人は事故削減等の社会問題を解決できるが，従来ではあり得ない態様で事故を起こす自動運転車が社会に普及することを許容するのであろう

か。また，許容する・しないは，どのような理由に基づくのであろうか。

　本調査では，自動運転車の効用と事故リスク両方を示した文章を調査対象者に示し，このような自動運転車が社会に普及してほしいと思うかを「まったくそう思わない」から「強くそう思う」までの6件法で回答を得た。文章で示した事故削減効果，移動手段確保，物流の担い手確保はロードマップ2020，産業の発展は佐藤他（2019, 45-50頁）による。また，従来からはあり得ない態様の事故が起きる可能性に関しては栗田（2019, 32頁）を参照し，事故リスクを提示した。

社会の効用と事故リスクに関する文章
　自動運転車は，人が運転するより交通事故の数を減らせます。
　また，トラックなどのドライバー不足や，高齢者など移動が難しい人の移動の問題を解決できます。
　さらに日本の産業を発展させる可能性があります。
　このようなメリットがあります。
　ただ，まれに，ハッキングやシステムの問題で暴走するなど，予想もできない動きをして，これまでになかったような事故を起こす可能性があります。

　各選択肢を見ると，「どちらかというとそう思う」が最多である（32.89％）。ただ，「全くそう思わない」から「どちらかというとそう思わない」まで全て含めた普及に否定的なグループ（普及否定G）は全体の43.65％，「どちらかというとそう思う」から「強くそう思う」まで含めた普及に肯定的なグループ（普及肯定G）は56.35％で，普及を肯定する意見がやや多いものの，4割強は普及に否定的であった（図10-6）。

図10-6　「これまでになかったような事故」を起こす可能性がある
　　　　自動運転車の普及を望む程度

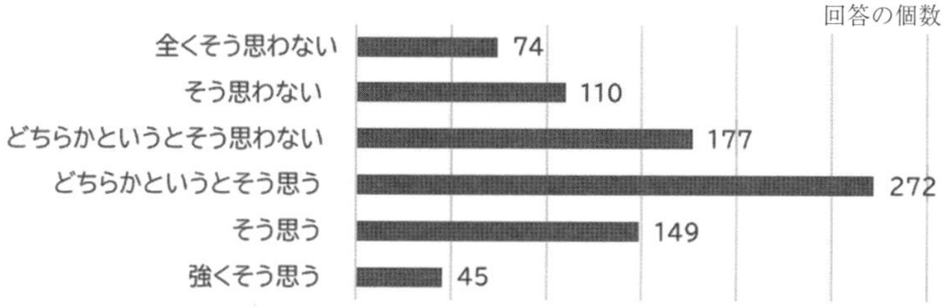

（出典　筆者作成）

2）普及を望む・望まない理由

普及に肯定的/否定的な理由に関し，本章第3節（1）4）で述べたメリットに加え，効用と危険の比較考量を前提に危険の方が大きいとする選択肢，そもそも社会のメリットが大きいからといって事故の被害者に犠牲を強いてはいけない（効用と危険の比較考量自体すべきでない）という選択肢を設けた。

図10-7に結果を示す。普及否定Gの回答は濃いグレー，普及肯定Gは薄いグレーで示した。普及肯定Gで特に多いのは，「ドライバー不足や高齢者の移動手段等の社会問題を解決できること」（33.01％），次いで「交通事故の数が減らせる」（15.24％）であった。一方，普及否定Gでは，効用と危険を比較することを前提に，自動運転の効用より従来なかったような事故が起きるダメージ（危険）の方が大きいとする回答が最も多く（24.3％），被害者に犠牲を強いてはいけない（効用と危険の比較衡量自体するべきでない）とする回答が11.12％を占めた。

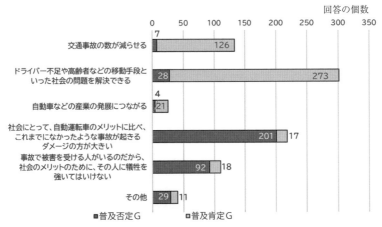

図10-7 「これまでになかったような事故」を起こす可能性がある自動運転車が社会に普及することを望む/望まない理由

（出典　筆者作成）

第10章　自動運転車の責任のあり方と市民感覚

第4節　自動運転車を取り巻く責任制度への市民感覚

（1）運行供用者が第一次的責任を負うことへの納得感

　自分が運転に関わらない自動運転車の事故について，運行供用者として最初に責任を問われ自分の保険で対応することに関し，調査対象者の約6割が肯定的な態度を示した。ただ，池田（2018, 265-266頁）が紹介するアンケート結果（約65％）より肯定的な意見は減少しており，特に過疎地域割合の大きい地域では5割強まで低下した。肯定的な態度の理由として，道義的な責任がある，自分の車が危険を作り出したことがあげられた。否定的態度の理由は，圧倒的に欠陥車（事故の危険のある車両）を作ったメーカーの責任があげられた。調査対象者は事故の危険を誰が作出したかを重視していることがうかがえる。

　事例では運転を完全に委ねられる自動運転車を提示したが，このレベルの自動運転車が現在は広く普及していないこともあり，車は人（自分）が運転するものという感覚が強く，自分の道義的責任や自分が危険を作出したという考えにつながりやすかった可能性がある。しかし，肯定的意見が減少傾向にあることからもわかるように，自動運転という概念が浸透し運転支援も高度化していくと，「人が運転する」という実感が薄れ，「自分の」道義的責任や危険作出の感覚もなくなっていき，代わりに危険を作出したのはメーカーとして，所有者が自分の保険で対応することに否定的な態度が増加する可能性はあると思われる。

（2）最終的な責任負担者を誰とすべきか

　自動運転車による事故の最終的な責任を所有者あるいはメーカーいずれが負うべきかに関し，予備知識がない状態では所有者とする意見，メーカーとする意見が同程度であった。判断に当たっては，特にメーカーの安全へのインセンティブ，運転していない所有者が責任を問われること及び責任制度の変化への懸念が多く示された。一方，所有者とメーカーいずれかを最終の責任負担者としたときに想定される事項を提示した後，再度いずれが最終負担者となるべきかの回答を得たところ，メーカーとする回答が増加した。想定される事項とし

229

て，所有者とメーカーで表裏の関係にある選択肢の他は，メーカーの責任を抑制する事項（車両価格の高額化の懸念，不公平性，技術開発の阻害のおそれ）を例示したが，上記の結果となった。今後，自動運転車の責任問題に関する情報が世の中に浸透するにつれ，メーカーが最終責任者となるべきという気運が高まるのかもしれない。

（3）製造物責任の「欠陥」のとらえ方

1）自動運転車に対する消費者の期待とは

自動運転車に求める安全レベルに関し，消費者の期待（どの程度安全であれば使いたいと思うか）を調査したところ，一般人は従来の車両より「とても安全」なレベルを求める傾向がみられた。理由は，自動運転車はより安全という前提で社会に出てきているという回答が多く，高い安全性が所与のものと認識されていることがうかがえる。移動手段の確保等社会問題の解決も意識されてはいるが，だからといって安全性が人と同レベルでよいという認識ではないことが示されたといえよう。

2）自動運転車の危険と効用

危険効用基準的視点から，事故率は減少し社会の問題は解決できるが，従来になかったような事故を起こす自動運転車の普及の是非について調査したところ，肯定的意見が6割弱，否定的意見が4割強とほぼ拮抗する結果となった。理由をみると，社会問題解決の必要性と従来にない事故のダメージがそれぞれ重視され，肯定否定の意見が分かれていることがうかがえる。今後，高齢化の進展や輸送分野の働き方改革等に伴う労働力不足が深刻化すると，これら社会問題の解決がより重視され，効用に重きをおいた比較衡量が受け入れられる可能性がある。ただ，本章第4節（3）1）の結果と合わせてみると，自動運転車に関し，一般人は社会問題の解決につながるのであれば従来になかったような態様の事故を起こすことは一定程度受け入れるが，事故率を下げること，すなわち従来から存在する人が起こすような態様の事故を起こさないことを強く求める傾向がうかがえる結果となった。

第10章　自動運転車の責任のあり方と市民感覚

（4）地域による認識の違いの有無について

　今回の調査では，過疎地域割合の大きい地域在住者と都市圏在住者で，回答に大きな違いはほぼみられなかった。本調査では居住する都道府県を指定したが，前者に該当する都道府県在住であっても実際に過疎地域に在住するかは統制できなかったため，地域の実情を十分反映できなかった可能性がある。また，調査6，調査7において両地域在住者の運転頻度に顕著な違いはみられず，自家用車への依存度合いに大きな違いがなかった可能性もある。今後は居住地域だけでなく，自家用車が必要な程度や，移動手段確保が自分や家族にとってどれだけシビアな問題か等の観点からの調査が必要と思われる。[9]

（1）　総務省地域力想像グループ過疎対策室，2022，「令和2年度版　過疎対策の現況」29頁，34頁　https://www.soumu.go.jp/main_content/000807031.pdf（2023.3.17閲覧）

（2）　国土交通省自動車局，2018，「自動運転における損害賠償責任に関する研究会報告書」7頁　https://www.mlit.go.jp/common/001226452.pdf（2022.9.2閲覧）。

（3）　自動運転車の責任に関し，運行供用者責任を維持する，システム供用者責任の創設以外に，自賠責保険に自動車メーカーが加わる等の方法が示されている（前掲注（2）10-11頁）。ただ，質問紙にこれらの選択肢を設けると説明が複雑になる上設問数も増え，回答者の負担が大きくなることから，今回は所有者とメーカーに絞って調査を行った。今後制度設計について議論が進めば，より詳細な条件を設定し調査を行うことが必要と思われる。

（4）　前掲注（2）3-14頁。

（5）　消費者期待基準と危険効用基準は別個独立の判断基準ではなく，消費者期待基準は通常人として価値判断を行うべきことを意味し，危険効用基準はその判断要素を示すものという関係にあるという指摘もある（朝見，1992，36頁）。

（6）　高度情報通信ネットワーク社会推進戦略本部・官民データ活用推進戦略会議，2020，「官民ITS構想・ロードマップ2020」26頁　https://warp.ndl.go.jp/info:ndljp/pid/12187388/www.kantei.go.jp/jp/singi/it2/kettei/pdf/20200715/2020_roadmap.pdf（2023.12.23閲覧）。

（7）　前掲注（6）17-18頁。

（8）　福岡地裁昭和53年11月14日判決・判例時報910号33頁。

（9）　宮木由貴子が都市部とそれ以外，車の要否に関するライフスタイルで調査対象者を分けて，自動運転への意義等の調査を行っているが，顕著な違いはみられないようである（宮木，2018，35-42頁）。

参考文献

『朝日新聞』2020年6月3日付　「社会的距離」自家用車に追い風

朝見行弘，1992，「製造物責任の現状と課題」『別冊NBL』No.24。

池田裕輔，2018，「第Ⅱ部第6章　自動運転と保険」藤田友敬編『自動運転と法』有斐閣，249-274頁。

浦川道太郎，2017，「自動走行と民事責任」『NBL』No. 1099。

落合誠一，2018，「自動運転における損害賠償責任に関する研究会（国土交通省）報告書の基本的なポイントについて」『損害保険研究』80巻2号。

加藤晋，2019，「ラストマイル移動サービスを社会実装するための自動運転の実証評価」『サービソロジー』Vol. 6 No. 3。

鎌田実，2019，「自動運転車の社会実装にむけての課題と展望」『学術の動向』24巻9号。

唐沢かおり，2020，「自動運転に対する受容的態度」『学術の動向』25巻5号。

川嶋優旗・谷口綾子・井坪慎二・玉田和也・澤井聡志，2018，「自動運転公共交通サービスに対する社会的受容の規定因」，第57回土木計画学研究発表会講演集，1 -13頁。

北河隆之・中西茂・小賀野晶一・八島宏平，2017，『逐条解説自動車損害賠償保障法［第2版]』弘文堂。

窪田充見，2018，「第Ⅱ部第3章　自動運転と販売店・メーカーの責任」藤田友敬『自動運転と法』有斐閣。

栗田昌裕，2019，「自動運転車の事故と民事責任」『法律時報』91巻4号。

坂井康一・大口敬・須田正代，2018，「自動走行システムの高度化・普及展開の姿およびその社会的・産業的インパクトに関する検討」『生産研究』70巻2号。

佐藤典仁・芳川雄麿，2019，「IoT先端技術の法律問題　第1回自動運転をめぐる法制度の現状と今後の方向性」『NBL』No. 1157。

消費者庁生活安全課，2018，『逐条解説製造物責任法第2版』商事法務。

鈴木彰一・長谷川悠・佐藤健哉・三好博昭・大口敬，2023，「自動運転サービスの受容性向上に向けた取組に関する研究」『生産研究』71巻1号。

谷口綾子，2023，「自動運転車の『事故回避を企画した交通ルール違反』は許されるか？」交通政策研究，2023巻，36-37頁。

土庫澄子，2018，『逐条解説　製造物責任法第2版』勁草書房。

中川由賀，2021，「自動運転移動サービスの継続的な事業化に向けた法的課題」『CHUKYO LAWYER』Vol. 34。

中川由賀，2022，「公道実証実験の事故事例分析を通じた今後の刑事実務的課題の検討」『CHUKYO LAWYER』Vol. 36。

西堀泰英・森川高行，2019，「自動運転車市場前後の社会的受容性の要因分析」『(公) 日本都市計画学会都市計画論文集』Vol. 54 No. 3。

藤田友敬，2018，「第Ⅱ部第7章　自動運転をめぐる民事責任法制の将来像」藤田友敬編『自動運転と法』有斐閣。

舩見菜々子，2021，「自動運転に関する損害賠償責任」『立命館法政論業』第19号。

宮木由貴子，2018，「自動走行に対する社会・消費者の期待と懸念」『NBL』No. 1125

山口斉昭，2019，「自動運転と法的責任」『現代消費者法』第42号。

好美清光，1995，「製造物責任法の構造と特質」，判例タイムズNo.862。

Liu, P., Wang, I., Vincent, C., 2020, "Self-driving vehicles against human drivers: Equal safety is far from enough" *Journal of experimental psychology* Vol. 26 No. 4.

Liu, P., Yang, R., Xu, Z., 2019, "How safe is safe enough for self-driving vehicle?" *Risk analysis* Vol. 39 No. 2.

Nees, M.A., 2019, "Safer than the average human driver（who is less safe than me）?

第10章　自動運転車の責任のあり方と市民感覚

Examining a popular safety benchmark for self-driving cars" *Journal of Safety Research* Vol. 69.

Piao, J., McDonald, M., Hounsell, N., Graindorge, M., Graindorge, T., Malhene, N., 2016, "Public views towards implementation of automated vehicles in urban areas" *Transportation Research Procedia* 14.

終　章

今後の交通社会における民事責任の姿とは

第1節　現行の法制度が維持される間に生じうる課題

　国土交通省は，当面運行供用者責任を初めとする現行の制度を維持するとしている。第1章で述べたように，高度な自動運転車の実現に向けた法制度等の仕組みは整いつつあり，無人自動運転移動サービスを行う拠点の拡大が図られているものの，道交法で認められたレベル4の自動運転は条件的・地域的に限定的で，社会実装に向けた取り組みも「実証実験止まり」であるケースが多いことが指摘される。また，自動運転車の世界市場をみると，2022年以降レベル2以上の車両の市場は拡大するが，2030年の世界市場でレベル3の車両が占める割合が7.90％，レベル4は0.92％に留まり，レベル3の普及やレベル4の本格的な市場拡大は2030年以降になると予想されている。このため，公道上の車両全てが直ちに高度な自動運転車に置き換わるとは想定し難く，当面はレベル2までの運転支援車ないし従来型車両が自動車交通の主な存在となると思われる。そうだとすると，追突のように減少する事故態様があるとしても，人のミスを前提に一定数の事故は発生するであろうし，事故の発生傾向も直ちには変わらないと思われる。

　このため，まずは現在の法制度及び事故発生状況をベースに，紛争の解決基準として基準が機能しているかを検討したい。その上で，自動化が進展し自動車等メーカーの関わりが増えた場合に問題となる運行供用者（その保険会社）から自動車等メーカーに対する求償に関する課題について検討したい。

第2節　基準は現在の紛争解決の目安として機能しているか

（1）基準による解決と一般人の判断の整合性

　第6章では従来型車両が惹起した事故を前提とし，現在多発する事故態様について，基準による解決と一般人が適切と考える回答の比較を行った。調査1において，自動車相互事故では11事例中5事例，対歩行者事故では12事例中9事例で回答と基準に顕著な違いがみられず，違いがみられた事例でもほぼ1割程度の違いであった。このことから，基準による解決は一般人の感覚と概ね一致しており，基本的に現在の紛争解決の目安として機能していると言えるであろう。

　ただ，詳細に検討すると，いわば迷いなく基準と一致した判断が行われている事例だけでなく，基準と回答の中央値は一致するが回答のばらつきが大きい事故態様，基準と回答中央値が一致せず回答のばらつきも多い事故態様，回答が迷いなく基準とずれている事故態様がみられた。この特徴を整理しておきたい。

（2）基準と回答が迷いなく一致する類型

　基準と回答中央値に差がみられず，かつ回答のばらつきが小さい事故態様である。この特徴は，赤信号違反は許されない，横断歩道上の歩行者は絶対的に近い保護を受ける（東京地裁民事交通訴訟研究会，2014，88頁他）というような，ある意味明快な価値判断が行えることである。具体的には，車両相互のように立場が対等で，両者に対等かつ重大な信号違反（赤信号無視）があり，これが基準上重要な決め手となっている事例（第6章事例5，事例10），また，対歩行者事故では歩行者に明らかな落ち度がなく，歩行者が保護されることが明白な事例（同事例12，事例17，事例21，事例23）である。

（3）基準と回答が一致するが回答のばらつきが大きい類型

1）本類型に該当する事故態様

　本類型は，一見基準の適用で一般人の感覚に沿った解決が図られるようにみえ

るが，解決の落としどころの感覚が多様でそれ故に納得を得にくく，紛争の激化が予想される類型である。調査1では事例3，4，9，13，18〜20，22（第6章），調査3-1事例1（第7章第2節（2）），調査4事例4-1（第8章第3節）が該当する（ばらつき「あり」の事例も含む）。終章では調査1，調査3，調査4の結果を俯瞰して検討するため，各調査で共通する事例を中心に述べたい。なお，高速道路上の急ブレーキによる追突事例に関し，調査1事例1は次に述べる（4）基準と回答が一致せず回答のばらつきも大きい類型に該当するが，調査3と調査4でいずれも本類型に該当したため，ここで検討する。

2）先行車の理由のない急ブレーキによる追突

本事故態様で回答のばらつきが大きくなった理由に関し，過失割合の判断時に重視された要素（第8章第3節（4）図8-5従来）をみると，追突車は「追突した側」「車間距離不足」「制限速度で走行」，被追突車は「急ブレーキ」「ドライバーの勘違い」「追突された側」の各要素が重視され，重視された要素が分散しているといえる。この点は，当事者の赤信号違反が特に重視された右折車対直進車事例（同章第4節（4）図8-9），対歩行者事例（同章第5節（4）図8-13）とは異なる。本事例は過失割合の判断上，重視された要素の数が多く，判断者によってどの要素を重視するか異なることが回答のばらつきに影響している可能性がある。

なお，同じ事例を用いたにもかかわらず，調査1では基準と回答に差があり，調査3-1と調査4は差がみられないという違いが生じた理由について検討しておきたい。調査1の提示事例数は11個で，調査対象者は最小限の事実関係に基づき過失割合の判断を行った。調査3-1の提示事例数は5個で，事例上後続車のブレーキのタイミングに関する情報を示した。調査4の提示事例数は2事例で，両当事者の原因への関与度合い，非難の大きさ，すべきこととのずれ，負担額の判断を行った後に過失割合を回答した。このような判断条件の違いが判断に影響した可能性がある。すなわち，単純な事実関係に基づき短時間で多数の事例について判断すると，「追突事故は追突側に原因がある」といういわば一般論に基づき直観的な判断が下されて，追突側が重く，被追突側の落ち度が少なく判断され，結果的に両者の落ち度は対等とする基準と差が生じた可能性がある。これに対し，詳しい事実関係を示されたり，過失割合の回答に先立

ち原因等の判断をするといった形で両当事者の責任を熟慮する機会を与えられ
ると，先行車の落ち度にも意識が向き，同車の過失割合を大きく判断した結果，
基準と同様の判断に至った可能性がある[6]。

3）対歩行者事故

対歩行者事故は，調査1では類型（3）に該当する事例が多い。ただ，調査
3-2事例3の従来G（第7章第2節（4）），調査4事例4-3の従来G（第8章
第5節）は基準と回答に差がみられるため，類型（4）で合わせて検討する。

（4）基準と回答中央値が一致せず回答のばらつきも大きい類型

1）本類型に該当する事故態様

本類型は，基準に基づく解決自体が一般人の感覚と齟齬が生じており，また
解決の落としどころの感覚が多様であるが故に納得を得にくく，特に紛争の激
化が予想される類型といえる。調査1では事例1，2，6，7，14～16，調査
3-2では事例2及び事例3，調査4では事例4-2及び事例4-3が該当する。

このうち，右折車（交差点進入時は青，右折時に黄または赤信号）と直進車（黄
または赤信号で交差点進入）した事例はいずれの調査結果でも本類型に該当し，
右折車の過失割合が基準より大きく回答された。

歩行者（赤信号違反）と直進車（青信号で進行）の事故事例に関し，調査1の
結果は前述の（3）類型に該当するが，調査3-2と調査4はいずれも（4）
類型に該当したため，ここで検討する。

2）右折車（青信号から黄/赤信号に変化）と直進車（黄/赤信号）の事故

本事例は基準と回答の違いに関し，岡本他（2006，25-35頁）でも同様の結果
が示されており，基準と回答に齟齬が生じやすい事故態様といえる。岡本他
（2006）は優先関係の判断の困難性を理由として挙げるが，当該事例で回答の
差とばらつきが生じた理由を詳しく検討したい。

表終-1は，調査4（第8章）で右折車と直進車の過失割合判断時に重視され
た要素の結果である。同表右側は，右折車の対面信号が青から赤に変化，直進
車赤事例（事例4-2）の結果を示す。同表左側は，両車の対面信号がいずれも
赤事例の結果で，基準と回答が迷いなく一致する類型（2）である。同表をみ
ると，いずれも対面信号が特に重視されており，重視した要素の傾向に顕著な

終　章　今後の交通社会における民事責任の姿とは

表終-1　過失割合の判断時に重視された要素の割合（右折車と直進車事故）

事例（回答の特徴） 要素			右折車・直進車いずれも赤 （基準と回答一致）		右折車青→赤，直進車赤 （基準と不一致，ばらつき大）	
			割合	割合計	割合	割合計
当事者	対面信号	直進車 右折車	23.98 18.89	42.87	27.50 22.87	50.37
	前方不注意	直進車 右折車	10.09 12.13	22.22	13.24 9.44	22.68
	直進車は制限速度遵守			2.96		2.31
道路環境	右折の実情（右折困難）			10.09		13.15
交通ルール	直進車優先			9.81		4.72
その他・特になし				12.04		6.76

表中の数字は重み付けをしない全回答中の割合である。
　（出典　筆者作成）

違いはみられない。このため，両事例では対面信号を重要な手がかりとして判断が行われたことがうかがえる。では，なぜ判断に違いが生じたのであろうか。両事例の違いは，右折車の対面信号が変化するか否かである。右折車の対面信号が最初から赤なら，両当事者に重大な信号違反があることが明快で判断も単純に行える。これに対し信号が変化した場合，交差点進入時には右折車にルール違反がないこと，右折開始時には信号無視状態であることのいずれを重視するかにより判断が異なったと思われる。基準は，交差点進入時に青信号なら右折車に信号違反がないとして数値を決定している（東京地裁民事交通訴訟研究会，2014，232頁，229頁）が，一般人はむしろ右折時の赤信号違反状態を重視し，右折車に重い責任を帰属している可能性があり，基準の信号に対する評価方法が浸透していない可能性がある。

3）対歩行者事故（歩行者のみ信号違反あり）

基準と回答（自動車の過失割合）の違いに関し，歩行者のみ信号違反がある事例は基準との違いの有無，また違いの方向性（基準と比較したときの軽重）が異なる。このような差が生じた理由を検討する。

まず，調査1事例18は回答と基準に差がみられない。調査1では調査対象者は12個の事例について，最小限の事実関係に基づき過失割合の判断を行った。特に対歩行者事故では，車との衝突という態様は同じで，信号の色だけ異なる

239

6事例を同時に回答している。基準は，両当事者が対面する信号の色が異なる場合，事例間のバランスを考慮し数値を決定している（東京地裁民事交通訴訟研究会，2014，66-70頁）が，調査対象者が上記のように同種事例を同時に回答することで基準と同様に事例相互間の比較検討を行うことになり，結果的に回答中央値が基準と差が生じなかった可能性がある。これに対し，調査3-2事例3では，基準より車の過失割合が大きく評価された。同調査では事例の説明文にドライバーの思い込みといった前方不注意が具体的に示されていたため，車の落ち度に意識が向きやすく，過失割合が大きく判断された可能性がある。調査4事例4-3は，基準より車の過失割合の回答が小さい。同調査は本章（3）2）で述べたように各当事者の原因や非難等の程度をいわば熟慮した上で過失割合を回答しているので，その検討過程で歩行者の赤信号無視により意識が向けられた可能性がある。このように，一般人は，同種事例を比較検討する機会を与えられれば基準と差のない判断を行うようだが，紛争となるときは比較検討というよりも調査3-2や調査4のように生じた事例単独で判断が行われると思われる。このため，対歩行者事故は基準より重い・軽いいずれの方向でも齟齬が生じやすく，当事者の説得・納得が課題となる事故態様といえるであろう。

　次に，本事故態様はどの調査でも回答のばらつきが大きい点は共通する。同様の結果は岡本他（2006，25-35頁）でも示されており，優先関係の判断の困難性がその理由として挙げられているが，詳しく検討したい。

　対比のために，事故態様は同じだが，車のみ信号違反がある事例（車のみ違反事例。（2）基準と回答が迷いなく一致する類型　表終-2左側）と歩行者のみ違反事例（同右側）について，調査4の過失割合判断時に重視された要素の結果を示す。まず，車のみ違反事例は，両者の対面信号を重視したという回答が約6割を占め，信号の評価が判断の決め手になっていることがうかがえる。また，横断歩道横断という歩行者の落ち度のなさを裏付ける情報も比較的重視されている。これに対し，歩行者のみ違反事例は，信号だけでなく，比較的両者の前方不注意や車の制限速度遵守も重視されている。歩行者のみ違反事例のように優先関係の判断が難しい事例では，調査対象者が両当事者に関わる多くの要素に注目し判断を行っていることが，回答の多様性に結びついた可能性がある。

終　章　今後の交通社会における民事責任の姿とは

表終-2　過失割合の判断時に重視された要素の割合（対歩行者事故）

要素	事例（回答の特徴）		信号：車赤・歩行者青（基準と回答一致）		信号：車青・歩行者赤（回答ばらつき大）	
			割合	割合計	割合	割合計
当事者	対面信号	車 歩行者	30.19 26.85	57.04	21.02 28.24	49.26
	前方不注意	車 歩行者	10.93 3.43	14.36	13.52 8.43	21.95
	歩行者は横断歩道を横断			13.98		6.39
	車は制限速度を遵守			0.19		10.19
交通ルール	歩行者優先			10.93		8.52
その他・特になし				3.52		3.70

表中の数字は重み付けをしない全回答中の割合である。
（出典　筆者作成）

（5）基準と回答が迷いなく一致しない類型

　本類型は，基準と回答に差がみられ，かつ回答のばらつきが小さい事故態様である。一般人が基準と異なる価値判断を行い，かつその感覚を強固に有する場合といえる。これに該当するのは，出会い頭衝突で右方車が青信号，左方車（優先側）が赤信号（調査1事例8，第6章第6節），信号のない交差点（同事例11，同）である。

　注意が必要なのは，交差点での左方優先というルールが一般に浸透していない，あるいは重視されていない可能性がある点である（第6章第6節）。左方優先の原則に関し，自動運転の高度化により道交法改正やそれに伴う現行の基準変更の可能性も指摘される（佐野，2018，217-218頁）。つまり，同原則は左方車からの視認の困難性に基づくが，レーダー等で相手車両を発見できるようになれば，「人間の視認性に基づくこのルールの根拠がなくなるとも考えられる」（同上）。これを踏まえ，両者の過失割合を対等（50：50）とするのであれば，むしろ人々の感覚に沿う基準の修正となるのかもしれない。しかし，大元の基準の設定理由が十分理解されていない状態で自動化に向けた議論を行っても，かえって混乱を深める可能性もある。運転自動化に伴う責任のあり方を議論する前提として，一般人の理解が十分でない交通ルールを今一度確認し，その周知を図ることが先決と思われる。

241

第3節　自動運転の高度化と過失割合の基準

（1）自動運転車等と従来型車両に対する過失割合の判断の違い

　では，運転の自動化が進むと，異なる責任判断が行われるのであろうか。

　運転支援車に関し，調査2（第7章）では調査1（第6章）と同じ23事例について一方当事者を運転支援車とし従来型車両の回答と比較したところ，車両相互の4事例で違いがみられ，いずれも運転支援車の方が従来型車両より過失割合が大きく評価された。特に，高速道路上での急ブレーキによる追突事故（被追突車が運転支援車）及び対面信号が青から赤に変化した右折車（運転支援車）と直進車の事故では，上記の傾向は調査2（第7章第1節），調査3（同章第2節（2）），調査4（第8章4節）で共通してみられた。これらの事故態様では，運転支援車は従来型車両より重い責任を負うべきという感覚はある程度強固であることがうかがえる。また，これにより基準との差も大きくなった。歩行者のみ赤信号違反事例はいずれの調査でも運転支援車と従来型車両に対する回答に差はみられないが，回答のばらつきが大きく，紛争解決において納得を得るのに困難を伴う可能性が示唆された。

　完全に自動化された車両の場合（第9章），事故態様によって異なる判断の傾向がみられた。すなわち，自動運転機能の不作動（同章第3節）は従来型車両より責任が重く，システムの過敏な反応が事故の誘因となった場合（同章第4節）は因果性が強いと判断された。一方，自動運転がプログラムどおり作動し事故に巻き込まれた場合（同章第5節）は，自動運転車の責任の方が軽いと判断される可能性が示された。

（2）意識の変化を反映した基準の見直し

1）基準の見直しが行われる場合とは

　では，このような意識の違いを反映し基準の見直しを行うべきであろうか。運転自動化に伴う基準見直しを検討する前提として，これまでどのような理由で基準が見直されてきたか整理しておきたい。基準は初版（浜崎他，1975）から全訂5版（東京地裁民事交通訴訟研究会，2014）まであり，版を重ねる毎に見直

終　章　今後の交通社会における民事責任の姿とは

しが行われている。ここでは第4版（同上，2004），全訂5版を参照し，修正が行われた理由を整理した。

　内容を大別すると，既存の判断要素の評価を変更する場合，新たな基準や修正要素を設ける場合があげられる。前者は，基準の対象となる事例や修正要素はそのままで，各判断要素の評価（数値）を修正する場合である。例えばⅰ）類似事例の数値について事例間のバランスをとる[7]，ⅱ）適切な結論を導くために当事者の落ち度の評価を見直す[8]，ⅲ）修正要素が適用される場面を限定・整理する[9]，ⅳ）基準作成の基となる基本的な事故類型を整理する[10]，ⅴ）客観的要素の修正数値を統一する[11]場合があげられる。後者はⅵ）社会問題となっている事故類型について新しく基準を作成する[12]，ⅶ）道交法の改正に対応し基準を設ける[13]，ⅷ）基本的な事故類型は改訂前から存在したが，詳細な場合分けを行いそれぞれに基準や修正要素を設ける[14]場合等があげられる。

　基準見直しの経緯をみると，ⅱ）のように妥当な結論を導くため当事者の落ち度の評価を変化させることがある。また，ⅵ）ⅷ）のように社会の変化を反映し，事例の場合分け等を通じて当事者の納得のできる結論が導けるよう，きめ細かい修正が行われている。このため，運転の自動化と一般人の責任意識の変化という社会情勢を反映し，より適切な判断を導くために基準の見直しを検討すること自体は否定されないと思われる。

2）意識変化の反映方法1―「自動運転修正」「運転支援修正」の可能性

　では，このような責任意識の変化は，「運転支援車や自動運転車は何％加算」といった形で，基準の修正要素として取り入れるべきであろうか。

　基準は，多数の紛争を迅速公平に解決するため作成されており（舟本，1969，253-254頁），速度や行為類型のような「外形的な事実により」過失割合が判断される（佐野，2018，214頁）。運転支援や自動運転機能の有無は客観的外形的に判断できるため，基準に取り入れる素地はあるといえる。

　では，大型車修正のような形で，当事者が自動運転車等であれば一定の数値を一律加算すべきであろうか。一般人は全ての事例で運転支援車の責任を重く判断するわけではなく，責任を加重するのは予期しない急ブレーキのように機能の不具合が事故に直結した等特定の事例に限られる。このため現状では，運転支援機能があるからといって一律に基準を修正するのは適切でないと考え

243

る。では，当該特定の事例に限れば一律に加算すべきであろうか。第2章で述べたように同機能の普及は進んでいるものの，メーカーや車種により機能や作動条件が様々であり，一律の取り扱いに馴染む状況とは言い難い。仮に現状で「運転支援修正」を行うなら結局は個別に仕様や性能を考慮することになり，かえって迅速公平な紛争解決を阻害するおそれがある。現在の運転支援機能は運転の安全性を高めるものの，あくまで運転者の補助であり，この意味で既存のABSやオートマチック・トランスミッション等と大きな違いはないと思われるが，これら装置の存在故に基準や修正要素の見直しが行われたことはうかがえない。このため，当該特定の事故態様であっても，一律の取扱は困難と考える。

3）意識変化の反映方法2—運転者の過信を著しい過失と解釈できるか

では，基準や修正要素自体の修正ではなく，現在ある判断要素の解釈で意識の変化を反映できるであろうか。具体的には，基準の「著しい過失」の解釈を通じ反映することは可能であろうか。一般人が運転支援車の責任を重く判断する背景には，大別して運転者の機能に対する過信と運転支援機能の誤作動に関するメーカーへの非難があった（第7章第3節）。まず，運転者の機能への過信が「著しい過失」と評価できるか検討する。

「著しい過失」として，一般的には脇見運転等著しい前方不注意，著しいハンドル・ブレーキ操作不適切，携帯電話等の通話や画面の注視，一定の速度違反等があげられる（東京地裁民事交通訴訟研究会，2014，62頁，206頁）。著しい前方不注意や操作不適の具体的内容は，右折車と直進車の事故なら直近右折や早回り右折等が右折車の加算要素となる（同232頁）ように，事故態様別に加算・減算要素が示されることもある。判例は，レーン規制に従わない走行[16]，右折車が対向直進車の走行車線を塞ぐ形で停車したこと[17]等を著しい過失としている。以上からすると，「著しい過失」は基本的に当事者の客観的な行動から判断されており，過信という内心の状態自体を「著しい過失」とすることは馴染まないと思われる。

一方，運転者が同乗者との雑談に夢中になり，至近距離に迫るまで歩行者に気づかなかった事例で「著しい過失」を認めた判決がある[18]。同判決では運転者に著しいブレーキ操作の遅れがあり，この行為が著しい過失とされたが，背景

終　章　今後の交通社会における民事責任の姿とは

には雑談に集中し注意散漫な状態であったことも著しい過失認定上の一要因として考慮されたように読める。そうだとすると，運転者の機能への過信は，客観的に著しい過失に該当する運転行動があった場合に，それが「著しく不適切」であることを基礎づける１つの要素となり，結果的に過失割合の加算につながると思われる。

　ただ，このように考えると，機能への過信が考慮されうるのは，基準や判例が示す「著しい過失」に該当する行動があったときに限られ，過信が著しい過失認定上の決め手となるわけではない。そうすると，同じ事故でも機能に対する過信があれば従来より重い責任を課すべきという一般人の感覚は，十分反映されないようにも思える。しかし，第７章，第８章で述べた運転者の過信が問題となる場面は，運転支援機能が不作動の場合であり，本来機能の有無を問わず運転者が事故を予見し回避すべき場面である。そうである以上，運転支援機能の有無（とそれに起因する過信）のみで特別な取り扱いをしないことは結論としても妥当であろう。[19]

　なお，紛争解決に当たっては，事故の相手方の意識も変化している点に注意が必要と思われる。例えば，右折車（信号が青から赤に変化）と直進車の事故（調査４事例２・第８章第４節）をみると，運転支援のある右折車の責任が重く判断されるだけでなく，直進車側の責任非難も減少する。つまり，直進車の運転者は相手方車両に運転支援があるなら，自分の責任は軽くなるという感覚を有することがうかがえる。法律専門家や実務担当者は，自動運転・運転支援システムの知識を得た上で紛争解決に当たる必要性が指摘される（友近，2021，はしがき）が，円滑かつ当事者の納得を得られる紛争解決のためには，自動運転の高度化に伴う当事者の心理状態の変化の理解も求められると考える。

４）意識変化の反映方法３─システムの誤作動と著しい過失

　システムの誤作動に起因する事故（高速道路上の急ブレーキによる追突）の場合も，従来型車両より重い責任を課すという一貫した感覚がみられた。では，システムの誤作動は著しい過失となりうるであろうか。高速道路上の事故における著しい過失として，基準は３）の一般的な要素（東京地裁民事交通訴訟研究会，2014，465頁）の他，前車が風景等見物のために意図的な急ブレーキをかけた場合をあげる（同486頁）。しかし，システムの誤作動の原因として前車の荷台等

245

に電波が乱反射し障害物を誤検出する等の可能性が示される（友近, 2021, 140頁, 45-46頁）が, これは基準が想定する意図的な操作とは言い難い。まして, 「いやがらせ等のために故意に急ブレーキをかけた場合」（東京地裁民事交通訴訟研究会, 2014, 486頁）にも該当しない。このため, システムの誤作動を著しい過失と評価することはできず, この解釈を通じた加算は困難であろう。この点は, 人の運転を前提とする現在の基準を適用する上での限界と思われる。

5) 自動運転の更なる高度化と基準

ただ今後, 運転支援・自動運転技術が更に高度化し, 限定的な場面（例, 高速道路の加減速）であっても運転者が運転支援機能等に「依存することが許容される状況」（藤田, 2018a, 141頁）となり, かつその運転レベルが類型的に人の運転者より危険回避能力が高いと評価できる場合には, 運転支援ないし自動運転機能があることを過失割合の修正要素とし, 加算する余地があるのではないだろうか。

基準の作成過程では, 優者危険負担の原則[20]が考慮されている（東京地裁民事交通訴訟研究会, 2014, 43頁他）。舟本信光は「異なる条件で行為態様程度を同じくした場合」は, 大型車への考慮だけでなく「車両間では増減速, 制動（略）など性能の優れた車が, その危険回避能力の優れている程度に応じ, その差だけ多くの責任を負担するのが当然」とする（舟本, 1965, 35頁, 66頁）。過失相殺の趣旨からすると, 当事者が類型的に高い運転性能・能力を有しており, これを適切に発揮すれば事故を避けられたのに, 能力を発揮せず事故を回避できなかった場合, 能力に応じて高い注意義務を課し, 当該当事者がより重い責任を負うとしても公平には反しないのではないだろうか。職業運転者に重い注意義務を課し過失割合を加算した判例[21]は, このような考えが背景にあると思われる。

では, 自動運転車等は, 危険回避や防御能力が従来の車両より優れているのであろうか。自動運転車は, 人では危険回避が困難な状況で被害を最小限に抑え（平岡, 2012, 742-747頁）, 人間が避けられないミスから生じる事故を防げる（窪田, 2020, 18-27頁）, 自動運転車による優れた車両制御等が行われることで事故リスクが削減される（Bellet他, 2019, pp. 153-164）ことが指摘される。また, 自動運転車の安全レベルは「有能で注意深い人間のドライバーがリスクを最小限

に抑えられるレベルまで確保されていること」が必要とされる[22]。もし仮に自動運転車は「有能で注意深」く，一般的な人では防げない事故も防ぐことができる存在と評価できるなら，自動運転車は従来型車両より危険回避等の能力が優れており，その程度に応じて多くの責任を負担すべきとすることも，基準の作成経緯からみて否定はされないのではないだろうか。ただ，仮に加算を検討するとしても，運転支援等の機能があれば一律加算するのではなく，同機能による危険回避能力の向上と相当な因果関係にある場合に限られるであろう。

上記は自動運転車等に期待されるより高い事故回避能力に着目した議論であるが，逆に自動運転であることが事故の危険性を高める場面も否定できない。中川由賀はレベル4以上で対応困難となる場面として，①右左折時の横断歩行者および対向車への対応，②イレギュラーな動きをする車両等への対応，③走行ルート上の駐車車両を回避しているときに対向車が来たときの対応，④横断歩道付近の歩道にいる歩行者の横断意図の有無，⑤緊急車両への対応，⑥警察官等による手信号への対応等をあげる（中川，2021, 30-34頁）。Wan他（2022, pp. 1 -28）も上記③（Wan他は停車車両が一時的な停車か駐車車両かの判断も困難な場合があるとする），④に加え，⑦駐車車両を反対車線に出て追い越そうとするとき，反対車線の道端にある障害物の位置によって自動運転車がその場に停止し続ける判断をする，⑧3車線道路で，2車線目を走る自動運転車Aが1車線と3車線を走る車両BCで挟まれる形になり，BCが一定の間隔までAに接近するとシステムが軌道候補をブロックされたと判断し，衝突回避のため急ブレーキをかける可能性を指摘する。上記は人なら臨機応変に対応し，周囲もそのように予測して行動するであろうが，自動運転車であるが故に交通他者にとって想定外かつ危険な動きをする場面といえよう。これらは自動運転車が従来は存在しなかった新たな危険を作出する場面ということができ，自動運転車特有の危険を考慮して責任を決定すべき場面と考えられる。

6）自動運転と基準の今後

運転の自動化に伴い，交通状況のみならず人々の責任感覚も変化しているが，現在の基準はこのような変化を柔軟に反映することが困難であることが浮き彫りになったといえる。サブWG構成員も過失割合について自動運転を前提に再度整理する必要性を示しており[23]，基準を含めた過失相殺のあり方は今後大きな

検討課題となるであろう。なお，将来的に自動化が更に進んで事故件数が現在より激減するとともに，事故態様が多様化して類型化が困難になるなら個別具体的な解決に委ねられる部分が多くなり，多数の紛争の公平迅速な解決という基準の必要性は減少していくと思われる。ただ，そこに至る過程では，基準により一般人に裁判所の判断の目安を示し，公平迅速な解決を図る必要はなお高いと考える。

第4節　一次的責任主体の市民感覚と求償の実効性

（1）運行供用者が一次的責任負担者となることへの市民感覚

　サブWGは中長期課題として，一次的責任主体の検討と保険の求償円滑化を示している[24]。今後，国土交通省等で具体的な制度設計が行われることとされるが，ここでは一般人が一次的責任主体に関しどのような感覚を有しているか述べておきたい。

　一次的責任主体に関する調査結果（第10章第2節（3））をみると，一般人の感覚は車の所有者からメーカーの責任に移行する過渡期であることがうかがえる。自分の車が起こした事故なので道義的に自分が責任を負うべきという感覚が比較的強くあり，当面は運行供用者が一次的責任を負うことの理解は一応得られていると思われる。しかし，池田（2018，265-266頁）の引用するアンケート結果と比較すると，自動運転車の不具合で事故が起きた場合に自分の保険で解決してよいとする回答は減少傾向にあり，欠陥車を製造したのはメーカーである以上メーカーがまず責任を負うべきという認識が増加している。今後，2023年の閣議決定で示されたように[25]無人自動運転車両を運行する拠点が全国に広がり，同車が当事者となる事故が増加していけば，一次的責任が所有者にあることを受け入れる意識も希薄になっていくと思われる。市民の意識に照らし，自動車等のメーカーを主体とする制度設計の重要性が高まっていると思われる。

（2）運行供用者（保険会社）からメーカーへの求償の円滑化に関する課題

1）運行供用者（保険会社）とメーカーの協力体制について

　（1）で述べたように第一次的責任主体に対する市民の意識が運行供用者か

らメーカーに移行しつつある現在，運行供用者からメーカーへの求償を円滑に行う重要性が高まっているといえる。この点はサブWGでも中長期的課題としてあげられており，その方策として保険会社と自動車メーカーの協力体制の構築が示されている。しかし，次の課題があると考えられる。

　まず，運行供用者（その保険会社）とメーカーが対等な立場で協議する仕組みをどのように確保するかである。運行供用者は，一般的に車両の内部構造・プログラム等に関する専門知識や「設計・製造時の情報は皆無」であり，この知見・情報は自動車メーカーが有する（友近，2021，111頁）。また，自動車メーカーは，システムのアップデート記録やディーラー車検で得られた整備記録も保有しうる。このように，両者の間には「著しい証拠の偏在が見られ」る（同上，133頁）。そして，保険会社が当該ユーザーの請求権を代位するので，求償の際に「証拠の偏在による不公平にさらされることに変わりは」ない（同上，133頁）。なお，保険会社は契約者（所有者等）からデータの提供を受け，独自に解析することも可能である。ただ，例えばEDRデータの抜き出しには技術が必要であり，データ解析は「運動法則に関する基本的な理解や車両システム・事故解析の知識が必要で」，資格を有する者のみが行える（同上，126頁）ため，保険会社に相当の知見やノウハウが求められる。このような「著しい証拠の偏在」（同上，133頁）やデータ解析の困難性故，対等な立場で協議が行われうるか，懸念がある。また，メーカーへの求償が適切に行われないと，ユーザーの利害に直結する問題が生じるとされる。すなわち，求償が適切に行われないと保険会社が支払う保険金の価額が高くなり，「その実績を基に保険料率が算出されるため，保険料が高く設定され」，結局は「保険契約者がその負担を被ることにな」る（友近，2021，132頁）。

　そもそも，求償は支払を求める運行供用者（その保険会社）と，欠陥を否定し請求を拒みたいメーカー間で利害が最も対立する場面である（岡本，2022，17-20頁）が，メーカー側に協力へのインセンティブをどのように付与するかも課題と言える。

　さらに，協議の結果は前述のようにユーザーの利害に関わる以上，消費者目線で見たときの信頼性確保も重要と思われる。情報量の不均衡等の事情から，協議は保険会社とメーカー間で行われるとしても，消費者にメーカー主導の協

議になるのではないかとの懸念を持たれないようにすることへの配慮も必要ではないだろうか。

　以上の要請を満たしつつ交渉を円滑に行う仕組みとして，友近直寛は「システムの欠陥が疑われる自動車事故紛争を解決するためのADR（＝裁判外紛争解決手続）」を設ける等，裁判外の交渉手続の充実を図ることが1つの方向性と指摘する（友近，2021，133頁）。ADRの手続の中で，メーカー等の企業秘密を含む証拠の秘匿性を確保しつつ，証拠開示を行う手続の導入により情報の偏在の問題も克服しうるとされる（同上）。また，手続に公正な立場の第三者が関与することで，消費者の信頼を確保できるのではないだろうか。

　2）事故調査体制に関わる課題

　自動運転による事故の原因究明を行う体制整備の必要性は，国土交通省，サブWGとも指摘している。[28][29]自動運転車による事故の原因は，現在自動運転車事故調査委員会が調査を行うとされる。[30]詳細な体制等は今後議論が行われていくであろうが，自動運転による事故に関しては事故調査機関が適切に事故情報にアクセスする方法の確保や，事故調査手続と法的責任追及との関連性といった点で課題が生じると思われる。事故調査のあり方は，今後の責任制度とも連動する問題と思われるので，第5節で合わせて検討したい。

第5節　納得の得られる紛争解決に向けて

（1）自動運転の高度化と責任制度の方向性

1）サブWGが示す短期課題，中長期課題

　サブWGは，自動運転車に係る社会的ルールの実装のための重点施策として，短期課題と中長期課題を示している。[31]サブWGで示された各構成員の意見や報告書を，筆者なりの解釈を加えまとめると次のようになると思われる。

2）短期課題

　民事責任に関し，自動運転車が備えるべき性能について保安基準等で具体的に定め，適合する性能を発揮していれば欠陥や過失が否定される可能性があり，そうでなければ従来同様の責任判断を行うというのが基本的な方向性である。短期的には，現行の自動運行装置に係る細目告示の具体化が検討される。[32]また，

軽微な事故情報等を活用する仕組みの検討も予定されている[33]。

3）中長期的な民事責任の見直し

　同報告書は中長期課題として，運行供用者責任の考え方等自賠法の損害賠償責任に関し検討する，求償権行使の実効性確保に向けた自動車メーカーと保険会社の協力体制構築に関し進捗共有を行う，製造物全般に及ぶ製造物責任について調査検討することをあげる[34]。議論の過程では，従来の法体系とは異なる発想で制度を検討すべきという意見もみられた。すなわち，従来は統治者（国）が社会の理想像の実現に向け「人々及び国家のあり方を詳細に法によって規定し」，技術等がもたらすリスク等をコントロールする形が取られてきた[35]。ここでいう民事責任は有責責任と負担責任が結びつき，有責性とは正当な理由に基づかない判断・行為に対する非難とされ，ここから事故防止のために十分注意を払わなかった「『過失』に対する法的な非難」と損害賠償が導かれる[36]。しかし，日本の未来の社会像と位置づけられるSociety5.0では[37]，その基盤となるシステムがAIの確率的な挙動によって統制されるため，社会システムに「動態性や不確実性」が加わり複雑性が増し，急速な変化が起こる[38]。このため，人々が注意深く行動しても事故等に関与する可能性があり，何が正当な理由に基づく判断・行為かを予め明らかにすることも困難となる[39]。この様な状態で従来の統治方法を取ることには限界がある[40]。そこで，上記システムを開発・提供・運用等する事業者（システム提供者）が主体となり，望ましくない事象の発生確率の低減に向け，また予測困難な事象の発生を受けて「既存のリスク管理のあり方を『見直し続ける』という企業の姿勢にインセンティブを与える責任制度の構築が重要となる[41]」。

　具体的には，システム提供者は，「『過失』や『欠陥』の有無を問わず当該自動運転システムから生じた損害」について補償しなければならない[42]。ただ，「AI技術にはまだ不確実な部分が残されている」ため全てのリスクを予め除去することを求めるのは事実上不可能であり，システム提供者に過剰な負担を負わせることになる[43]。このためシステム提供者がリスクの探索を適切に行っていたにもかかわらず，「把握できなかったリスクが発現したと証明できる場合」は免責する[44]。システム提供者の賠償能力には限界があるので，これを補填するための保険制度の整備導入，また，被害者救済のためシステム提供者が免責される

場合の補償システムを構築する必要がある。[45]

　なお,民事責任に関しては第5章第4節(3)で述べたEUの製造物責任指令,AI責任指令のアプローチを参照し,制度を検討する必要性を示する意見もみられた。[46]

4）事故調査制度のあり方に関する意見

　議論の過程では,より強い権限を有する調査機関の設置とともに,メーカー等から必要なデータ提供を受け迅速な対策策定を行うために,一定の条件の下でメーカー等の免責を認めるべきという意見も示された。[47]一方で,法的責任の免責を拙速に創設することは,国民,特に被害者の理解を得られないとして,免責に疑問を示す意見もみられる。[48]なお,事故調査に協力するインセンティブを関係者に付与する必要性を指摘する意見もある。[49]

（2）サブWG意見と一般人の責任感覚からの検討

1）短期的な取り組みについて

　サブWG報告書（31頁）は,自動運転車の安全性の要件として必要な内容を保安基準又はガイドライン（保安基準等）で定性的に,中長期的には定量的に定めるとしている。当該保安基準等は,自動運転車等の製造・運用を行う事業者等にとって責任の有無の判断の手がかりとなり,自動運転車等の普及を過度に萎縮させないために重要と思われる。同時に消費者（一般人）にとっても,自動運転車等が現実にできること,できないことを知らしめる手がかりとなるのではないだろうか。すなわち,第10章第3節(1)で述べたように,一般人は自動運転車等に対し,世の中に出ている以上は（現実的な技術レベルはともかく）人より相当高い安全性を求め,第8章,第9章で述べたような態様の事故が起きるとメーカーを強く非難し重い責任を追及したいと感じる傾向がみられる。この傾向が強くなり過ぎると,軽微な事故でも過剰に自動運転車が批判・不安視され,社会に受け入れられなくなる可能性もある。そこで,保安基準等で欠陥や過失のあり方を線引きし,現実的な責任の形を示すことで,技術レベルに沿った自動運転の姿を可視化し,一般人も現実に即した形での自動運転技術を受容することにつながるのではないかと思われる。

2）中長期的な民事責任制度について

　今後の方向性として，同報告書（29頁）は中長期的には，AI等を組みこんだ製造物全般を対象に，メーカーの製造物責任を検討していることがうかがえる。この点に関し，第10章第2節(4)の結果から，自動運転の事故に関する責任主体の意識は変化しており，特に責任主体の変化に伴い想定される情報を与えられると責任はメーカーが主に負うべきとする意見が増加していることから，メーカーを主体とする責任制度を受け入れる社会的な素地はあると思われる。

　また，現時点で一般人は，自動運転車に対し事故率の低減は求めるが，今までにない事故は比較的受け入れる傾向がみられた（第10章第3節(2)）。つまり，一般人はメーカーに対し，既知のリスクには厳重な対応を求めるが，未知のリスクへの対応は比較的柔軟な姿勢を示す可能性がある。この意味で，自動運転車が保安基準等に適合する性能を発揮していても生じる，未知のリスクと評価できる事故についてメーカーが責任を負わない仕組みは，比較的受容されるように思われる。

　一方で，第10章第2節(4)の調査では，現在の法制度が大きく変化することへの抵抗感も示されている。この点に関し，従来の運行供用者責任を維持しつつ自賠責保険料の一部をメーカーが負担する[50]（池田，2018，259頁；国土交通省他）という案が示されていた。本案によれば従前の法制度を基本的に維持できるので，一般人の制度の変化に対する抵抗感は少ないであろう。しかし，自賠責保険は支給額が限定的であり，また物損や自損事故を対象としないため当事者にとって問題解決は部分的なものに留まることが指摘される（藤田，2018b，286頁）。また，自動車メーカーも自賠責保険に拠出しても解決されない責任が残り，自賠責保険の一部を負担することにメリットはないとされ（窪田，2018，193頁），制度の変更にメーカーの協力が得られない可能性もある。限度額の引き上げや物損等を対象に含めるよう自賠責制度の見直しをすることも考えられるが，結局は制度の大きな修正となり，従前の法制度を維持し社会の混乱を避けるというメリットは少なくなると思われる。

　また，従前はシステム供用者責任の創設も提案されていた[51]。本案では主な責任の所在が自動車メーカーとされ，運行供用者への責任集中や二重訴訟による求償コストの問題は回避でき（藤田，2018b，283頁），欠陥の推定規定をおくこ

とで被害者救済を容易とするとともに自動車メーカーの安全な車作りへのインセンティブも確保できる（落合，2018，26頁）というメリットがあった。しかし，他に様々な製造物が存在する中で，本案は自動車メーカーのみを対象に同責任を創設することは「合理的な説明が困難」という点が指摘されていた。[52]現在，AI等先端技術を用いた製品は自動車に限られず，ドローンやサービスロボット，道路インフラ等様々な分野で急速に普及が進んでいる。このため，自動車に特化した法制度ではなく，AI等先端技術に起因し，幅広い分野で生じる課題や望ましくない事象の解決という観点で制度に横串を指し，統一的に解決するルールの整備が求められると考える。

　ただ，システム供用者責任に関連し被害者の相手方選択の問題が指摘されている（窪田，2018，190頁）が，AIを用いた製品による事故に新しい責任制度を適用するとしても，この問題は残ると思われる。つまり形式的に考えると，被害者は，事故の相手方がAIを用いた自動運転車の場合は新制度に基づきメーカーに，そうでない場合は運行供用者に責任を追及することになるであろう。一見明確に区分できそうだが，レベル1やレベル2の自動車にも新制度を適用するのか，そもそも新制度が適用される対象は何か，EUのAI責任指令を参照するとして具体的にどのようなシステムがハイリスクAI（新添，2023，35-36頁）に該当するのか等の疑問が生じる。また，機能的にはレベル4の自動運転車だが，事故発生時は何らかの理由で人が運転していた場合，誰にどのような責任が問われるのか。人が運転中は従来の運行供用者責任等が成立するなら，被害者が自動運転車の運行状況に関し情報収集を行い，その立証を求められることになり，被害者の負担が増え迅速な救済が図れなくなるおそれがある。被害者救済に向けた補償・保険のシステムの整備に向けて，被害者視点をふまえ，多様な場面を想定した議論が必要になると思われる。請求の相手方が明確でないことによる被害者救済の後退への懸念は第10章第3節（4）の結果からも示されており，十分な対応と説明が必要な論点と思われる。

　3）免責と安全な車作りへのインセンティブ

　サブWG報告書（27頁）では，民事責任に関し，ODD内で保安基準等に適合する性能を発揮していれば欠陥なしとされる可能性が指摘される。議論の過程では，システム製造者等に厳格補償責任を負わせる一方，一定のリスクについ[53][54][55]

終　章　今後の交通社会における民事責任の姿とは

ては免責すべきという意見も示された。刑事責任も，同報告書は保安基準等に依拠していたことを考慮して責任の範囲を限定する可能性を示し，議論の過程では法人の制裁を前提に個人を免責することや，制裁制度に関し法人の事故調査・捜査協力等を条件に訴追を延期する制度導入を示唆する意見[57]もみられた。

　確かに，民事上システム製造者等が常に賠償責任を負うとなると稲谷構成員の指摘のように技術開発の萎縮をもたらし，自動運転の社会実装が遅れる等の損失が生じる可能性があるため[58]，保安基準等への適合を判断基準としてメーカーの責任を限定する必要があるであろう。そうすると，民事責任では被害者は他の制度で金銭的補償を受けられるものの，実際に危険を作出したシステム提供者は責任を問われないことも起こりうる。また，刑事責任や制裁制度上，もし仮に当事者となったシステム提供者が事故調査機関に情報提供を行うことで免責され，あるいは捜査協力や組織の見直しを約束して訴追されないとすれば，重大な事故が発生したのに結局誰も法的責任を負わないという事態が生じうる。サブWGにおける高橋意見[59]が示すように，このような結論が社会に受け入れられるかは慎重に検討する必要があると思われる。一般人は最終的な責任主体をメーカーと認識する傾向があり，その判断上メーカーの安全な車作りへのインセンティブを重視する（第10章第2節（4））。また人々は市場に出る自動運転車が，人のドライバーより高い安全性を備えることを所与のものとして求める（第9章第7節（3），第10章第3節（1））。この意味でメーカーの責任を限定する制度構築にあたっては，メーカーの安全へのインセンティブが確保されることに対する一般消費者の信頼確保という視点も，制度の社会受容を考える上で重要と思われる。なお刑事責任に関し，アメリカでは，過失による運輸事故は刑事責任を追及されず（安部，2021，21頁），インシデント報告（航空安全報告制度）は一定の条件下で免責される[60]。ただ，一方で同国には事業者への制裁と再発防止を目的とした懲罰的損害賠償制度がある（同上）が，日本では裁判上否定されている[61]。もし上記のような免責制度を導入するのであれば，個人は処罰しないとしても，組織ぐるみで隠蔽や不正を行った事業者自体に対し刑罰を科す組織罰（同上）や懲罰的損害賠償のような仕組みを新たに導入する等，社会の公憤に応えるとともに，組織の安全へのインセンティブを向上させる仕組みを，分野横断的に整備することが必要ではないかと考える。

255

4）事故調査制度のあり方について

　最後に，自動運転車に関する事故調査制度について触れておきたい。事故調査制度の整備や権限強化の必要性はサブWGでも示されており，サブWG報告書は自動運転車の事故を対象に，運転安全委員会のような独立の事故調査専門機関の設置を検討するとしている。詳細は今後議論が行われるであろうが，ここでは市民から信頼を得られる事故調査という観点から検討したい。信頼獲得には，第一に事故調査機関が十分な情報を得て原因究明を行うことが不可欠といえる。

　まず課題となるのが事故調査機関による情報の取得方法であろう。原因究明のためには，車両の挙動やシステムの作動状況が重要な情報となり，イベント・データ・レコーダー等の車載機器のデータを入手する必要がある。このデータは車両の所有者あるいはメーカーが所有しているため，事故調査機関に強制権限がなければデータ入手には所有者等の同意が必要で，同意が得られなければ十分な情報を得られないおそれがある。この点に関し，金岡京子はドイツの道路交通法は，車両の保有者が位置データや自律運転機能の使用状況等データを有することを前提に，連邦自動車庁が保有者から徴収した上記の匿名加工データ（個人が特定されないよう加工したデータ）について，事故調査機関が事故調査のためにアクセスできる権限を有すると定めている旨示す（金岡, 2021, 68-76頁）。車両に保存された自律運転中のデータへのアクセス，および関係機関や被害者への提供は，被害者保護および事故原因究明のために非常に重要であり（同上, 72頁），日本でも事故調査機関等が事故原因の究明等を行うために必要なデータを確実に入手できる制度の構築が望まれる。

　第2に，事故調査機関の独立性確保である。事故調査は責任追及の手続からは切り離し，事故の当事者や監督官庁から独立した立場で行われる必要がある（高等海難審判庁, 2008, 33-47頁）。自動運転車は関係者が多岐に渡るからこそ，利害関係のない独立した機関が調査を行い，忌憚なく意見発出や勧告等を行う必要がある。このことは，調査の内容の公正性担保だけでなく，事故調査制度に対する社会からの信頼を得るために不可欠と思われる。

　第3に，サブWG報告書は，事故調査機関による調査と捜査機関との連携を検討しているとするが，仮に調査で得られた情報を捜査にも活用するなら，事

終　章　今後の交通社会における民事責任の姿とは

故調査報告書が事実上自己の責任追及の証拠資料となることをおそれ，事故調
査手続で「当事者に証言を控えさせる萎縮的効果」（服部，2003，188頁）への配
慮が必要であろう。この問題は刑事責任でしばしば議論されるが，民事責任で
も生じうる（同上）。なお，現在事故調査機関が作成した事故調査報告書を裁
判の証拠とすることは，実務上否定されていない。民事事件でも，事故調査報
告書を証拠としつつ報告書と異なる事実認定を行い，報告書では事故発生に関
与したとされる関係者の責任を判決では否定した例もあり，必ずしも事故調査
結果が責任追及に直結しているわけではない。しかし，萎縮的効果の抑制は国
際的にも大きな流れとなっており，制度設計上考慮する必要があるだろう。な
お，萎縮的効果の問題が指摘されるのは主に人の証言である（服部，2003，188-
197頁）。一方，自動運転車の事故で重要なのは各種データなので，この問題を
考慮する必要性は少ないとも考えられる。しかし，調査対象がレベル4以上と
されたとしても，現在のレベル4は人の監視や緊急時等の個別対応が必要であ
り，これらに関する人の落ち度が事故原因に大きく関わることも想定される。
また，事故に至る経過や車両の走行状態に関し当事者が有する認識も原因究明
のために意味を持つ（友近，2021，117-129頁）し，車両のメンテナンスや機器
の設定等人の関わりは存在するので，事故の人的要因を完全に排除することは
できないであろう。このため，自動運転が高度化しても人の証言はなお重要で
あり，「原因究明を責任追及から切り離し，情報の流用を」抑制する必要があ
る（服部，2003，88頁）という指摘は本場面にも妥当すると考える。この点で，
アメリカでは民事裁判でも事故調査報告書の証拠利用に一定の歯止めをかけて
おり（服部，2003，194頁），日本でも事故調査報告書を責任追及の資料とするこ
とを抑制する方策を検討してもよいのではないだろうか。具体的には，証拠と
できるのは事故調査委員会が把握した事実関係（各種車載装置のデータ解析の結
果や衝突の物理的メカニズム等）に限定するといった形で（福知山線列車脱線事故調
査報告書に関わる検証メンバー・チーム〔以下，検証チーム〕，2011，139頁），萎縮的
効果を緩和する取り組みが必要と思われる。

　第4に，事故調査の透明性確保が必要と思われる。従来，運輸安全委員会に
よる調査に関し調査過程の透明性不足，公開・提供される情報の少なさの問題
が指摘された（検証チーム，2011，146頁）。大須賀英夫は，事故調査報告書公表

257

時に行われるようになった同委員会委員長による記者会見を「説明する文化」への転換とし，透明性を増すために記者説明のインターネット中継を提案する（大須賀，2023，306-307頁）。事故調査制度の構築に当たり，市民の信頼確保の観点からこのような取り組みを検討する必要があると思われる。

（3）自動運転と責任のあり方―まとめにかえて―

　本書では過失割合を主な題材として，一般人の責任感覚について調査してきた。責任感覚は運転の自動化に伴い変化しており，現行の規定は，制度の面でも社会の納得を得られる解決手段という意味でも限界に来ていると思われる。このため，自動運転を始め普及が進むAIを用いたシステムの特性に即した，新しい制度の構築が求められるといえる[67]。ただ，責任に関する一般人の意識は，従来の運転者を中心とした責任から，メーカー主体の責任を受け入れる過渡期といえる。また，新しい法制度に関し，従来の加害者の過失や製品の欠陥に基づく責任から，システム提供者が保安基準等に適合する性能を発揮する自動運転車を提供していたかが問われるように大きな変化を伴う制度を構築する場合[68]，社会の混乱への懸念も示されていることから，十分な説明と議論が求められるであろう。ただ，一般人は自動運転車に人より高い安全水準を求めつつ，従来存在しなかった，つまり予期できなかった事故は比較的受け入れる姿勢がうかがえるので，保安基準等に適合する走行中に生じた，いわば「存在が確認されていなかったリスク」による事故の免責[69]という仕組みは，受容される素地があるのではないかと思われる。

　但し，メーカーの責任範囲を限定すると，重大な被害が生じたのにその法的責任を問われない事態が生じうるが，このような結論が社会に受容されるか，一般消費者の目線で納得が得られるか検討する必要があるだろう。この意味で，従来の枠にとらわれず，法制度のあり方として組織罰や懲罰的損害賠償まで視野を広げて検討する必要があると思われる。また，事故調査制度のあり方に関しては，事故調査の独立性確保と萎縮的効果への配慮が不可欠であり，特に調査結果を責任追及の資料に活用することは抑制的であるべきと考える。これらの制度整備において，メーカーの責任を過大にせず産業発展の活性化を図る視点も重要だが，同時にメーカーの安全へのインセンティブが保たれることを市

終　章　今後の交通社会における民事責任の姿とは

民が信頼できる制度作りという視点も欠かせないと考える。

（4）今後の課題

　自動運転車等を取り巻く責任を検討する上で，次の課題が残されていると思われる。本書では過失割合の判断を検討するにあたり，従来型車両で多発する事故類型を対象に，自動運転車等と従来型車両間の事故を想定した。しかし，自動運転車等の普及に伴い，運転支援車同士，自動運転車同士，自動運転車と運転支援車間の事故も想定する必要がある。また，自動化が進むと従来想定されない態様で事故が発生する可能性があり，発生事例の想定も合わせて検討する必要がある。いずれにせよ今回の調査対象事例は限定的であり，より多様な事故態様において，普遍的な判断のパターンが見い出せるかは今後の課題である。

　また，自動運転には道路インフラが重要な役目を果たし，また地図データ等外部から提供されるデータにより走行する（窪田，2018，183-186頁）。これらに不具合があった場合，道路管理者やデータ提供者等の責任も問題となる（同上）ことから，広く自動運転車に関わる関係者相互の責任のあり方も検討する必要がある。さらに，自動車利用の実態別に検討する等，より多様な調査対象者を対象に調査を行い，意識の違いを明らかにする必要があるだろう。加えて，時代と共に人々の意識も変化するので，継続的な調査が必要である。

　最後に，今後自動運転車をめぐる法的責任や事故調査のあり方に関し具体的な制度が構築されていくであろうが，免責という制度の受容性，特に事故調査制度の実効性との関連で，証言やデータ提供等の形で事故調査に全面的に協力することを条件に法的責任を免責することの受容性は，自動運転車に関わらず全ての交通機関，ひいては何らかの危険を伴う製品運用や業務に係る事故調査のあり方に関係すると考えられる。市民の意識を把握し，責任追及と原因究明のバランスをとりつつ，納得の得られる紛争解決を導く必要性は，自動運転に留まらない分野横断的な課題であろう。

　自動運転車に対する社会の期待は高い反面，安全性には厳しい目が向けられている。自動運転の普及促進は，技術が実用段階に入ってきた現在，責任について人々の納得の得られる制度が構築できるかにかかっているといっても過言ではない。法的な制度構築において，一貫性や論理的整合性は当然必要だが，

紛争解決に対する市民の納得感という観点は忘れてはならないと考える。

（1）　国土交通省，2018,「自動運転における損害賠償責任に関する研究会報告書」7頁　https://www.mlit.go.jp/common/001226452.pdf（2023.3.4閲覧）。

（2）　閣議決定，2023,「デジタル田園都市国家構想総合戦略（2023改訂版）」52頁　https://www.cas.go.jp/jp/seisaku/digital_denen/pdf/20231226honbun.pdf（2024.1.13閲覧）。

（3）　デジタル社会推進会議幹事会，2022,「デジタルを活用した交通社会の未来2022」3頁　https://www.digital.go.jp/assets/contents/node/information/field_ref_resources/22791050-006d-48fd-914d-e374c240a0bd/1ae00570/20220802_news_mobility_outline_01.pdf（2023.5.8閲覧）。

（4）　株式会社矢野経済研究所，2022,「プレスリリース『自動運転システムの世界市場に関する調査を実施（2022年）』」https://www.yano.co.jp/press-release/show/press_id/3043（2023.5.8閲覧）。数値は，同研究所が示す乗用車等新車に搭載される自動運転システムの搭載台数ベース（予測）による。

（5）　株式会社富士キメラ総研，2022,「プレスリリース『2022 自動運転・AIカー市場の将来展望』まとまる（2022/8/3発表 第22085号）」https://www.fcr.co.jp/pr/22085.htm（2023.5.8閲覧）。

（6）　このような判断の背景には，精査可能性モデルにおける中心ルート・周辺ルートによる処理（Petty他，1984，69-81頁）や，システム1思考・システム2思考（ベイザーマン他，2011， 5頁；Kahneman, 2003, pp.697-720）の影響が考えられるが，今後より詳しく検討する必要がある。

（7）　対歩行者事故における修正要素（幹線道路，直前直後横断等）について，「基本の過失相殺率の多寡に応じ修正」する（第5版，44頁，92頁，101頁）等。

（8）　右折車と直進車の事故で，双方黄信号の時は赤信号違反に比べると落ち度が少なく，直進車優先を考慮する（同230頁）等。

（9）　大型車修正を，大型車であることにより事故の危険が高まるものに限定する（同46頁）等。

（10）　右折車と追越直進車の事故類型を整理する（第5版，266頁）等。

（11）　著しい過失は10％，重過失は20％加算とする（第4版，52-53頁）等。

（12）　歩行者と自転車の事故の基準新設（全訂5版，129-202頁）等。

（13）　自転車が歩行者用信号に規制される場合の基準新設（同436-444頁）等。

（14）　高速道路上の追突事故で，前車の過失の有無を分けて基準を作成（同475-482頁）等。

（15）　急ブレーキをかけたときなどにタイヤがロック（回転が止まること）するのを防ぐことにより，車両の進行方向の安定性を保ち，また，ハンドル操作で障害物を回避できる可能性を高める装置（国土交通省　自動車総合安全情報，「ABS」https://www.mlit.go.jp/jidosha/anzen/02assessment/car_h20/safetydevice/abs.html〔2023.4.23閲覧〕）。

（16）　広島高裁令和3年1月29日判決・自保ジャーナル2089号11頁。

（17）　名古屋地裁平成22年4月9日判決・自保ジャーナル1831号136頁。

（18）　東京地裁平成30年7月19日判決・自保ジャーナル2033号128頁。

（19）　なお，海外では保険の存在を背景に，主に人身損害について過失相殺を適用しない方

向性を示す立法も存在することから，過失相殺について再検討する必要性も示されている（藤村，2020，346頁）。例えば，フランスでは人身事故において，被害者の過失が「許し難い過失」でかつ「事故の唯一の原因である場合」を除き過失相殺は行われず，また「被害者が16歳未満か70歳以上である場合，および80％以上の永久的身障（後遺障害）者か廃疾者と認定された場合」は，被害者の過失が事故の唯一の原因である許し難い過失でも過失相殺は行われない（同上，347頁）。ベルギーも同様に人身事故について原則的に過失相殺を行わないとする（同上，348-349頁）。しかし，日本では第6章から第9章の調査でみられたように過失相殺を前提とした損害の公平な分担という感覚が根付いており，直ちに過失相殺を行わないとすることは受け入れがたいと思われる。

(20)　現在の基準では，車両相互事故の場合優者危険負担は大型車に関し考慮されている（東京地裁民事交通訴訟研究会，2014，204頁）。大型車は物理的に危険が大きいためより注意を払うべきで，事故に際してはより大きな注意義務違反があったことになり，過失割合が大きくなるとされる（東京高裁昭和44年7月28日判決・下級裁判所民事裁判例集20巻7・8号541頁他）。

(21)　東京地方裁判所平成29年12月6判決・LEX/DB文献番号25551114。

(22)　UNECE, 2021, "Uniform provisions concerning the approval of vehicles with regard to Automated Lane Keepig Systems", Addendum 156 – UN Regulation No. 157, https://unece.org/sites/default/files/2021-03/R157e.pdf（2021.7.19閲覧）。

(23)　デジタル庁サブWG（第1回），2023，「構成員提出資料（佐藤構成員）」，4頁 https://www.digital.go.jp/assets/contents/node/basic_page/field_ref_resources/9caa67c0-7e96-482d-916d-beb99d1a10d7/f55afd45/20240111_meeting_mobility-subworking-group_outline_04.pdf（2024.1.13閲覧）。

(24)　デジタル庁サブWG（第4回），2024，「第4回事務局資料」6頁　https://www.digital.go.jp/assets/contents/node/basic_page/field_ref_resources/3ea22bc3-9938-479a-b7b5-f45438d02081/875e2cae/20240410_meeting_mobility-subworking-group_outline_03.pdf（2024.5.25閲覧）。

(25)　前掲注（2）52頁。

(26)　サブWG，2024，「AI 時代における自動運転車の社会的ルールの在り方検討サブワーキンググループ報告書」29頁，31頁　https://www.digital.go.jp/assets/contents/node/basic_page/field_ref_resources/1fd724f2-4206-4998-a4c0-60395fd0fa95/9979bca8/20240523_meeting_mobility-subworking-group_outline_04%20.pdf（2024.7.19閲覧）

(27)　この協力体制のもとで行われた協議で求償関係が決まるとすると，保険会社の情報解析や交渉スキルが求償の実績を大きく左右することになるが，求償の「適切性が保険会社のスキルによって左右される」ことは望ましくないという指摘がある（池田，2018，272頁）。

(28)　前掲注（1）8頁。

(29)　前掲注（26）21頁。

(30)　交通事故総合分析センター，2021，「令和2年度事業報告」https://www.itarda.or.jp/assets/outline/disclosure/2020houkoku-84e1af0a7aea6aea2b13ed22c40f6f6bc1fd582d52a02c6a604ea9064663efea.pdf（2023.3.26閲覧）。

(31)　前掲注（26）31頁。

(32)　同上。

(33)　同上。

(34) 同上。

(35) デジタル庁サブWG（第1回），2024，「構成員提出資料（稲谷構成員）」別紙2頁 https://www.digital.go.jp/assets/contents/node/basic_page/field_ref_resources/9caa67c0-7e96-482d-916d-beb99d1a10d7/0525716a/20240111_meeting_mobility-subworking-group_outline_01.pdf（2024.1.15閲覧）。

(36) プロトタイプ政策研究所，2023，「イノベーション推進のためのグレーゾーン・新領域への取り組みに資する法・社会基盤」8-9頁 https://www.aplawjapan.com/application/files/9617/0313/9940/Promotin_innovation_in_gray_zones_and_emerging_areas_via_leagal__social_infra_20231215.pdf（2024.1.15閲覧）。

(37) 内閣府，2021，「科学技術・イノベーション基本計画（第6期）」12頁 https://www8.cao.go.jp/cstp/kihonkeikaku/6honbun.pdf（2024.1.15閲覧）。

(38) 注（35）別紙1頁。

(39) 注（36）9頁。

(40) 注（35）別紙2-3頁。

(41) 注（36）9頁。

(42) 注（35）別紙8頁。

(43) 同上。

(44) 同上。

(45) 同上 別紙8-9頁。

(46) 注（23）3頁。

(47) 同上 5頁。

(48) デジタル庁サブWG（第1回），2024，「構成員提出資料（高橋構成員）」1-3頁 https://www.digital.go.jp/assets/contents/node/basic_page/field_ref_resources/9caa67c0-7e96-482d-916d-beb99d1a10d7/e94510b3/20240111_meeting_mobility-subworking-group_outline_05.pdf（2024.1.15閲覧）。

(49) デジタル庁サブWG（第2回），2024，「第2回事務局資料」5頁 https://www.digital.go.jp/assets/contents/node/basic_page/field_ref_resources/6bf92c20-a96f-4328-9f25-3366eeed5f3c/031f111a/20240130_meeting_mobility-subworking-group_outline_03.pdf（2024.5.25閲覧）

(50) 注（1）10-11頁。

(51) 同上 12-14頁。

(52) 同上 13頁。

(53) 注（35）7頁。

(54) 同上 8頁。

(55) 注（36）10頁。

(56) デジタル庁サブWG（第1回），2024，「構成員提出資料（落合構成員）」11頁 https://www.digital.go.jp/assets/contents/node/basic_page/field_ref_resources/9caa67c0-7e96-482d-916d-beb99d1a10d7/2c6823b4/20240111_meeting_mobility-subworking-group_outline_03.pdf（2024.1.15閲覧）

(57) 注（35）11-12頁。

(58) 同上 8頁。

(59) 注（48）1-3頁。

(60) 日本学術会議，2005，「事故調査体制の在り方に関する提言」19頁。https://www.scj.

go.jp/ja/info/kohyo/pdf/kohyo-19-te1030-2.pdf（2024.1.15閲覧）。
(61) 横浜地裁平成18年 4 月18日判決・判例時報1937号123頁。
(62) 注（26）21頁。
(63) 友近直寛は，民事裁判についてであるが，自動車メーカー等には情報提供のメリット
　　　はなく，「自社の製品開発に関する最も秘匿性の高い企業情報を任意に開示するとは考
　　　えがたい」としている（友近，2021，116頁）。
(64) 名古屋地裁平成16年 7 月30日判決・判例時報1897号144頁。
(65) 札幌地裁平成14年 1 月28日判決・裁判所ウェブサイト。
(66) 航空機事故の調査に関する国際民間航空条約第13付属書 5 .12参照。
(67) 2024年 5 月21日，EUで人工知能（AI）規制法が成立した（日本経済新聞，2024）。
　　　同紙によると，閣僚理事会は同法が「AI規制の国際標準となる可能性」を示しており，
　　　2026年から本格適用が見込まれる。日本でも政府がAIの「安全性確保に向けた法規制
　　　の検討」を始めたとされる（朝日新聞，2024）。
(68) 前掲注（26）27頁。
(69) 同上　27頁。

参考文献

『朝日新聞』2024年 5 月23日付「AI法規制　検討着手」

安部誠治，2021，「組織事故としての福知山線事故」組織罰を実現する会編『組織罰はなぜ
　　　必要か』，現代人文社。

池田裕輔，2018，「第Ⅱ部第 6 章　自動運転と保険」藤田友敬編『自動運転と法』有斐閣，
　　　249-274頁。

大須賀秀郎，2023，『船舶事故調査』ミネルヴァ書房。

岡本満喜子，2022，「自動運転の高度化と民事責任の変容」『日本機械学会誌』125巻1243号。

岡本満喜子・神田直弥・石田敏郎，2006，「交通事故事例に関する過失割合の認定基準と大
　　　学生の責任判断との相違」『応用心理学研究』Vol. 32 No. 1。

落合誠一，2018，「自動運転における損害賠償責任に関する研究会（国土交通省）報告書の
　　　基本的なポイントについて」『損害保険研究』80巻 2 号。

金岡京子，2021，「無人自動運転のためのドイツ法改正」『保険学雑誌』655号。

窪田充見，2018，「第Ⅱ部第 3 章　自動運転と販売店・メーカーの責任」藤田友敬編『自動
　　　運転と法』有斐閣，159-195頁。

窪田充見，2020，「自動運転に関する現状と課題─民事責任の観点から」『法律のひろば』73
　　　巻 2 号。

高等海難審判庁，2008，『IMO海難調査官マニュアル』海文堂出版。

佐野誠，2018，「第Ⅱ部第 4 章　多当事者間の責任の負担のあり方」藤田友敬編『自動運転
　　　と法』有斐閣，197-222頁。

東京地裁民事交通訴訟研究会，2004，「民事交通訴訟における過失相殺率の認定基準全訂 4 版」
　　　『別冊判例タイムズ』No.16。

東京地裁民事交通訴訟研究会，2014，「民事交通訴訟における過失相殺率の認定基準全訂 5 版」
　　　『別冊判例タイムズ38』。

友近直寛，2021，『自動運転・運転支援と交通事故賠償責任』，新日本法規。

中川由賀，2021，「自動運転移動サービスの継続的な事業化に向けた法的課題」『CHUKYO
　　　LAWYER』Vol. 34。

新添麻衣, 2023, 「迫る自動運転レベル4時代の民事責任」『SOMPO Institute Plus Report』Vol.82, 20-37頁。

『日本経済新聞』, 2024年5月21日付「EUのAI規制法が成立　生成コンテンツ明示, 26年本格適用」

浜崎恭生・田中康久・佐々木一彦, 1975, 「民事交通訴訟における過失相殺率等の認定基準」『別冊判例タイムズ』No.1。

服部健吾, 2003, 「事故調査における情報の取扱いをめぐって」『社会技術研究論文集』, 1巻, 188-197頁。

平岡敏洋, 2012, 「ドライバに安全運転を促す運転支援システム」『計測と制御』第51巻第8号。

福知山線列車脱線事故調査報告書に関わる検証メンバー・チーム, 2011, 『JR西日本福知山線事故調査に関わる不祥事問題の検証と事故調査システムの改革に関する提言』。

藤田友敬, 2018a, 「第Ⅱ部第2章　自動運転と運行供用者の責任」藤田友敬編『自動運転と法』有斐閣, 127-158頁。

藤田友敬, 2018b, 「第Ⅱ部第7章　自動運転をめぐる民事責任法制の将来像」藤田友敬編『自動運転と法』有斐閣。

藤村和夫, 2020, 『新民法基本講義　不法行為法』, 信山社。

舟本信光, 1965, 「自動車事故民事責任の構造について」『ジュリスト』323号。

舟本信光, 1969, 「交通事故訴訟における過失相殺適用の基準」鈴木忠一・三ヶ月章監修『実務民事訴訟講座3』日本評論社, 253-290頁。

ベイザーマンM.H・ムーアD.A, 2011, 『行動意思決定論』白桃書房。

Bellet, T., Cunneen, M., Mullins, M., Murphy, F., Pütz, F., Spickermann, F., Braendle, C., Baumannc, M.F., 2019, "From Semi to fully autonomous vehicles: New emerging risks and ethico-legal challenges for human-machine interactions." Transportation Research Part F Vol. 63.

Kahneman, D., 2003, "A perspective on judgment and choice: Mapping bounded rationality" American Psychologist, 58（9）.

Petty, R. E., Cacioppo. J. T., 1984, "The effects of involvement on responses to argument quantity and quality: Central and peripheral routes to persuasion" Journal of Personality and Social Psychology, 46（1）.

Wan, Z., Shen, J., Chusng, J., Xia, X., Garcia, J., Ma, J., Chen, Q.A., 2022, "Too afraid to drive: Systematic discovery of semantic DoS vulnerability in autonomous driving planning under physical-world attacks." the Proceedings of the network and distributed system security symposium.

索　引

あ　行

相手方選択 ……………………………… 254
相手方の選択が困難 …………………… 222
新たな危険を作出 ……………………… 247
安全運転サポート車 …………………… 24
安全水準 …………………… 78, 204, 208
萎縮的効果 ………………………… 6, 257
依　存 …………………………………… 31
一次的責任 ……………………… 104, 109
一次的責任主体 ………………………… 248
一般人 …………………………………… 115
　――の感覚 ……………………………… 4
一般論的感覚 …………………… 126, 128
意　図 …………………………… 80, 204
意図性 …………………… 77, 161, 208
因果関係 ………………………………… 74
インセンティブ …… 6, 104, 220, 251, 252, 255
ウィーン道路交通条約 ………………… 13
右折車 ……… 121, 145, 152, 173, 184, 238
右方車 …………………………………… 146
運　行 …………………………………… 96
運行起因性 ……………………………… 49
運行供用者 ………………………… 47, 96
　――への責任集中 …………………… 104
運行供用者制度 ………………………… 106
運行供用者責任 …………………… 3, 46
運行支配 …………………… 47, 48, 97
運行利益 …………………………… 47, 98
運　転 …………………………………… 17
運転交代 ………………………………… 34
運転支援 ………………………………… 11
運転支援車 ……… 12, 141, 159, 165
運転者 …………………………………… 49
運転能力 ………………………………… 204
AI時代における自動運転車の社会的ルール
　の在り方サブワーキンググループ …… 7
AI責任指令 ……………………………… 108
ASV ……………………………………… 23

か　行

SIP ……………………………………… 1
MRM …………………………… 30, 200

介入要求 ………………………………… 34
開発危険の抗弁 ………………………… 59
回避可能性 ……………………………… 159
過　失 …………………………………… 44
　著しい―― …………………… 244, 245
過失相殺 …………………… 3, 45, 65
過失相殺率 ……………………………… 66
　基本の―― …………………………… 66
過失割合 ……… 66, 85, 141, 168, 182
過　信 ……… 31, 160, 185, 186, 244
価値観 …………………………………… 76
過敏な反応 ……………………………… 196
感　覚 …………………………………… 215
感情的反応 …………………… 74, 204
危　険 …………………………………… 229
危険回避能力 …………………………… 246
危険効用基準 …………………… 101, 226, 230
危険責任 ………………………………… 218
技術開発の阻害 …………………… 205, 222
基　準 ……… 66, 67, 72, 81, 243
　――との乖離 ………………………… 159
　――の見直し ………………………… 242
基準料率 ………………………………… 24
期　待 …………………………………… 79
　消費者の―― …………………… 209, 230
既知のリスク …………………………… 253
機能の障害 ……………………………… 49
規範違反 …………………… 166, 184, 187
求　償 …………………………… 6, 54, 249
急ブレーキ ……………………………… 143
　理由のない―― ……………………… 119
協力体制 ………………………………… 249
欠　陥 ……… 56, 57, 101, 226
　――の判断基準 ……………………… 56
　構造上の―― ………………………… 49

欠陥・障害	100	ジュネーブ道路交通条約	13
原　因	168	状況認識	28
硬直化	71	証拠の偏在	249
交通事故	25	衝突被害軽減ブレーキ	23
交通事故訴訟	43	消費者期待基準	101, 226
効　用	227	情報の取得方法	256
国土交通省	104, 249	ジレンマ問題	86
誤作動	35, 84, 142, 159, 183, 245	真偽不明	220
個人的関連性	75	人身傷害保険	52
個人的・状況的関連性	79	人身損害	45

さ 行

		人的要因	27, 35
		信　頼	79, 204, 208, 249, 256
最終の責任負担者	229	——の裏切り	79, 204
裁判員制度	70	推定解析	29
サブWG	95, 247, 250, 252	ず　れ	168
左方優先	126, 129, 138, 241	請求権代位	54
参考純率	24	制御可能性	80
事故削減	28	製造業者	55
事故調査機関	250, 256	製造物	56
事故リスク	227	製造物責任	3
事故類型	26	製造物責任法	55
多発する——	115	制度整備大綱	14
指示警告	102	性能限界	142, 160
システム供用者責任	107, 253	性能上の限界	32, 83
自動運行装置	15	性能認定	24
自動運転	12	政府保障事業	51
自動運転車	12, 191	責　任	73, 74, 165
自動運転車等	12	——の集中	104
自動運転車事故調査委員会	250	運転主体と——	221
自動化レベル	11	最終的な——	220
自動車	49, 95	責任感覚	258
自動車相互事故	160	責任帰属	73
自賠責保険	46, 50	責任制度の変化	221
自賠法	46	責任判断の包括的モデル	74
市民感覚	2	責任非難	5, 77, 78
社会実装	215	責任分担	105
社会的費用	6	絶対説	188
——の増大	104	走行環境条件	15
弱者優先	138	操作上の誤り	27
車両高額化	222	相対説	67, 188
修正要素	66	組織罰	255
従来型車両	11, 115	ソフトウエア	56
熟　慮	238	損害回避のバイアス	75

索　引

損害額 ················ 45, 165

た 行

第三者の故意 ··············· 100
対人賠償保険 ··············· 52
対物賠償保険 ··············· 52
対歩行者事故 ·············· 160
他　人 ················· 49
単　独 ················ 187
単独評価 ····· 166, 171, 183, 185, 210
懲罰的損害賠償制度 ··········· 255
直進車優先 ··············· 125
　　右折時の―― ············ 138
直接比較 ················ 209
直観的な判断 ·············· 237
追　突 ······· 28, 117, 143, 182
追突事故 ············· 169, 200
追突車 ············· 184, 237
出会い頭衝突 ······· 126, 146, 241
点検整備 ················ 99
道義的責任 ·········· 218, 229
道路運送車両法（車両法）········ 14
特定改造等 ··············· 16
特定自動運行 ·············· 17
特定自動運行主任者 ··········· 17
特定整備 ················ 16
独立性 ················· 256

な 行

納　得 ····· 3, 6, 45, 69, 81, 85, 104, 106, 109,
　110, 121, 159, 209, 215, 223, 237, 238, 240, 242,
　243, 245, 258
納得感 ··············· 5, 260
二重訴訟の負担 ············· 221
任意保険 ················ 50
ネガティブ感情 ············· 208

は 行

賠償額 ·············· 85, 168
敗訴リスク ··············· 104
罰 ················· 74
ハッキング ··············· 100
発見の遅れ ··············· 27

判断過程の包括的なモデル ········ 165
判断の誤り ··············· 27
判断の困難性 ·············· 133
被害者の故意 ·············· 49
被害者の負担 ·············· 254
比較衡量 ················ 228
非専門家 ················ 71
被追突車 ············· 149, 237
否定的感情 ··············· 79
否定的感情バイアス ··········· 78
非　難 ············· 74, 168
非難回避のバイアス ··········· 75
非優先要素 ············ 70, 122
不具合 ·········· 35, 142, 160
　　機器の―― ············· 83
不公平性 ················ 222
不作動 ······· 35, 84, 142, 160, 193
負担責任 ················ 71
負担割合 ·········· 105, 149, 160
物的損害 ············ 45, 105
不法行為 ················ 2
不法行為責任 ·············· 44
プログラムどおりに作動 ········· 199
法的責任 ················ 4
法律専門家 ··············· 71
歩行者 ······ 130, 147, 155, 178, 186, 193, 239

ま 行

未知のリスク ·············· 253
無人自動運転移動サービス ········ 14
無対物 ················· 100
メーカーの資力 ············· 205
免　責 ·········· 49, 251, 254
免責要件 ················ 98

や 行

役　割 ················ 168
有害な作為 ··············· 148
優者危険負担 ············ 68, 72
　　――の原則 ············· 246
有責責任 ················ 71
優先関係 ················ 68
優先・非優先となる要素 ······ 131, 138

267

優先要素 …………………………… 70, 122	立　証 …………………………… 44, 57
要保護者修正 ……………………… 68	立証責任 …………………… 6 , 57, 105

ら　行

理解度 ……………………………… 215	レベル 1 …………………………… 98
理解不足 ……………………… 31, 160	レベル 2 …………………………… 98
リスク管理 ………………………… 251	レベル 3 ……………………… 17, 34, 98
リスク補償行動 …………………… 31	レベル 4 ………………… 14, 17, 19, 99
	ロードマップ ……………………… 1 , 13

268

■著者紹介

岡本 満喜子（おかもと・まきこ）
　1996年　同志社大学大学院法学研究科公法学専攻博士課程前期課程修了
　1998年　弁護士登録
　2006〜2009年　国土交通省大臣官房運輸安全監理官付運輸安全調査官
　2010年　早稲田大学大学院人間科学研究科博士後期課程人間科学専攻修了
　　　　　博士（人間科学）
　2011〜2018年　長岡技術科学大学准教授（技術経営研究科システム安全専攻）
　2018年〜現在　関西大学社会安全学部准教授

主著・論文
「第9章　雇用・労働者・市民生活への影響　2　COVID-19とパワーハラスメント」（162-167頁），2022，関西大学社会安全学部編『検証COVID-19災害』ミネルヴァ書房。
「自動車運転の高度支援に伴う社会通念の変化と民事交通訴訟─運転者と製造者の責任分担をめぐる社会通念の齟齬補正」（岡本満喜子・中平勝子の共著），2017，ヒューマンインタフェース学会論文誌，Vol.19 No.3，219-230頁。

Horitsu Bunka Sha

自動運転事故の責任は誰にあるのか
―― 新技術をめぐる過失割合の検証

2024年10月1日　初版第1刷発行

著　者	岡本満喜子
発行者	畑　　光
発行所	株式会社 法律文化社

〒603-8053
京都市北区上賀茂岩ヶ垣内町71
電話075(791)7131　FAX 075(721)8400
https://www.hou-bun.com/

印刷：西濃印刷㈱／製本：㈱吉田三誠堂製本所
装幀：谷本天志

ISBN 978-4-589-04353-5

Ⓒ2024 Makiko Okamoto Printed in Japan

乱丁など不良本がありましたら、ご連絡下さい。送料小社負担にてお取り替えいたします。
本書についてのご意見・ご感想は、小社ウェブサイト、トップページの「読者カード」にてお聞かせ下さい。

JCOPY　〈出版者著作権管理機構　委託出版物〉
本書の無断複写は著作権法上での例外を除き禁じられています。複写される場合は、そのつど事前に、出版者著作権管理機構（電話 03-5244-5088，FAX 03-5244-5089, e-mail: info@jcopy.or.jp）の許諾を得て下さい。

亀井克之著

生活リスクマネジメントのデザイン〔第3版〕
―リスクコントロールと保険の基本―

A 5 判・164頁・2640円

日常生活におけるリスクマネジメントの基本的な考え方や，リスクコントロール（予防）などの対応を，イラストや図表を使って簡潔明瞭に解説。頻繁に発生する自然災害など第2版刊行以降の状況に対応して加筆修正した最新版。

竹本七海著

日本の内航海運と事故防止
―事業者の安全への取り組みと国の制度―

A 5 判・270頁・6490円

内航海運の事故防止と安全向上のためにすべきこととは何か。内航海運業の歴史的発展過程を考察し，日本の内航海運業の特質を明らかにしたうえで，船舶事故と労働災害の分析，安全確保に関する公的制度と事業者による安全対策を検討する。

須藤陽子著

過 料 と 不 文 の 原 則

A 5 判・182頁・4180円

「過料とは何か」「なぜ過料なのか」，立法史・学説史からその変遷を考察し，行政法と刑法がクロスする領域から「行政罰」「秩序罰」の目的と内実を問い，その生成と展開を追究。広く法領域を横断し根源的に問うことで過料制度の論点を明示する。

宗田貴行著

行政処分による消費者被害回復の理論
―EUデジタルプラットフォーム規制の考察と我が国の課題―

A 5 判・410頁・9020円

今日的消費者被害の特質から生じる法制度への諸要請に対応するべく，EUにおける議論を参考にしてデジタルプラットフォーム提供者の仲介者責任および返金命令による被害回復を提言。デジタルプラットフォーム関連実務家・研究者・行政官必携の書。

石橋秀起著

不法行為法における割合的責任の法理

A 5 判・332頁・7260円

民法不法行為法の論点のひとつである原因競合による割合的解決について，近時のドイツでの議論をふまえつつ，各種の事例にまたがる統一的な損害分配ルールの構築を試みる。

―――――法律文化社―――――

表示価格は消費税10%を含んだ価格です